VIVENDO COM O
PERIGO

BRETT NUNN

VIVENDO COM O
PERIGO

*Histórias reais de sobreviventes
de grandes aventuras*

Tradução
Denise Bolanho

São Paulo
2007

EDITORA
Gaia

© Brett Nunn
First published by Sasquatch Books.
All rights reserved.

1ª Edição, Editora Gaia, 2007

Diretor Editorial
Jefferson L. Alves

Diretor de Marketing
Richard A. Alves

Gerente de Produção
Flávio Samuel

Coordenadora Editorial
Rita de Cássia Sam

Assistente Editorial
Ana Cristina Teixeira

Revisão
Ana Cristina Teixeira
João Reynaldo de Paiva

Capa
Eduardo Okuno

Fotos de Capa
Martin Sundberg/Solus-Veer/Corbis/LatinStock
Randy Lincks/Corbis/LatinStock

Projeto Gráfico
Reverson R. Diniz

Dados Internacionais de Catalogação na Publicação (CIP)
(Câmara Brasileira do Livro, SP, Brasil)

Nunn, Brett
Vivendo com o perigo : histórias reais de sobreviventes de grandes aventuras / Brett Nunn ; tradução Denise Bolanho. – São Paulo : Gaia, 2007.

Título original: Panic rising : true-life survivor tales from the great outdoors

ISBN 978-85-7555-130-1

1. Aventuras e aventureiros – Pacífico Noroeste 2. Sobrevivência após acidentes de avião, naufrágios etc. I. Título

07-2698   CDD-979.5

Índices para catálogo sistemático:

1. Oregon : Sobreviventes de aventuras : História   979.5
2. Sobreviventes de aventuras : Oregon : História   979.5

Direitos Reservados
Editora Gaia Ltda.
(pertence ao grupo Global Editora
e Distribuidora Ltda.)

Rua Pirapitingüi, 111-A – Liberdade
CEP 01508-020 – São Paulo – SP
Tel.: (11) 3277-7999 – Fax: (11) 3277-8141
e-mail: gaia@editoragaia.com.br
www.globaleditora.com.br

Colabore com a produção científica e cultural.
Proibida a reprodução total ou parcial desta obra
sem a autorização do editor.

Nº de catálogo: **2813**

Para minha esposa Becky: quando a conheci, meus sonhos se tornaram realidade.

Sumário

Agradecimentos 9
Introdução 11

1. Um dia quase perfeito 13
2. Arrastado 21
3. Só uma última corrida 31
4. O preço do salto proibido 45
5. Consegui uma pista para vocês 53
6. Do nada 61
7. Uma situação difícil 65
8. "Engolidas" 81
9. Rio selvagem 93
10. Três noites até Bullwinkle 103
11. Salvos pelo gongo 115
12. Extrema dificuldade 125
13. Soterrado vivo 137
14. Queda de helicóptero 149
15. Rafting através do fogo 161
16. Cinco dias perdido 169
17. Descendo com a avalanche 181
18. Má sorte 187
19. Prisão de gelo 199
20. Descida fácil para iniciantes 207

Agradecimentos

Sou eternamente grato a minha esposa, Becky, por sua paciência inabalável, seu apoio e sua valorização pela vida simples. Agradeço igualmente aos meus pais, James e Susan Nunn, pela generosidade, sacrifício e amor.

Agradeço a Gary Luke, da Sasquatch Books, por acreditar nesse maravilhoso projeto, bem como aos seus colegas Novella Carpenter, Kate Rogers, Suzanne De Galan e Cassandra Mitchell por sua paciência e entusiasmo.

Agradeço ao meu agente Mark Ryan por cuidar de todos os detalhes contratuais.

Nada disso teria acontecido sem a University of Washington e sua habilidade para recrutar e apoiar professores de incrível talento e dedicação, incluindo Jessica Maxwell, Roberto J. Ray, Jack Remick, Stewart Stern, Geof Miller e Randy Sue Coburn.

O Recreational Equipment Inc., de Seattle, merece um agradecimento por seus horários flexíveis e apoio financeiro.

Nenhum escritor sobrevive sem amigos e colegas, e agradeço a todos pelo alimento, hospedagem, emprego, estímulo e por me divertirem nesse trabalho.

Pela ajuda na reunião de informações e detalhes, não posso deixar de agradecer aos guardas florestais e à equipe do Olympic, Mount Rainier, Crater Lake e Glacier National Parks, Craters of the Moon National Monument, Hells Canyon National Recreation Area e River of No Return Wilderness; à Marinha e à Força Aérea dos Estados Unidos; à Alaska State Patrol, ao Pierce County Sheriff's Search and Rescue Office; aos bibliotecários das bibliotecas de Klamath Falls, Medford e Kalispell e à Carnegie Hero Fund Commission.

Por último, mas não menos importante, agradeço sinceramente a todas as pessoas mencionadas neste livro, e em outros lugares, que generosamente compartilharam comigo o seu tempo e as suas histórias.

Introdução

Uma minoria ousada sempre estará ansiosa para partir sozinha e nenhum obstáculo deve ser colocado em seu caminho; deixem que se arrisque, pelo amor de Deus, deixem que se perca, que seja queimada pelo sol, que passe por dificuldades financeiras, que se afogue, que seja comida por ursos, que seja enterrada viva sob avalanches – esse é o direito e o privilégio de qualquer americano livre.

Edward Abbey

Desde que os primeiros americanos nativos caçaram uma baleia na costa do Pacífico, remaram pelo indomável Columbia River, experimentaram uma inesperada tempestade de neve cruzando os Bitterroots ou encontraram um urso cinzento em uma trilha nas montanhas rochosas, há histórias de sobrevivência na região agora chamada Pacific Northwest.

As histórias deste livro dão continuidade a essa tradição. Elas foram recuperadas em todos os cantos de Washington, Oregon, Idaho, oeste de Montana, sudeste do Alasca e British Columbia. Elas vêm de lembranças recentes e antigas, de histórias contadas ao redor de fogueiras, de arquivos empoeirados, de manchetes de ontem e, as mais surpreendentes, diretamente da fonte.

Todas são verdadeiras, mas não são minhas histórias. Eu simplesmente assumi o papel de protetor, resgatando-as da obscuridade para serem transmitidas à medida que me foram contadas. Cada relato inclui horas de entrevistas obtidas a partir de muitas perspectivas, incluindo a dos personagens principais e a de seus salvadores.

São histórias de desafio à morte, de sorte e de coincidências incríveis – de todos os elementos que se juntaram em um único instante no tempo estabelecendo assim a diferença entre tragédia e vitória. Algumas são mistérios que oferecem mais perguntas do que respostas. Outras, estudos sobre como uma série de escolhas aparentemente insignificantes pode causar graves problemas.

Há lições a ser aprendidas em todas elas, principalmente a da incrível capacidade de recuperação do espírito humano.

Nenhuma das pessoas mencionadas neste livro é um aventureiro profissional, arriscando a vida em alguma travessura num local remoto. Elas são principalmente pessoas como você ou eu, um grupo de amigos que sai para pedalar, um caçador caminhando pela mata, um esquiador procurando a descida mais fácil, uma família num tranqüilo passeio de bote, trabalhadores temporários combatendo o fogo na floresta para pagar as contas. Nenhuma delas se aventurou ao ar livre pensando que, naquele dia, sem nenhum aviso, de repente, estaria lutando pela sua própria vida.

Se você nunca esteve em uma situação de sobrevivência, é muito fácil resumir a crise desesperada de outra pessoa como sendo o resultado de pura estupidez. Isso está longe de ser verdade. Pode acontecer com qualquer um. As pessoas que se sentem à vontade em seu passatempo predileto ao ar livre podem ser as mais suscetíveis ao desepero.

A diferença entre estar perdido e ser encontrado, entre perigo e segurança, é uma linha tênue que todos percorrem mais cedo ou mais tarde. Após cruzá-la é difícil voltar; com freqüência é mais fácil continuar avançando, e sempre é tarde demais quando a seriedade da situação torna-se evidente.

Raramente sabemos o que aconteceu. O que saiu tão errado a ponto de fazer com que pessoas, vivendo o seu dia-a-dia, descobrem de repente que se encontram em uma batalha com a morte? Os relatos neste livro podem oferecer algumas dessas difíceis respostas, pois essas são de pessoas que voltaram do outro lado daquela linha. As suas histórias foram escolhidas porque venceram as trágicas probabilidades.

Muitos elementos em uma história podem se perder na narrativa e há muitos detalhes sobre os quais é melhor não falar. Minha esperança é que eu tenha feito justiça aos eventos que mudaram a vida desses sobreviventes. Agradeço imensamente a todas as pessoas que compartilharam comigo a sua experiência. O meu principal foco sempre será descobrir a verdade e revelá-la com precisão. Quaisquer erros ou omissões nas descrições são totalmente meus.

As regiões distantes continuam como sempre foram: lindas, surpreendentes, apesar de perigosas e implacáveis. As pessoas descritas nessas páginas descobriram essa realidade da maneira mais difícil. A esperança delas é que outras possam aprender com a sua experiência e que, nesse processo, vidas possam ser poupadas.

Caos e confusão, blocos brancos caindo, girando, ressoando no abismo. De repente, tudo fica silencioso.

1. Um dia quase perfeito

Em uma manhã, no início de junho, pesadas nuvens pairam sobre a região oeste de Oregon. Após algumas semanas de bom tempo, os dias quentes do verão foram temporariamente adiados. Novamente, os habitantes da cidade de Portland olham para o céu e questionam os motivos para viverem a noroeste do Pacífico.

Não muito longe dali, na parte ocidental das montanhas, no sopé das Cascade Mountains, Dale está com dificuldade para levantar. Talvez sejam as nuvens ou os seus pensamentos sobre a fracassada tentativa de atingir o topo do Mount Hood, interrompida por uma repentina tempestade de neve. Seja qual for a razão, finalmente ele encontra energia para sair da cama e caminhar vagarosamente, sonolento, pela casa.

O trabalho de *barman* na cidade de Government Camp o deixa livre para esquiar durante o dia. Contudo, hoje o tempo está nublado, cinzento, pouco inspirador. Mas ele não consegue pensar em nada melhor para fazer. Seria bom telefonar e verificar as condições na área de esquis.

Céu claro acima de 5 mil pés! Trinta centímetros de neve fresca, deixada pela tempestade de ontem!

Agora ele está totalmente desperto, apressando-se para pegar o equipamento de esqui, encontrar as chaves do carro e partir.

Dale vive para esses dias raros. Ele esquia nessa montanha há anos; começou trabalhando no Timberline Lodge quando tinha 16 anos. Aos 21, era diretor da patrulha de esqui. Descer do topo do Mount Hood, a 11.239 pés, tornou-se irresistível quando as condições do tempo estão ideais.

Um pouco depois das 10h, Dale está indo para a Timberline Ski Area. Na linha das árvores, as nuvens batem na montanha como uma maré cheia. Acima dele, o Mount Hood está majestoso, congelado sob a neve fresca e projetando-se em um céu tão claro que o coração até dói.

O ar da montanha está vibrante de possibilidades. Dale imagina as primeiras pistas que descem do topo, uma linha sinuosa vertical com 2.700 pés de neve intocada, banhada pelo sol. Há também a culpa de sentir prazer. Afinal, a uma hora de distância, os habitantes de Portland estão curvados sob o peso das nuvens cinzentas, imaginando se algum dia o sol voltará.

Apressadamente, ele examina a mochila para se certificar de que todo o equipamento está lá e então se dirige para o teleférico. Agora ele gostaria de ter acordado mais cedo. A melhor hora para esquiar seria ao amanhecer, antes da montanha começar a aquecer com o sol. Embora esteja atrasado, o dia está muito lindo para ser rejeitado. Além disso, as melhores pistas para esquiar encontram-se no alto, onde as temperaturas frias mantêm a neve intacta.

O teleférico de Palmer leva Dale a 8.500 pés. Ele se comunica com a patrulha de esqui no alto do teleférico. Há alguns anos não faz mais parte dessa patrulha, mas ainda tem amigos lá. Eles conversam sobre a grande nevasca, enquanto ele prende os esquis na mochila para a longa caminhada até o topo. Dale promete surpreendê-lo com um relatório completo daquilo que – ele tem certeza – será uma descida incrível, e então se dirige para o topo através do caminho do lado sul. Ele pensa no tempo. À medida que o dia esquenta, a neve fresca se torna cada vez mais instável.

As nuvens brincam de esconde-esconde enquanto ele sobe, girando de cima para baixo para agarrá-lo, deixando-o, com isso, ver o sol novamente.

Em 18 anos de escalada e centenas de subidas nas Cascades, Dale raramente viu um dia tão perfeito. A neve, ainda clara e fina, brilha no ar alpino. A temperatura está morna e não há vento.

Absolutamente perfeito, fala para si mesmo. *Só preciso ser cuidadoso porque estou sozinho e evitar as encostas de avalanche na descida; devo agir de maneira segura.*

Ao olhar para baixo, um sorriso surge no seu rosto. O teleférico de Palmer está envolto pelas nuvens. A não ser por três alpinistas bem acima, ele parece ser a única pessoa na montanha. É como se os deuses da neve tivessem feito esse dia só para ele.

Duas horas de subida levaram Dale até uma estreita cordilheira escarpada, coberta de neve a 10.500 pés, que se eleva acima de uma bacia suspensa chamada Devils Kitchen e que contorna o flanco leste de Crater Rock. A escalada foi difícil. Ele ia devagar porque a neve estava fofa, mesmo tendo sido assentada pelos três alpinistas a sua frente.

Os pensamentos sobre o tempo e a temperatura ainda o incomodam. Há um acúmulo de neve cada vez mais instável à medida que o dia esquenta. Normalmente nessa altitude ele pararia e colocaria os grampões nas botas para os 200 m finais até o topo, mas na neve fofa eles mais atrapalham do que ajudam. Dale acrescenta os minutos economizados aos seus cálculos sobre os riscos, e decide continuar subindo.

A cordilheira conduz até o único obstáculo real no caminho do lado sul. Na base do trecho final para o topo há uma fissura, uma vala que se forma quando a neve e o gelo se afastam da montanha. Nessa época do ano ela é visível apenas como uma leve ondulação na encosta, porque a neve acumulada no inverno preencheu o vazio. Dale cruza a fissura e começa a subir a parte mais íngreme da escalada. Seus anos de montanha lhe dizem para ser cuidadoso. A encosta do lado sul está aquecendo rapidamente.

A neve começa a acumular sobre as suas botas. Ele faz uma pausa para atirar algumas bolas de neve para baixo. As bolas juntam mais neve e formam grandes cata-ventos que se separam formando outros. Com seus bastões, ele verifica que a neve tem cerca de 30 cm de profundidade acima do gelo. Ela está ficando pesada e propensa a deslizamentos no calor da tarde. Dale descarta a idéia de escalar o resto do caminho até o topo porque é muito arriscado nessas condições.

Ele afasta uma plataforma para poder colocar o seu equipamento para a descida. A sua experiência lhe dá confiança, e também se sente confortável por ter um equipamento de primeira linha, comprado por 3 mil dólares para ocasiões como essa. Ele veste as calças, a jaqueta, as luvas. Coloca as correias dos bastões nos pulsos, caso precise livrar-se rapidamente deles em um declive; pendura a mochila nas costas, amarra as correias e então prende os esquis. Seu lema sempre foi preparar-se para o pior e esperar o melhor.

Examinando a primeira descida, sabe que a neve fresca não vai agüentar. Dale desce da plataforma e empurra uma pilha de neve à sua frente para abrir um caminho para baixo e sobre a fissura. A camada superior se estende pela montanha abaixo, expondo um caminho muito escorregadio para fazer curvas. Ele desce derrapando, esperando que a neve não se movimente. Apenas um pouco de precaução contra avalanches.

Enquanto segue o caminho para baixo, sobre a fissura encoberta, ouve um som familiar, que conhece dos seus dias de patrulha. Um estrondo percorre a montanha. É como as explosões provocadas para desencadear avalanches para que elas não ameacem os esquiadores. Ele não sabe dizer de onde vem o som.

Tarde demais para controlar a avalanche, pensa. *Cedo demais para remover obstáculos.*

Seu coração bate forte. Uma avalanche! Ele observa a montanha. Nenhuma avalanche a vista.

Que diabo foi isso? Um avião supersônico?

Ele olha para o céu. Não vê nenhum avião.

Dale olha para a neve sob seus pés no exato minuto em que rachaduras surgem atrás e na frente.

Em um milésimo de segundo surrealista, a encosta começa a se partir à sua volta, como uma vidraça estilhaçada. Lentamente, a princípio, depois rapidamente, desmoronando em um abismo.

Sua mente luta para entender. *Tudo bem, vou descer em cima dessa coisa e subir de volta.*

De repente, a esperança é sufocada pelo medo enquanto ele cai na escuridão. Dale faz uma prece rápida e fecha os olhos enquanto imensos blocos de gelo e neve se partem e desabam em cima dele.

Caos e confusão, blocos brancos caindo, girando, ressoando no abismo. As metades dianteiras dos seus esquis ficam presas quando um bloco enorme cai sobre elas e depois atinge o seu rosto. Um segundo bloco o atinge por trás, empurrando-o para baixo e obrigando-o sentar, só parando ao se chocar com o bloco à sua frente.

De repente, tudo está silencioso.

Ele parece estar vivo.

Atordoado, rindo para si mesmo, Dale não consegue acreditar que está vivo. Ele não consegue se mexer, mas pode respirar. Há uma luz vinda de algum lugar, e ar. Ele pode ver sangue na neve à frente do seu rosto. No silêncio, ele procura ouvir o som da avalanche que irá rolar dos declives acima e terminar o trabalho, preenchendo as bolsas de ar e sufocando-o. Mas tudo está silencioso.

Ele faz uma rápida avaliação: consegue flexionar os dedos das mãos e dos pés. Suas costas estalaram um pouco quando o bloco o atingiu por trás. Seu nariz está sangrando devido ao primeiro impacto.

Tudo parece estar bem, exceto pelo fato de estar preso no fundo da fissura, sob toneladas de neve e gelo. O máximo que pode fazer é mover as mãos e virar a cabeça de um lado para o outro. Seus pés ainda estão dentro das botas que continuam presas aos esquis, imobilizadas.

Virando a cabeça para a direita, Dale pode ver uma passagem triangular, com mais ou menos 30 cm de altura e 25 cm de largura, por onde entra uma luz, vinda de algum lugar.

Não é possível passar por aí, essa passagem tem cerca de metade da largura do meu corpo.

Dentro do seu túmulo gelado, ele luta para afastar o pânico. A primeira coisa a fazer é abrir um espaço na frente do seu rosto para poder respirar. Finalmente, ele consegue cavar um espaço suficiente para mexer um braço e enfiá-lo no bolso do casaco.

Há pouco mais de um mês, Dale saiu para comprar um radiotransmissor. Durante os anos em que trabalhou com a patrulha de esqui, ele sempre carregava um rádio. Depois de deixá-la, percebeu que estava correndo muitos riscos ao sair sozinho sem nenhum tipo de comunicação. O vendedor da Radio Shark sugeriu um aparelho moderno: "Esses telefones celulares são o que há de mais moderno".

Assim, Dale pesquisou um pouco e adiou o pagamento de algumas contas para pagar 500 dólares pelo Motorola Ultra Classic. Do tamanho de uma lanterna grande, era o modelo mais compacto à venda.

Ele não hesitou diante do preço: "Hei, é a minha vida que importa, quinhentos dólares são apenas uma gota no oceano".

Ele quer sair de lá bem depressa. O telefone é o seu bilhete. Seus amigos em serviço na patrulha de esqui podem subir até lá mais depressa do que qualquer um.

Ele tira o celular do bolso, colocando-o diante do rosto para enxergar o mostrador. Anos trabalhando na área de esquis gravaram o número na sua memória. Ele aperta os botões e prende a respiração. A ligação está ruim, com muita estática, interferência, e então ele ouve claramente a voz da recepcionista.

Ele conta o que aconteceu.

"Por favor, me ponha em contato com a patrulha de esqui no teleférico de Palmer."

A recepcionista fica calada. Dale sabe que a política da área de esquis não permite telefonemas diretos para o teleférico. Será que ela está hesitando por esse motivo?

"Eu acho que não posso fazer isso", ela diz, "mas espere um pouco".

Antes que possa responder, ele começa a ouvir a gravação de um conjunto de vozes masculinas. Vozes agradáveis cantam uma letra alegre em seus ouvidos. Dale está quase desistindo quando a recepcionista volta.

"Não posso fazer isso."

"Uma ova, que você não pode! Deixe-me falar com outra pessoa!" grita no telefone.

O conjunto de vozes retorna.

Então, outra voz atende ao telefone. Enquanto conta a sua história, a ligação cai.

Tentando permanecer calmo, ele aperta o botão de rediscagem e consegue completar a ligação outra vez.

O medo em sua voz é muito real. Eles fazem a ligação com a patrulha.

Em Palmer, Brad atende ao telefone. Ele conhece Dale muito bem e fica chocado com o desespero em sua voz. Dale está falando muito depressa, contando o que aconteceu.

"Veja bem, a fissura está totalmente aberta e não estava lá há uma hora."

Brad olha para a montanha.

"Deus, estou vendo."

"É muito larga, muito extensa e eu estou enterrado no fundo dela."

"Inacreditável. O que você quer que eu faça?"

"Não mande nenhum helicóptero aqui para cima. Eles poderiam desencadear uma avalanche. Apenas venha para cá o mais rápido que puder."

Brad diz que está a caminho. Ele alerta os outros patrulheiros, consegue um trator para neve, para trazer uma maca, e outros equipamentos de resgate e então se dirige para a montanha.

Na melhor das hipóteses, Dale calcula que Brad está a pelo menos duas horas de distância. Ele não pode desistir e espera.

Preso sob a avalanche, a menor queda de neve pode acabar com ele. Se ele conseguir alcançar as botas, talvez haja espaço suficiente para soltar as presilhas e, depois, os pés.

Ele descobre um pequeno buraco ao lado da bota esquerda. A primeira pilha de raspas de neve infiltrou-se nesse buraco, indo para algum lugar; portanto deve haver espaço para mais neve.

Ele volta a cavar no espaço apertado, girando os punhos e o pescoço, forçando as articulações em ângulos dolorosos, arranhando com os dedos. O excesso de neve cai no buraco.

O processo é angustiante e extenuante no local apertado. O pânico claustrofóbico está sempre de tocaia, pronto para agarrá-lo.

Com um pouco mais de espaço, finalmente consegue movimentar os joelhos. Ele empurra e puxa as pernas, massageando-as quando começam a ter câimbras. Não consegue abrir as presilhas.

As botas de Dale continuam totalmente imobilizadas enquanto ele trabalha na neve que as envolve. Um pouco mais de escavação e ele consegue colocar as mãos nuas sobre as botas de plástico. Empurrando a neve para conseguir espaço, finalmente abre as fivelas.

As botas não prendem mais os seus tornozelos, mas não há espaço suficiente para tirar os pés.

Dale olha para a passagem triangular. Se ele puder cavar o suficiente para dar espaço para o corpo, ele poderia se espremer para dentro dela e puxar os pés para fora, de lado.

Cavando, raspando, algumas vezes mordendo a neve. Golpeando, tirando as luvas para arranhar o gelo, lentamente ele aumenta o espaço.

Um amigo da patrulha liga de vez em quando no celular para mantê-lo calmo e informar que a ajuda está a caminho, mas Dale não consegue pensar em nada, a não ser em escapar dali.

Ele tenta se espremer pela passagem, mas não consegue inclinar a cabeça ou virar o pescoço o suficiente para entrar com a cabeça primeiro. Cavando um sulco para o nariz, finalmente se contorce e força o corpo pela passagem.

Agora, não há espaço para movimentar os braços. Ele volta para trás e cava mais.

Durante a meia hora seguinte, o esforço físico de se contorcer para dentro e para fora da passagem esgota as suas forças. O pescoço e as laterais do corpo estão apertados no espaço exíguo, mas ele se recusa a desistir. Cinco ou seis vezes ele entra e sai do buraco, batendo, cavando, arranhando em direção à luz.

Uma última vez ele se vira e se estica o máximo possível, lutando para escapar. Finalmente, os pés saem das botas.

A rota de fuga é tão apertada que ele só consegue levar o celular. Deixando a mochila para trás, rasteja pela passagem.

Alcançando a luz, Dale coloca a cabeça para fora do buraco e enxerga uma confusão de enormes blocos caídos. Corredores com mais ou menos 1 m de largura serpenteiam pelo gelo. Ele abre caminho para cima, no meio daquela confusão, sempre buscando mais luz.

Se espreme, engatinha, empurra, e finalmente ergue o corpo para fora da pilha de escombros.

Deslocando-se para cima com dificuldade e equilibrando-se precariamente sobre um grande bloco, Dale percebe que está no meio de uma vala de 6 m de profundidade, 15 m de largura e 30 m de extensão, que atravessa o declive.

O ar nunca pareceu tão doce. Ele enche os pulmões inspirando profundamente. Com o celular seguro em uma das mãos, isso é tudo o que Dale pode fazer para se firmar, apenas de meias. Grandes fendas entre os blocos à sua volta mostram uma escuridão azul. Cautelosamente, caminha de bloco em bloco, passando sobre fendas, rezando para não cair novamente. Próximo da beirada, ele sobe em um último monte de gelo e levanta o corpo para a borda da fissura.

Com o coração ainda disparado, Dale liga para a patrulha de esqui.

"Estou fora da avalanche. Vou tentar descer. Se eu não ligar novamente, venham rápido, porque eu não sei, posso desmaiar, minhas costas podem travar, mas acho que posso descer sozinho."

Agora ele senta no topo de um declive de 45° a 10.500 pés, sem nada, a não ser meias nos pés. Entre ele e a relativa segurança da trilha para alpinistas há uma imensidão de gelo formada quando ele cavou a neve para abrir uma pista para baixo.

O declive tem uma área de deposição a cerca de 90 m abaixo, em Devils Kitchen. Parece suficientemente segura para sentar e deslizar para baixo pela encosta de gelo. Reunindo toda sua coragem, ainda alerta às avalanches, empurra e chuta a neve solta à sua frente.

Girando os braços e as pernas, Dale luta para não escorregar enquanto ganha velocidade. Com os braços e pernas abertos, para não perder o equilíbrio, uma das mãos puxa a neve, a outra segura o celular. Uma pequena saliência o faz voar pelo ar. De algum modo, aterrissa sem cair e seu corpo pára quando a encosta fica nivelada.

Ele se levanta e sai de Devils Kitchen. Quando encontra a trilha, os três alpinistas que estavam à sua frente estão descendo.

Eles olham para ele espantados.

Um homem, de meias, aqui em cima, no Mount Hood?

Enquanto Dale conta a sua história, eles lhe dão meias secas, alimento e óculos de sol. Para finalizar, lhe oferecem dois sacos plásticos impermeáveis para proteger os pés da neve. Com seu novo calçado estalando a cada passo, eles o conduzem para baixo.

Em Lower Crater Rock, Brad está subindo a toda velocidade quando encontra os três alpinistas descendo com Dale.

Um rápido exame médico revela que Dale, a não ser por estar molhado e um pouco machucado, parece ter conseguido sobreviver sem grandes danos. Dale e Brad caminham juntos para Triangle Moraine, onde um trator para neve os leva para Timberline Lodge.

Pensando naquele dia, Dale sabe que teve sorte. Ele admite que poderia ter evitado o acidente. Nos 17 dias anteriores ele subira 11 vezes o Monte Hood em perfeitas condições para esquiar. Isso pode tê-lo deixado um pouco menos cauteloso em relação ao perigo de avalanches. Trinta centímetros de neve fresca num dia claro como cristal foi tentador demais.

No que diz respeito a escalar e esquiar sozinho, ele se arrepia ao pensar no que teria acontecido se estivesse na montanha com um parceiro.

"Naquele dia não havia sorte suficiente para duas pessoas."

Quando Chris olha para trás, na direção do rio, vê o medo nos olhos de seu pai.

2. ARRASTADO

Para Louis e Pat Barten seria uma rara oportunidade de tirar férias com os filhos adultos, Chris e Alyssa. A viagem pelo Snake River também incluiria o marido de Alyssa, Marko. Chris foi o principal incentivador, fazendo os arranjos com meses de antecedência para a viagem de sete dias pelo Snake River, que corta a divisa entre Oregon e Idaho, através do Hells Canyon. Essa viagem satisfazia todas as suas exigências: um passeio agradável onde os dias seriam quentes, eles poderiam nadar e relaxar e as noites seriam passadas em volta de uma fogueira sob um céu cheio de estrelas.

É um sábado, num final de semana quente do feriado de 4 de julho, em Cambridge, Idaho, quando o grupo dos Barten embarca no ônibus da empresa de botes com outros dezoito excitados passageiros. As apresentações são feitas enquanto o ônibus desce de um platô elevado em direção à entrada sul do cânion. Ao longe, do lado oeste, contrafortes cobertos de grama dourada no calor do verão, sobem na direção dos picos da Oregon's Eagle Cap Wilderness. Ao norte, as Seven Devils Mountains protegem a divisa ocidental de Idaho.

O cume das montanhas fica para trás enquanto o ônibus desce na direção do rio oculto, mais abaixo. Após muitos quilômetros de estrada sinuosa, o asfalto termina em Hells Canyon Dam. Saindo do ônibus, os passageiros esticam o pescoço, olhando para cima e piscando diante da luminosidade. Acima deles, dos dois lados do rio, camadas irregulares de rochedos de basalto sobem como degraus gigantes por mais de 1 km na direção do céu azul.

Abaixo deles, as águas do Snake River giram sem parar, formando poderosas correntes. Eles se preparam para fazer o percurso ensurdecedor, espumante, nos próximos 100 km pelo desfiladeiro mais profundo da América do Norte.

Os guias conduzem todos até a margem do rio para dar instruções de segurança. "Esse é um rio poderoso", dizem. "Sempre usem o colete salva-vidas. Sempre sejam cautelosos. Sempre façam o que os guias lhes disserem para fazer. É assim que se rema; é isso o que vocês devem fazer se caírem do bote".

Durante uma hora eles aprendem a cuidar de si mesmos e dos botes infláveis nos quais descerão o rio. Então, depois de praticar um pouco, o grupo de quatro botes entra na corrente principal e a aventura começa.

A excitação toma conta do grupo, enquanto eles navegam pelas primeiras águas brancas e suaves. O rio serpenteia entre paredes rochosas, barreiras de seixos e praias de areia. Uma vegetação verde abraça as margens, como um oásis, no fundo desse cânion árido e profundo.

Os guias mostram para o grupo os locais históricos gritando o nome de cada corredeira enquanto se aproximam, e também dão instruções para os remadores sobre como navegarão. Uma corredeira classe 4 faz a família Barten gritar; a água espumante é borrifada neles, um bem-vindo alívio enquanto a temperatura ultrapassa os 32 °C.

Por volta de 15h, eles chegam ao primeiro acampamento. Os botes são manobrados até um redemoinho em uma curva do rio, levados para a margem, amarrados e protegidos para passar a noite. Os guias começam a montar as barracas e a cozinha ao ar livre. Metade do grupo vai fazer um passeio. O restante fica por ali, descansando no calor da tarde.

A temperatura está próxima dos 38 °C. Logo abaixo do acampamento, o redemoinho forma uma piscina convidativa, protegida da corrente principal do rio. Alguém diz que seria uma boa idéia ir até à beira do rio para se refrescarem.

Vestindo os coletes salva-vidas, os Barten e algumas outras pessoas se dirigem para uma pequena praia à beira das águas paradas. Os guias continuam o seu trabalho, enquanto vigiam o grupo.

Chris Barten – confiante nos seus vinte e poucos anos, ex-nadador da equipe do colégio – senta na água rasa próxima à margem. Rapidamente, descobre que, se levantar as pernas, o redemoinho é suficientemente forte para puxá-lo rio acima num movimento rápido. Chris testa a corrente, cuidadosamente a princípio. A água agitada o carrega rio acima por alguns metros, a uma curta distância da margem, depois rio abaixo por alguns metros e, então, o empurra de volta para a parte rasa. Logo ele está girando no redemoinho, flutuando preguiçosamente em seu colete salva-vidas.

Finalmente, os outros percebem. Algumas pessoas, querendo se divertir, juntam-se a ele, incluindo seu pai, Louis. Rapidamente há um punhado de pessoas girando no redemoinho, rindo com a força da correnteza enquanto são levadas, girando, em um círculo que sempre as traz de volta para a parte rasa.

Enquanto os minutos passam, Chris é o primeiro a sentir frio. É hora de sair da água e deitar sob o sol. Ele começa a nadar em direção à margem. Após algumas braçadas, a margem não parece estar se aproximando.

Ele dá braçadas mais vigorosas. Ainda está longe.

Os anos de natação voltam à sua mente com a adrenalina bombando em sua corrente sangüínea. Ele se esforça ao máximo para chegar à praia, enquanto o redemoinho desaparece diante dos seus olhos, misturando-se à corrente principal. Puxando a água com braçadas fortes, lentamente Chris começa a avançar. Quando chega à parte rasa, tudo o que consegue fazer é arrastar-se até a terra seca.

Do punhado de pessoas lutando para voltar à praia, Louis é o que está mais longe. Quando Chris olha para trás, na direção do rio, vê o medo nos olhos de seu pai. Seus pulmões estão queimando pelo esforço para chegar à praia. Ele mal consegue erguer os braços. Não há nada que possa fazer.

Um vulto passa correndo por Chris, enquanto Louis e duas meninas são arrastados rio abaixo na direção da maior queda do rio, os Granite Creek Rapids classe 4. Ele se volta e vê um dos guias correndo para a margem rochosa com uma mochila contendo uma corda. No último segundo, o guia joga a corda e as meninas são puxadas.

Louis sabe que está com problemas. Seus salvadores, correndo ao longo da margem, não conseguem acompanhá-lo enquanto desce na corrente principal. Eles gritam para ele nadar e assim ele faz, mas agora foi apanhado pelo rio. Qualquer chance de resgate desaparece enquanto as pessoas na praia ficam cada vez mais para trás.

Tudo bem, Louis diz para si mesmo, tentando permanecer calmo, *não é nada demais. É para isso que fizemos os exercícios de treinamento, certo?*

Virando de costas, ele posiciona os pés no sentido da correnteza, como os guias lhes disseram para fazer se caíssem do bote e fossem carregados por uma corredeira.

Agora, a correnteza está forte. À frente, a água despenca, fora da sua vista. Ele pode ouvir o barulho e vê a névoa vinda de algum lugar abaixo. Ele tenta alcançar um espaço entre duas grandes pedras no meio do rio. A correnteza parece ficar represada entre as duas rochas.

Num instante, Louis é arrastado para a queda d'água e cai numa água verde como jade. Esperando lá embaixo está o rosto espumante de uma onda vertical monstruosa, virando sobre si mesma no meio do rio. Bolhas de ar rugem em seus ouvidos ele é arremessado na onda e para baixo da superfície como um torpedo humano. O rio envolve o seu rosto, entra no seu nariz. Nessa confusão, vem à sua mente as lembranças de nadar nas ondas do mar. Ele se concentra nas imagens para combater o pânico.

Se eu prender a respiração e relaxar, voltarei para a superfície.

Ele é arrastado por correntes submersas e mantido sob a água. Passam-se momentos que parecem horas. Tudo o que ele consegue ver são bolhas indistintas e uma escuridão tingida de verde. A água fria o envolve como um cobertor gelado.

No fundo da sua mente uma voz começa a fazer exigências: "Eu preciso respirar".

A racionalidade responde: "Você não pode respirar debaixo d'água".

"Eu não consigo mais prender a respiração!"

"Não, você está debaixo d'água."

"Eu preciso respirar."

Preso nas garras do Snake River, Louis abre a boca em busca de ar. O mundo fica escuro.

Chris perde o pai de vista enquanto este é carregado rio abaixo pela corrente e ao redor de uma curva. Sua mãe corre desordenadamente para a margem, atrás do guia que está tentando não perder Louis de vista.

Os botes estavam amarrados. Em uma situação, em que segundos podem significar vida ou morte, serão necessários alguns minutos para sair com um daqueles botes.

Na confusão, um dos guias agarra os binóculos e corre para uma pequena elevação, focalizando-os em Louis enquanto ele é arrastado pelas corredeiras. O guia começa a fazer uma penosa descrição para o grupo.

"Ele está indo, está indo, está indo para baixo, está sob a água, não sobe, ele não sobe, onde ele está?"

O silêncio toma conta do grupo.

"Eu não vejo..."

Um arrepio percorre o corpo de Chris.

"Oh, ele subiu, subiu, posso vê-lo, ele está lá, está lá..."

Com a pausa, todos olham para o guia.

"Há um barco a motor. Um barco a motor! De onde veio esse barco?"

Stephen e Kenneth são irmãos, ambos cardiologistas aposentados. Um deles veio do Texas para visitar o outro em Boise, Idaho, no feriado de 4 de julho. Sempre falaram sobre visitar o Hells Canyon e não são mais jovens. Em geral, nessa época do ano, as viagens pelo rio já estão lotadas, mas mesmo assim eles decidem arriscar tentando conseguir um lugar no passeio de um dia: descer o rio de bote, subir o rio de barco a motor, estar de volta à cidade antes das 22h. Junto com as esposas, dirigem-se para o norte, até Cambridge, Idaho, nas primeiras horas daquele que promete ser um lindo dia de verão.

Quando chegam aos escritórios da empresa de turismo, suas apostas dão resultado. Há lugar para os quatro, bem como dois assentos extras.

À medida que o dia esquenta, ficam esperando no ancoradouro logo abaixo da Hells Canyon Dam. O passeio está com uma hora de atraso.

Apesar da demora para partir, os dois irmãos e as esposas passam um dia maravilhoso no cânion. O rio selvagem e a paisagem acidentada correspondem aos seus sonhos. No final da tarde, enquanto esperam o barco a motor para levá-los de volta, comentam os eventos do dia com excitação. Novamente, o barco está atrasado, apenas 20 minutos dessa vez, mas eles ficam imaginando por quanto tempo terão de ficar lá embaixo, no cânion.

O que levou horas para ser percorrido pelo bote inflável, passa rapidamente no barco a motor enquanto eles sobem o rio, cortando com facilidade as águas mais agitadas.

Na metade do caminho, o capitão diminui a velocidade nas águas calmas abaixo dos Granite Creek Rapids. Um colete salva-vidas flutuando no rio atraiu a sua atenção. Alguém perdeu o equipamento. O mínimo que ele pode fazer é recuperá-lo e devolvê-lo.

Movimentando o barco obliquamente, ele consegue ver que não é apenas um colete salva-vidas. Um corpo humano flutua de bruços no rio, braços abertos, imóvel. Os passageiros conseguem ver agora. Enquanto o barco se coloca ao lado dele, alguém agarra uma das tiras do salva-vidas. São necessários quatro homens para puxar o corpo encharcado para dentro do barco.

Muitos deles jamais haviam visto uma vítima de afogamento. É um homem mais velho. Sua pele está azulada pela falta de oxigênio. Ele não reage, não respira, não tem pulsação.

Os dois irmãos se aproximam para ver melhor. O capitão do barco a motor hesita quando eles se oferecem para ajudar. Então, ele ouve alguém dizer para deixá-los ajudar pois sabem o que fazer.

Com a ajuda do capitão, os dois cardiologistas aposentados rapidamente amarram Louis a uma maca, prendendo-a no barco, e começam a massagem cardíaca e a respiração artificial.

Pat Barten e o guia estão numa corrida inútil contra a correnteza do rio. Louis é arrastado para longe e está fora de vista enquanto eles correm pela margem acidentada, rochosa, abrindo caminho na vegetação fechada. Chegam na base das corredeiras e encontram os passageiros do barco a motor tirando Louis da água.

O capitão os avista, gritando e acenando da margem. Ele encosta o barco e os recolhe. Os dois irmãos fazem diversas perguntas à Pat e ao guia sobre o homem ferido, enquanto o capitão vira o barco para subir o rio.

"Com quem ele estava?"

"Ele estava bebendo?"

"Ele tem problemas cardíacos?"

No acampamento, um suspiro de alívio percorre o grupo quando ouvem falar que Louis foi tirado da água. Chris mal pode esperar para repreender o pai por ter descido as corredeiras antes de qualquer um.

O barco sobe o rio para o seu acampamento.

As palavras que eles ouvem são paralisantes.

"Nós precisamos da maleta do médico! Nós precisamos da maleta do médico! Onde ela está?"

O médico chega correndo com o *kit*. Ele muda de lugar com o guia no barco a motor.

Chris, Alyssa e Marko correm pela margem. Eles podem ver o corpo imóvel de Louis deitado em uma maca. Os médicos estão realizando uma massagem cardíaca e respiração artificial.

O capitão impede que eles entrem no barco.

"Vocês não podem entrar! Não há espaço. Não podem entrar!"

Com o médico e Pat, o barco está lotado. Se mais pessoas subirem não haverá força suficiente para subir o rio.

"Ele não está respirando, não há pulsação" são as últimas palavras que ouvem enquanto o barco a motor sobe o rio e some de vista.

Então, os três ficam lá parados, sem acreditar, em súbito silêncio.

As horas passam no acampamento. Chris, Alyssa e Marko não têm apetite. Eles deixam a área reservada para as refeições e sentam-se juntos, em suas barracas, ao crepúsculo, tentando descobrir como tudo deu tão errado, e tão depressa.

Eles não podem se comunicar com o mundo externo porque não têm rádios; os telefones celulares não funcionam aqui embaixo. Ninguém navega pelo rio à noite. Não podem ir embora a pé. Ninguém sabe lhes dizer quando terão notícias. Os guias disseram que amanhã tentarão obter notícias do barco a motor e talvez os três possam ser levados pela manhã.

As palavras continuam se repetindo na mente de Chris: *Ele não está respirando, não há pulsação.*

Ele não sabe o que pensar. Imagens de um enterro atravessam a sua mente.

A escuridão cai sobre o acampamento. A maioria das pessoas já se recolheu, mas Chris não consegue dormir, pensando no pai e no rio. Ele ouve passos se aproximando. Um dos guias pergunta se está acordado. Um guarda florestal chegou ao acampamento com notícias e quer falar com Chris e com sua irmã.

Como um guarda florestal chegou aqui?, pensa, enquanto desce até a fogueira com a irmã e Marko. Os três são apresentados a um homem chamado Roy, o chefe dos guardas florestais.

Há algumas horas, o guarda florestal recebeu um telefonema. Era o proprietário da empresa de botes, com notícias de Louis. Ele sabia que Roy era o único que poderia falar com o grupo. Com a noite chegando, Roy se arriscou e subiu o rio com seu barco a motor até a base dos Granite Creek Rapids. Na escuridão, caminhou a distância restante, ao longo da margem do rio.

"Dois médicos no barco a motor ressuscitaram o seu pai. Disseram que ele estava acordado e indo bem, quando chegaram à represa. Um helicóptero levou-o para o hospital em McCall, Idaho. Os médicos estavam preocupados porque poderia haver água nos pulmões. Até onde eu sei, ele está bem e sob observação no hospital."

Eles têm milhares de perguntas para fazer a Roy, mas o guarda florestal não sabe mais nada.

"Provavelmente vocês querem sair daqui comigo esta noite. Eu vou levá-los rio abaixo até Pittsburg e de lá iremos para o hospital."

Os três balançam a cabeça.

"Não, nós conhecemos nosso pai; se ele estiver vivo e bem, vai querer voltar para cá."

Roy não pode acreditar no que eles dizem, mas eles estão inflexíveis. Se o pai estiver bem, ele e a mãe voltarão assim que possível.

"Tudo bem," diz Roy, ainda não convencido. "Se eles quiserem voltar, eu posso trazê-los até aqui".

De qualquer modo, Roy precisa voltar ao barco esta noite. Antes de ir embora, eles elaboram um plano. Seja lá o que for que aconteça, Roy os encontrará amanhã à noite e trará notícias de Louis. Se estiver bem e decidir juntar-se novamente ao grupo, Chris, Alyssa e Marko permanecerão com o grupo e encontrarão Louis e Pat mais abaixo no rio. Se o pai decidir não voltar é porque não está bem. Então os três pegarão uma carona com Roy e irão ao hospital o mais rapidamente possível.

De manhã, os passageiros do bote estão abatidos pelo choque do dia anterior. Os guias também estão assustados. Essa não é a melhor maneira de iniciar um passeio de sete dias. Alguns membros do grupo tentam consolar Chris e sua irmã. Quase todos estão silenciosos. Os pais observam os filhos como gaviões sempre que eles se aproximam do rio.

O grupo continua no acampamento após a hora prevista para a partida. O guia médico ainda precisa voltar da viagem rio acima. Com apenas três guias no grupo, o equipamento é transferido para três botes. O bote restante ficará amarrado na margem e será apanhado pelo guia médico para descer o rio e encontrar o grupo.

Na opinião de Chris, todos estão apenas fazendo as coisas automaticamente. Ele sobe na parte traseira do barco de carga enquanto passam pela grande queda dos Granite Rapids. A excitação desapareceu.

Quando eles param para o almoço, Chris, Alyssa e Marko afastam-se do grupo. Todos chegaram à mesma conclusão. É ridículo continuar. Eles precisam deixar o rio e ficar com a mãe e com o pai. Quando Roy voltar à noite, eles vão pegar uma carona em seu barco a motor.

O almoço termina e os passageiros estão voltando aos barcos quando o barco a motor do Serviço Florestal é avistado à distância, subindo o rio.

Chris sente o coração apertado. Na noite passada havia um plano claro. O guarda florestal voltaria à noite para encontrá-los no acampamento. Só podem ser más notícias para Roy voltar tão cedo.

Enquanto o barco se aproxima, Chris vê que Roy não está sozinho.

O barco encosta na margem. Louis e Pat Barten levantam e acenam para a multidão reunida na margem do rio.

Chris está atordoado: "Oh, meu Deus. Ontem você estava morto. O que você está fazendo aqui?"

Seus pais descem do barco. Eles estão prontos para voltar ao rio.

O desânimo com relação ao passeio desaparece em um instante. O grupo está completo novamente e é hora de comemorar.

Pat e Louis, afastados por menos de 24 horas, juntaram-se novamente ao grupo apenas 7 km abaixo do local do acampamento anterior.

No dia seguinte, Louis está pronto para tentar um dos caiaques infláveis levados para o passeio.

Todos no grupo estão hesitantes: "Tudo bem".

Ele navega por uma pequena correnteza e todos os olhos estão grudados nele.

O caiaque se movimenta rapidamente. De repente, dezenas de vozes estão gritando: "Ele está fora do barco, está fora do barco".

Cada nadador no grupo se reúne mais rápido do que qualquer um consegue remar. Muitas mãos o agarram e Louis é tirado da água e levado para o bote mais próximo.

Há uma compreensão imediata e silenciosa entre todos do grupo. Gostando ou não, chega de andar de caiaque para Louis Barten. Ele não vai mais se afastar deles.

Louis ficou sem batimentos cardíacos ou pulsação durante 7 minutos quando os dois cardiologistas começaram a cuidar dele no barco a motor.

Ele não lembra quase nada da primeira hora após a sua quase-morte. Foi como se estivesse despertando de um sono profundo em um quarto de hotel em alguma cidade desconhecida.

Será que estou sonhando? Estou em uma viagem de negócios?

Ele pode ouvir pessoas falando, mas não entende o significado das palavras. A confusão diminui um pouco e ele percebe que as pessoas estão fazendo perguntas, mas não consegue entender o que elas estão dizendo.

A última coisa que me lembro é que eu estava no Snake River, em Idaho.

Ele quer falar. De repente, ele consegue entender as perguntas e quer falar, mas não consegue formar nenhuma palavra. Ele não emite som algum. Sua garganta está muito seca, mais seca do que jamais esteve.

Se eu pudesse tomar um pouco de água para umedecer a garganta, eu poderia falar com essas pessoas.

Ele abre os olhos e percebe que está em um barco subindo o rio. As pessoas estão ao seu redor.

"Deite-se, fique calmo", elas dizem.

Sua mente oscila entre a consciência e a inconsciência.

Quando o barco chega à represa, ele está suficientemente consciente para tomar um pouco de água.

Ele é tirado do barco sobre a maca e colocado na traseira de uma caminhonete. Ainda sente muita sede. Eles não permitem que se levante.

Levam-no para uma plataforma próxima da represa para esperar um helicóptero. Ainda está confuso, e vomitando água.

Os médicos estão preocupados porque pode haver água em seus pulmões. Ele precisa ir para o hospital e ser examinado.

Quando o helicóptero chega, Louis consegue subir a bordo sozinho. Ele está desperto e alerta durante o vôo para o McCall.

Chegando ao hospital, não mostra sinais físicos da quase-morte por afogamento que experimentou apenas há algumas horas. Os médicos só encontram uma minúscula quantidade da água do Snake River em seus pulmões.

Hipotermia, uma acentuada diminuição da temperatura corporal, é a única explicação que os médicos encontram para a sua recuperação milagrosa. Nadar na água fria deve ter sido suficiente para fazer o seu corpo trabalhar mais lentamente. As temperaturas geladas no fundo do rio fizeram o seu sistema respiratório parar antes que os pulmões se enchessem de água. Os dois cardiologistas conseguiram reiniciar a sua respiração e circulação antes que a falta de oxigênio no cérebro causasse danos.

Louis deixa o hospital como uma celebridade. Os médicos não vêem muitas vítimas de acidentes no rio voltarem à vida.

Seu filho Chris coloca em perspectiva toda a experiência.

"As regras foram ensinadas. Há menos de doze horas todos nós aprendemos como o rio era poderoso e como podia rapidamente tirar a vida de alguém. Aprendemos isso às dez horas da manhã, antes de entrar no rio. Nós ultrapassamos esse limite e ele nos pegou."

"É surpreendente a rapidez com que o rio pode pegá-lo em Hells Canyon, a rapidez com que se pode passar da diversão para o horror."

Esses cinco homens se conhecem muito bem para se culpar ou ficar zangados. Todos eles seguiram o líder para além da borda. Ninguém os forçou a descer até aqui.

3. SÓ UMA ÚLTIMA CORRIDA

É um dia no final de novembro que atrairia até o mais cansado piloto de moto-esqui. Trinta centímetros de neve fresca cobrem o ondulado terreno alpino. O aroma dos pinheiros flutua no ar fresco. Sisters, Broken Top e Bachelor estão dando um espetáculo, brilhando sob o novo manto de neve. Eles se destacam contra um céu claro, sem nuvens. A paisagem parece se estender até Idaho, enquanto sete moto-esquis descem zumbindo a trilha que sai da remota região oeste de Bend, Oregon. Os pilotos chegam ao estacionamento de Dutchman Flat, logo abaixo da estrada do alojamento para esquiadores no Mount Bachelor.

Enquanto as máquinas esfriam, depois de uma manhã de muita movimentação, Joe, Kip, Kent, Kenny, John, Rick e Chuck pegam as mochilas com os equipamentos de sobrevivência, atirando-as na parte de trás de suas máquinas. Eles tiram as roupas de inverno feitas de material isolante e sentam-se para um almoço tardio, descansando no calor da tarde ensolarada.

Pouco depois, eles já acabaram com a comida. Alguns dos membros mais inquietos do grupo verificam o relógio. São 14h30. Ninguém está ansioso para partir e começar a longa viagem de volta para casa. Além disso, ainda é cedo. A temperatura e a neve estão perfeitas. Por que não fazer uma última, rápida corrida? Eles podem estar de volta a tempo de arrumar as coisas e pegar a estrada antes do anoitecer.

"Por que não?" é o consenso geral. Todos se aprontam para sair novamente. Vai ser apenas uma corrida rápida e o dia está mais quente, portanto eles deixam as mochilas e as roupas pesadas nos carros, fecham o zíper das jaquetas e dos macacões, colocam as luvas e capacetes, ligam as máquinas e saem em busca de mais diversão.

O caminho que percorrem serpenteia pela floresta até um platô mais acima. A oeste estão Broken Top Mountain e Three Sisters Wilderness; a sudeste, o pico baixo, arredondado da Tumalo Mountain. Ao norte, o platô diminui rapidamente, dividindo-se nos muitos barrancos que levam para baixo até a bacia hidrográfica de Bend. A trilha que estão seguindo vira para o leste, em volta da Tumalo Mountain, e finalmente os levará direto de volta aos carros.

Mas, para esse grupo, seguir a trilha é simplesmente uma das maneiras de acessar as regiões mais distantes. Portanto, eles saem da trilha principal à procura de neve intacta ao longo do irregular limite norte do platô. Acompanhando uma alta cordilheira, brincam de pega-pega, perseguindo uns aos outros para fora da borda, descendo as íngremes inclinações. A neve está caindo e, então, eles voltam para o topo para repetir tudo. É um jogo irresistível que os leva cada vez mais para longe da trilha.

Em algum ponto Rick e Chuck se separam do grupo na confusão de marcas feitas pelos moto-esquis correndo de um lado para o outro pela cordilheira arborizada. Quando chega a hora de voltar, eles se movimentam em círculos, esperando encontrar os amigos. Quando param para escutar e chamar os outros cinco homens, a floresta só lhes oferece o silêncio.

Com a noite se aproximando, começam a imaginar se, de algum modo, os rapazes passaram por eles na floresta. Talvez estejam esperando lá no estacionamento. Eles manobram os moto-esquis e descem a trilha sinuosa. Em Dutchman Flat, as caminhonetes e trailers estão vazios. Então, colocam as coisas nos moto-esquis e esperam.

As horas passam, a escuridão cai e ainda não há sinal dos outros. Algo sério deve ter acontecido para que nenhum deles tenha voltado. Com as estrelas surgindo no céu, Rick e Chuck pegam o celular e pedem ajuda.

Quando o escritório do xerife do condado de Deschutes recebe a chamada às 18h30 da noite de sábado, eles já sabem que precisam ser rápidos. Cinco homens, mal equipados para passar uma noite fora, em temperaturas abaixo de 0 °C, estão desaparecidos lá em cima, nas regiões mais distantes. Além disso, ventos fortes e neve pesada estão previstos para algum momento durante a noite. Três equipes, cada uma com dois moto-esquis, são imediatamente despachadas para iniciar a busca na escuridão.

Em algumas horas o vento aumenta e as nuvens começam a surgir em grande quantidade, vindas do oeste. Com as nuvens, vem a neve, que é arremessada na escuridão, apanhada pelo vento e soprada horizontalmente no meio das árvores.

Durante toda a noite, a equipe percorre a vasta rede de trilhas que sai do estacionamento de Dutchman Flat. De vez em quando, a visibilidade é nula; os faróis iluminando apenas uma violenta nevasca e o resto, é escuro como breu. Quando a manhã se aproxima, ainda não encontraram nenhum sinal dos cinco homens desaparecidos.

Domingo pela manhã, um outro grupo chega para substituir a equipe noturna. Outros voluntários estão distribuindo folhetos, com a descrição dos homens desaparecidos, para todos que estão deixando o estacionamento de Dutchman Flat. O pai de Joe veio ajudar nas buscas. Ele tenta dizer para a equipe de busca que talvez ela esteja procurando nos lugares errados. Os cinco homens desaparecidos estão acostumados a percorrer de moto-esqui a região. Se estiverem perdidos, estão em algum lugar fora da trilha.

Com a visibilidade diurna reduzida a 90 m, devido à neve soprada pelo vento, na melhor das hipóteses a busca é um exercício de frustração. Há um enorme território a ser percorrido, cruzado por trilhas e agora coberto de neve fresca. A equipe corre tanto perigo de se perder quanto os homens que estão procurando.

Tom Harman, e seus filhos Randy e Tracy, Les Robbins, e seu filho Ron, passaram a manhã de domingo evitando a neve pesada lá em cima, percorrendo a rede de trilhas na parte mais baixa ao redor da base do Mount Bachelor. Quando param para almoçar em Elk Lake, uma mulher se aproxima e pergunta: "Vocês são os cinco rapazes perdidos?"

Eles reprimem o riso.

"Não", responde Tracy. "Acho que sabemos onde estamos".

Ela lhes conta que cinco rapazes saíram de moto-esqui no dia anterior à tarde para uma rápida corrida acima de Dutchman Flat. Eles não levaram nada de equipamento de sobrevivência e não foram mais vistos.

Os Hartman andam por aqui há anos. Quando as pessoas se perdem lá em cima, significa que estão presas na bacia hidrográfica ou nas Sisters Wilderness. Com as atuais condições de nevasca violenta, seria realmente fácil meter-se em apuros.

Mais do que um pouco curiosos, os cinco membros do grupo decidem dar uma volta na região mais alta antes de retornar aos carros. As trilhas para baixo estão em péssimas condições. Talvez, com um pouco de neve fresca, eles possam pelo menos salvar o dia com uma boa corrida.

34 • Vivendo com o perigo

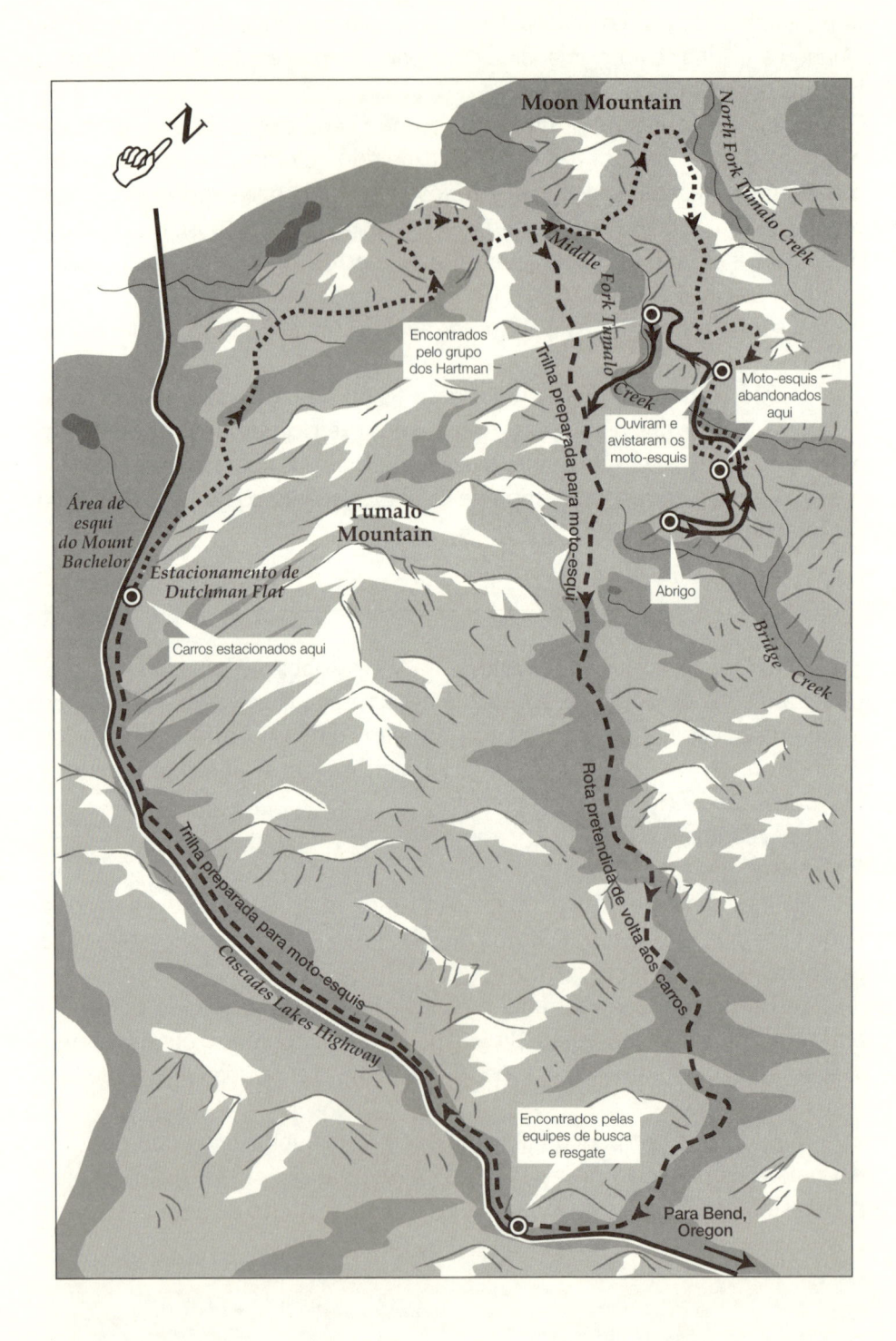

Quando o grupo dos Hartman chega, acima de Dutchman Flat, há uma forte nevasca. Rajadas de vento açoitam os moto-esquis. A neve trazida pelo vento e um denso nevoeiro ocultam a paisagem.

No final da tarde de domingo a equipe de buscas voltou. Voluntários estão estacionados nas principais intersecções de trilhas para moto-esquis. Assim que as condições melhorarem, a ponto de conseguirem enxergar para procurar, as patrulhas sairão. Ninguém pode dizer quando isso acontecerá.

Enquanto o grupo dos Hartman faz a última corrida do dia, toda a região mais alta é só deles. Qualquer pessoa menos familiarizada com a paisagem ou menos experiente com as condições meteorológicas já foi para casa.

No que diz respeito ao grupo dos Hartman, veteranos em conduzir moto-esquis, eles se sentem em casa enquanto se separam, lado a lado, percorrendo o amplo platô. Suas máquinas afundam até o capô na neve fresca profunda. Céu e neve se misturam, a percepção de profundidade e a visibilidade são quase nulas. Eles sabem como diminuir a velocidade e seguir a obscura linha de árvores que se afunila até a principal trilha para o leste.

À medida que o campo de gelo estreita, Tracy vai de um lado para o outro, entrando e saindo da floresta. No abrigo das árvores, a visibilidade melhora um pouco. Em uma das curvas algo chama a sua atenção: uma mancha colorida à distância. Fechando um pouco os olhos para enxergar através da nevasca, ele mal consegue perceber ao longe uma figura surgindo das árvores.

Joe, Kip, Kent, Kenny e John deixam Rick e Chuck para trás enquanto correm uns atrás dos outros no meio das árvores. Os cinco homens revezam a liderança enquanto vão de um lado para o outro. Cada curva os afasta mais e mais para o leste, ao longo da crista, em busca de neve intocada, pistas mais inclinadas e mais emoções. No final da crista, eles saem do topo, um após o outro, seguindo o líder por uma inclinação mais íngreme e mais longa do que qualquer outra.

Enquanto descem, a neve se torna cada vez mais profunda. Quando finalmente encontram um local suficientemente plano para manobrar, é como se a neve não tivesse fim. Os moto-esquis afundam cada vez mais, enquanto os homens aumentam a rotação dos motores, esforçando-se para fazer a volta. Algumas das máquinas possuem patins longos que deslizam melhor quando há menos neve e seus pilotos assumem a liderança tentando subir de volta. Quando a máquina que está à frente atola, outra avança para tentar subir.

A inclinação é muito grande para permitir um impulso. As máquinas continuam atolando. Os homens vão de um lado para o outro, tentando diferentes caminhos no estreito cânion. Os motores fazem barulho, mas os homens só conseguem afundar mais os moto-esquis; afogar o motor, sair do atoleiro e então retroceder para tentar subir novamente.

Enquanto as horas passam, o desânimo se espalha pelo grupo.

Joe sempre foi o verdadeiro líder desse grupo. Ele consulta o mapa. Parece que o terreno fica nivelado na parte inferior do cânion. Talvez descendo eles possam dar a volta e encontrar um outro riacho e voltar à trilha principal por uma rota diferente.

Virando os moto-esquis, eles descem mais. A profundidade da neve só aumenta. Lá embaixo eles emergem das árvores na margem de um riacho. À direita e à esquerda penhascos descem até a água.

Os cinco homens começam a trabalhar. Com três galhos de árvore e neve, eles constroem uma ponte sobre a água e a atravessam, para apenas encontrar neve mais profunda e, não muito longe, um segundo riacho. Dessa vez constroem uma rampa e saltam até um pequeno platô.

Nessa confusão de riachos e cânions, procuram um caminho para cima e para fora dali.

Em uma direção, um terceiro riacho abriu uma vala de 12 m de largura na floresta, com paredes formadas de bancos de neve de 3,5 m de altura. Na outra direção, uma cordilheira desce até os riachos. As rampas quase verticais são íngremes demais. Sempre que o grupo é forçado a voltar, as máquinas afundam profundamente sob a superfície coberta de neve.

Restando poucas horas de luz, alguns membros do grupo se resignaram a passar a noite ao relento.

Esses cinco homens, a maioria amigos de infância, se conhecem muito bem para se culpar ou ficar zangados. Todos eles seguiram o líder para além da borda. Ninguém os forçou a descer até ali.

Um deles faz uma observação. Mais cedo ou mais tarde, Rick e Chuck vão imaginar que eles estão presos. Alguém virá procurá-los.

Eles poderiam ficar bem e fazer uma fogueira – ou colocar fogo em um dos moto-esquis – se isso for necessário para mantê-los aquecidos ou para pedir ajuda.

Agora, a maioria não acha que a situação é tão desesperadora. Alguns moto-esquis são novos e a idéia de incendiar um daqueles brinquedos novos em folha, que custaram milhares de dólares, parece um pouco exagerada.

Além disso, a chance de alguém encontrá-los lá embaixo, longe das trilhas habituais, é pequena.

Joe pega o mapa para mostrá-lo ao grupo. A principal trilha para moto-esqui parece estar lá em cima, ao sul, fácil de ser alcançada com uma curta caminhada. Se eles conseguirem subir, e se aproximar da trilha principal, terão mais chances de ser encontrados. Na pior das hipóteses, provavelmente sairão de lá sozinhos esta noite.

A previsão de tempestade de neve para a noite também os preocupa. Os cinco discutem o que fazer: dormir na neve ou ir embora a pé? Não parece tão longe, mas não seria melhor ficar com as máquinas?

Finalmente, eles fazem uma votação. Ficar ou ir?

Com um número maior de mãos erguidas a favor de ir embora, os moto-esquis são estacionados em um local que parece seguro. Alguns pontos de referência são observados para que o lugar possa ser encontrado quando eles voltarem – o que pode acontecer em uma semana ou na primavera.

Eles observam o céu e acertam os relógios antes de partir. Com aproximadamente uma hora de luz, e mais um pouco de sorte, conseguirão chegar à trilha principal antes que realmente escureça.

Três horas se passam enquanto os cinco homens empurram, lutam e abrem caminho a pé para fora dos cânions, na neve que chega ao peito; algumas vezes pisando em montes de neve, tropeçando e quase não conseguindo manter o equilíbrio. Eles estão exaustos, molhados de suor e não conseguem avançar mais.

O sol desapareceu há muito tempo. Se Joe está lendo o mapa corretamente, a principal trilha está ainda a uma boa distância, sobre a próxima cordilheira. Enquanto os homens tremem no escuro, a situação é quase cômica. Horas antes, estavam nos moto-esquis com todo o equipamento de inverno, as mochilas lotadas de equipamento de sobrevivência, os celulares nos bolsos. É como um pesadelo, a não ser pelo fato de que o ar frio é muito real, atravessando as camadas leves das suas roupas.

Eles não vão conseguir sair dali essa noite. A única coisa que podem fazer agora é encontrar uma maneira de se abrigar. Eles terão de se juntar e tentar evitar o congelamento.

A lua está brilhando apenas o suficiente para que possam ver a pequena clareira cheia de neve na qual se encontram. Eles escolhem três árvores que crescem perto uma da outra e começam a cavar entre elas. Mais ou menos a 1 m de profundidade, a neve se transforma em gelo. Apenas com as mãos, que usam como ferramentas, não aguentam mais cavar.

Um deles pegou uma serra dobrável no moto-esqui. Galhos de árvores próximas são podados. Eles removem a neve e o gelo o melhor que conseguem. O buraco é coberto com esses galhos para proporcionar o isolamento da neve. Enquanto trabalham, o vento começa a sacudir o topo das árvores.

Um pedaço de corda de alpinismo também foi trazido e agora eles o amarram de um lado para o outro entre as árvores. Mais galhos são cortados e depois colocados sobre as cordas, formando um teto improvisado.

Um dos homens tira uma caixa de fósforos do bolso. Eles acendem uma fogueira diretamente à frente do abrigo. Toda a madeira está coberta de neve e gelo e, mesmo protegendo e soprando constantemente, o fogo arde lentamente. Os cinco homens se juntam, tentando aquecer os dedos dormentes das mãos e dos pés.

Ao lado da fogueira, Joe observa as nuvens surgindo e ocultando a lua e as estrelas. Com a temperatura caindo bastante abaixo de zero, o frio parece extrair o calor dos seus corpos. A madeira molhada produz mais fumaça do que fogo. Batendo os pés, tremendo, andando desajeitadamente, eles não conseguem se aquecer. Desesperados por calor, começam a queimar tudo que é inflamável. Dinheiro, cartões de crédito, carteiras, tudo é atirado no fogo na tentativa de permanecerem aquecidos.

Enquanto as nuvens continuam a aumentar, o vento sopra mais forte ainda. Quando a neve começa a ser soprada horizontalmente, através das árvores, os homens se aglomeram dentro do buraco na neve.

O abrigo parecia grande quando eles o construíram. Agora, ombro a ombro, com os joelhos encolhidos no espaço apertado, apenas quatro deles conseguem entrar. Joe é o último e, por mais que tentem, não conseguem abrir espaço para ele.

Joe pega o primeiro turno lá fora, abrigando-se atrás de uma das árvores e o mais próximo possível da fogueira. A neve se infiltra sob o visor do capacete, machucando a lateral do seu rosto.

Joe está exausto. Mesmo com o vento e a neve, começa a cabecear de sono. Para não cair nas chamas fracas da fogueira, engancha o visor do capacete em um galho. Sempre que seu corpo relaxa e ele começa a dormir, o capacete bate no galho, bate no seu pescoço e ele desperta, saindo do torpor. A cada batida do capacete, chama em voz alta os amigos dentro do abrigo, pois não quer que alguém adormeça e congele até a morte durante a sua vigília.

Dentro do abrigo, os homens pareciam estar dentro de um *freezer* barulhento. O vento aumenta a ponto de parecer uma enorme hélice industrial rugindo entre as paredes feitas de galhos. Seus corpos estão enfraquecidos pelos violentos calafrios. As mãos e os pés estão dormentes. Joe pode ver o teto do abrigo vibrar com os seus calafrios enquanto está lá fora, batendo os dentes, e o corpo tremendo. Amontoados, eles se acotovelam e gritam uns com os outros para evitar o sono sedutor que antecede a morte por hipotermia.

Durante toda a noite os cinco homens se revezam entre o abrigo e a vigília no local protegido do vento, atrás da árvore. O abrigo diminui porque a única coisa que queima bem é a corda. Pedaços de madeira são cortados e atirados na fogueira sempre que as chamas diminuem. O local está cheio de fuligem. As chamas chamuscam botas e luvas e, mesmo assim, há pouco calor naquelas temperaturas abaixo de 0 °C.

Mesmo com a paciência severamente testada pelo frio, sede e fome, durante toda a noite eles conseguem fazer piadas sobre a situação, rindo entre calafrios, tentando manter o humor que, na verdade, é tudo o que lhes resta.

Joe está em seu segundo turno lá fora, quando a paisagem lentamente se modifica, passando de preta a cinza. Nuvens e neblina ocultam o céu. O vento ainda traz muita neve, mas eles conseguiram sobreviver durante a noite. Finalmente, os homens saem do abrigo e se reúnem.

"Rapazes", diz Joe, "eu sei que alguns de vocês não são muito religiosos, mas vamos ficar em pé bem aqui, dar as mãos e fazer uma prece, porque só há um motivo para termos conseguido sobreviver a essa noite".

Quando terminam a prece, é hora de tomar uma decisão. Durante a noite eles esperaram que o tempo melhorasse. Com o céu claro, o pai de Joe pegaria um avião ou um helicóptero e iria procurá-los.

Lá fora, com a neve pesada e uma visibilidade de mais ou menos 100 m, todas as esperanças de um rápido resgate são varridas pelo vento gelado.

O consenso geral é de que o fiasco de ontem os levou para muito longe do caminho habitual para que qualquer equipe de buscas os encontre com facilidade. Se quiserem sair dali hoje, eles é que terão de tomar as providências.

Joe pega o mapa e mostra como estão perto da trilha principal. Ele avalia que ela está a cerca de 800 m. Se conseguirem subir até a próxima cordilheira, eles a encontrarão.

O resto do grupo hesita. Eles realmente não sabem o que encontrarão caminhando por aquela região acidentada. Eles nem mesmo sabem se estão indo na direção certa. O que acontecerá se saírem, como fizeram ontem, e ficarem presos em algum lugar?

Novamente, uma votação encerra a discussão. A decisão é seguir o trajeto de volta aos moto-esquis. Se as condições não mudarem e eles ainda não conseguirem sair com as máquinas, dessa vez eles incendiarão uma árvore ou um moto-esqui, ou qualquer outra coisa necessária para que sobrevivam.

À luz cinzenta do amanhecer, com o vento uivando e a neve os golpeando, eles, com as pernas exaustas, seguem a trilha do dia anterior, quase invisível sob um manto de neve fresca. Tropeçam em profundos montes de neve, as roupas endurecidas com o gelo, as mãos fechadas dentro das luvas congeladas.

Três horas se passam enquanto abrem caminho para baixo, de volta para a floresta. Encontram suas máquinas, agora apenas blocos de gelo sob o manto de neve fresca. Nada mudou desde ontem, a não ser que a neve está ainda mais profunda e mais difícil para os moto-esquis.

Eles se reúnem e Joe expõe seu plano.

"Ok, rapazes, esta é a situação. Ficamos aqui, esperamos a tempestade de neve acabar, torcemos para que haja um avião lá fora à nossa procura. Temos cerca de seis horas de luz; se pudermos nos aproximar da trilha principal, pelo menos há uma chance de alguém nos avistar."

O vento não diminuiu. A neve está caindo mais forte do que nunca. Cansados como estão, ninguém gosta da idéia de passar outra noite no frio. O único caminho seguro para sair dali é seguir a trilha deixada na neve pela corrida de ontem.

Eles fazem uma rápida votação. Todos concordam em continuar andando. O grupo volta cansado para seguir a trilha de um dia deixada pelos moto-esquis, agora apenas uma leve depressão serpenteando pela paisagem.

A princípio, eles se revezam na dianteira mas, à medida que a inclinação aumenta, isso se torna um trabalho exaustivo. Encostas muito íngremes e neve profunda. Eles lutam para encontrar apoio para os pés, uns tirando os outros dos buracos. Alguns deles não têm energia para manter o ritmo. Kip e John assumem a liderança. Joe fica na retaguarda do grupo, acompanhando o progresso deles por meio do mapa.

A água da pequena garrafa de Kip acabou há muito tempo. A maçã, que Kenny tirou do fundo da sua mochila essa manhã, está muito podre, até mesmo para homens morrendo de fome. Ocasionalmente, escavam um pouco de neve com as mãos e bebem a mistura para saciar a sede.

Todos se esforçam, os passos hesitantes, as pernas pesadas, exaustos, em uma paisagem coberta de neblina e neve. A não ser pelo som do vento, tudo o que conseguem ouvir é a própria respiração pesada, o coração batendo forte no peito e o som provocado pelas botas sobre a neve.

Joe continua na retaguarda, sem parar. Ninguém será deixado para trás.

As horas passam enquanto caminham pela neve com as cabeças baixas. No fim da tarde, um deles pára e olha para cima através da neblina. No alto das montanhas ele consegue ver um abrigo.

Ninguém consegue ver nada por causa da neve que cai.

"Está bem lá em cima, vocês não conseguem ver?", pergunta.

Todos olham, até que realmente enxergam alguma coisa. Eles desviam do caminho para ver melhor.

Os cinco homens lutam para subir, a esperança nascendo do desânimo. Talvez possam se abrigar e se aquecer. Talvez encontrem pessoas para resgatá-los.

Quando chegam ao topo, tudo o que encontram é uma pilha de pedras. O desvio foi uma má idéia – raciocínio errado provocado pelo desespero e pela exaustão crescentes. Esses podem ser os primeiros sinais de hipotermia ou desidratação.

Os cinco homens se olham. Alguns deles estão começando a fraquejar e ainda têm uma longa jornada pela frente.

Eles voltam para o caminho e Kip toma a dianteira junto com John. Ele não vai morrer aqui e deixar a esposa e os filhos. De maneira alguma.

Joe permanece na retaguarda, resgatando aqueles que estão ficando para trás. Sempre que alguém hesita, exausto, afirmando que não pode mais continuar, Joe o obriga a se movimentar. Nessa altura dos acontecimentos, é muito tarde para esperar o resgate. Se eles pararem, todos morrerão.

De vez em quando eles gritam, pedindo socorro. Com esse vento, qualquer pessoa teria de estar a alguns passos para ouvir, mas precisam tentar.

Finalmente, lá no topo, chegam a um local que reconhecem do dia anterior. Enquanto ficam lá, tentando recuperar o fôlego, ouvem um som, filtrado pelo vento. A cerca de 140 m vêm a luz dos faróis de um moto-esqui vindo diretamente em sua direção. Eles começam a pular e a gritar, agitando os braços. Mas, a 90 m, a máquina desvia nas árvores e vai embora.

Uma enorme decepção – mas se há um moto-esqui, pode haver outros.

Eles continuam andando, cabeças baixas, o vento uivando, a neve agora caindo em grandes flocos, batendo contra suas roupas. Joe tropeça. Seus pés não estão obedecendo mais. É como se ele estivesse bêbado de exaustão.

Meia hora se passa. Eles fazem uma pausa.

Kip e John começam a andar novamente, quando Joe ouve um barulho. A princípio ele pensa que sua mente está lhe pregando uma peça. O som torna-se mais nítido, como o gemido de um moto-esqui, ou talvez dois. Enquanto ouve atentamente, percebe que o som vai da esquerda para a direita, além de uma fileira de árvores à distância.

Se eles perderem essa chance, terão de ficar outra noite ao relento e talvez não consigam sobreviver. Kip e John estão 90 m à frente, próximos da fileira de árvores. Nesse momento Joe grita para eles correrem até as árvores.

Entretanto, ninguém está de bom humor, sobretudo Kip.

"Por que você está gritando comigo?"

Joe grita mais uma vez: "Moto-esqui!"

Então, Kip também ouve e começa a correr, com John logo atrás.

À distância, Joe observa a corrida, tentando acompanhar o avanço de Kip sob a neve que cai, enquanto ouve o som do moto-esqui, rezando a Deus para que eles sejam encontrados.

Kip chega à fileira de árvores e começa a agitar os braços. Joe consegue ver um moto-esqui parar e, então, incrédulo, a voz de Kip.

"Nós vamos viver!"

Um segundo moto-esqui pára e logo um terceiro, enquanto Joe e o resto do grupo caminham pesadamente pela neve, o mais rápido que conseguem.

Quando chegam lá, há cinco pessoas em moto-esquis – abraços e cumprimentos por toda a parte. Todos estão rindo, chorando, falando sobre a longa caminhada, sobre queimar tudo o que havia nas carteiras, congelando à noite, sem saber se conseguiriam sobreviver.

Doces e água são entregues aos homens perdidos. Na opinião de Tom Hartman, eles estão muito mal, cansados, molhados, tremendo. Seus rostos estão escuros por terem se curvado sobre a fogueira. Ele dá a um deles o seu suéter extra.

Depois que o grupo se acalma, cinco homens exaustos sobem de carona nos moto-esquis e a viagem começa. A trilha é acidentada. Os homens estão tão cansados e suas mãos tão frias que mal conseguem se segurar. Alguns deles adormecem.

A distância a pé teria levado um dia e meio. Nos moto-esquis ela é percorrida em uma hora.

As equipes de resgate encontram o grupo na estrada principal e o leva para Mount Bachelor Lodge, onde o grupo é tratado devido à exposição ao frio, e a exaustão. As meias de John estão congeladas em seus pés. Kent tem problemas respiratórios devido à inalação da fumaça da fogueira.

Todos são aquecidos, estabilizados e liberados para suas famílias agora aliviadas, apenas algumas horas após chegarem ao alojamento. Todos concordam que além da pura sorte de encontrar o grupo dos Hartman, a chave para a sobrevivência foi o poder da amizade, que os manteve unidos nas piores condições.

Olhando para trás, Joe dá um conselho, duramente aprendido.

"Poucas pessoas em Nortwest permanecem na trilha o tempo todo. Todos precisam sair e se divertir por aí. Se vocês acham que há uma chance mínima de se afastarem da trilha, levem tudo com vocês, *tu-do!* Eu vou exagerar sempre que sair."

"Sim, é muito chato carregar uma mochila com todas aquelas coisas, mas acreditem, é a melhor alternativa."

Jim coloca a roupa de proteção. Há uma última verificação. Nem um sinal de brisa. As condições estão perfeitas.

4. O PREÇO DO SALTO PROIBIDO

É meio-dia de uma quarta-feira no final de setembro, e dois guardas florestais estão patrulhando a região de Cracker Lake Basin, no Many Glaciers District of Glacier National Park. A manhã está tão calma quanto a paisagem de um cartão-postal. Não longe de Cracker Lake, os guardas florestais encontram um homem, de costas para eles, firmando uma bandeira no meio de uma campina. A grande bandeira cor de laranja está pendurada em um mastro com 3 m de altura.

Enquanto eles se aproximam e gritam, o homem parece ter sido pego de surpresa.

"Olá. Para que é essa bandeira?"

"Oh... é... a bandeira da minha expedição."

"Que expedição?"

"Uh... minha expedição para Cracker Lake."

Com freqüência os guardas florestais se esforçam para entender o comportamento de alguns visitantes do parque e, enquanto a conversa continua, esse homem dá poucas informações. Até onde eles podem imaginar, não representa nenhum perigo para si mesmo ou para os outros; portanto, os guardas dizem "até logo" e continuam seu caminho.

A uma distância de 1,5 km ao sul e 4 mil pés acima, três homens olham para baixo, do topo da segunda parede rochosa mais alta no parque. A face norte de 10.074 pés do Mount Siyeh desce reta por 305 m, depois mais 900 m, com inclinações de rocha quebradiça e penhascos escarpados até Cracker Lake Basin. Fique em pé na borda e o mundo desaparece como um elevador com o cabo cortado.

Durante a próxima uma hora e meia, os três homens, Jim, Ken e Kevin, andam de um lado para o outro observando a escarpa, olhando por cima da borda, atirando pedrinhas, cronometrando a sua descida e olhando para ter certeza de que elas caem livremente nos três primeiros mil pés.

Por volta de 13h30, eles tomam uma decisão. Jim coloca a roupa de proteção com uma pequena mochila presa às costas e afivela o cinto reforçado. Ken o ajuda a verificar três vezes se o ajuste está firme.

Jim coloca o capacete.

Ken e Kevin assumem suas posições a leste e ao oeste no topo elevado e rochoso.

Há uma última verificação. Nem sinal de brisa. As condições estão perfeitas.

Jim dá alguns passos para trás, tudo o que o estreito topo permite, dá algumas passadas largas e pula.

Os testes que ele realizou na rocha lhe dizem que ele tem 12 segundos antes do impacto – bastante tempo para a contagem de 13 segundos necessária para afastá-lo do rochedo para que o pára-quedas possa abrir sem impedimentos. O fator crítico é a posição do corpo: cabeça para cima, peito para fora. Com a montanha ocupando metade do céu, o pára-quedas precisa ser aberto com um movimento da cabeça para frente, empurrando-o para longe da face do rochedo.

Ele conta até três:

Um. A posição está boa, o corpo virado para a frente, cabeça e peito erguidos, enquanto desce os primeiros 30 m.

Dois. Mergulhando por 60 m, seu corpo começa a virar para baixo; ele gira os quadris e os ombros, tentando voltar à posição.

Três. Com as encostas rochosas se aproximando rapidamente, ele lança seu pára-quedas auxiliar para abrir o principal.

Enquanto este abre, fazendo um grande barulho e inflando rapidamente, o seu ombro esquerdo abaixa. O pára-quedas pende para a esquerda, atirando-o contra o rochedo. Ele balança livremente, caindo agora com um velame inflado pela metade.

O pára-quedas puxa novamente para a esquerda e ele se choca pela segunda vez, batendo a perna direita em uma saliência pontuda. Quase em queda livre, ele balança para se afastar da face da rocha. O pára-quedas começa a rodopiar enquanto ele mergulha em direção à sua morte.

No último instante, o pára-quedas pega um pouco de ar. Ele é atirado contra o rochedo uma terceira e última vez. Um dos cantos do pára-quedas prende em uma pequena protuberância da rocha. As tiras da sua roupa de proteção fazem-no parar bruscamente.

Cordas soltas e tecido de pára-quedas caem em cima dele, enquanto ele luta para encontrar um apoio na face escarpada. Um dos pés encontra uma saliência quebradiça com 2,5 cm de largura. O outro pé só pode descansar sobre o primeiro.

Em pânico, ele movimenta as mãos pela rocha, procurando uma cavidade, uma saliência, qualquer coisa. Um dedo da mão direita encontra uma fenda horizontal e ele o força para dentro dela. O antebraço esquerdo se apóia em uma saliência muito estreita. A mão esquerda agarra um pedacinho de rocha.

"Droga!"

Seu coração está batendo forte. Sua testa está coberta de suor. Suas mãos estão escorregadias devido à transpiração.

Três cordas esticadas do pára-quedas são tudo o que o prende ao rochedo. Elas estão presas lá em cima, fora da sua vista e ele não consegue ver como o pára-quedas está preso, mas a julgar por todo o tecido frouxo e pelas cordas penduradas à sua volta, não pode estar muito bem preso.

A base do rochedo está abaixo, a 200 metros de rochas escarpadas. Só que, enquanto ele se equilibra na minúscula saliência, parecem 6 mil pés.

"Droga!"

Noventa metros acima, seus companheiros o chamam.

"Jim, Jim, você está bem?"

"Estou com um dos pés sobre uma pequena saliência, quase nada para me apoiar. Posso sentir sangue escorrendo em minha bota. Acho que minha perna está quebrada."

"Tente ficar calmo, nós vamos chamar o Fred lá embaixo e lhe dizer para pedir ajuda. Você precisa agüentar."

Com o braço esquerdo dobrado sobre a saliência, o relógio de pulso de Jim está bem diante do seu rosto. Os ponteiros estão se mexendo lentamente. Faltam alguns minutos para as 14 horas.

Lá em baixo, em Cracker Lake, Fred recebe o pedido de ajuda pelo rádio. Ele retira a bandeira cor de laranja e sai à procura dos guardas florestais com quem conversou há apenas algumas horas.

No topo da montanha, os dois homens estão impotentes, sem conseguir fazer nada a não ser gritar para baixo e dizer a Jim que ele vai ficar bem, que a ajuda está a caminho.

Entre os gritos, eles conversam em voz baixa. Fred vai demorar pelo menos uma hora, mais, provavelmente duas, para caminhar os 8 km até Many Glaciers Ranger Station. Eles passaram mais de 6 horas subindo a montanha essa manhã. Muitas horas vão passar antes que alguém consiga chegar lá em cima.

Quando os três homens chegaram ao topo e fizeram contato com Fred pelo rádio, eles ouviram uma terceira voz. Alguém estava falando sobre uma pausa para o almoço. Ken e Fred rapidamente mudaram de canal, não querendo desistir dos seus planos.

Agora Ken volta à freqüência original e começa a transmitir um pedido de socorro. Talvez, devido a um acaso feliz ou porque estejam em um local tão alto na divisa do continente, o sinal é recebido a 8 km a sudeste do parque em Browning, Montana, por uma equipe de manutenção trabalhando em cabos de força.

Uma voz responde ao chamado de Ken.

"O que está acontecendo?". Ken descreve o lugar onde estão e o que aconteceu. "Precisamos de ajuda, agora".

Eles estão com sorte. O homem tem um celular e liga para o 911 e de lá eles o colocam em contato com o escritório do xerife de Glacier County, que liga para o Glacier National Park.

Em minutos, o homem da manutenção de cabos elétricos está falando pelo rádio com Ken e Kevin no topo do Mount Siyeh, e transferindo a mensagem por celular diretamente para o Glacier National Park. O mecanismo de busca e resgate entra em ação.

Meia hora já passou. Noventa metros abaixo, os ponteiros do relógio de Jim parecem estar se arrastando. Seus braços e ombros estão cansados de agarrar o rochedo. Ele grita em desespero.

"Não sei quanto tempo mais vou agüentar."

As três cordas não saem da sua mente. Se ele tirar muito peso das cordas, o pára-quedas pode escorregar. Se colocar peso demais, o tecido pode rasgar ou a rocha esfarelar.

"Como está o pára-quedas?", Jim pergunta. "Como ele está enganchado na rocha? Vocês acham que ele agüentará o meu peso se eu soltá-lo e ficar pendurado pela roupa de proteção?"

Lá em cima, nem Ken nem Kevin podem ver como o pára-quedas está preso. Haverá apenas uma chance de verificar se ele vai agüentar. Eles lhe dizem para não tentar.

"Você vai ficar bem", Kevin grita para baixo. "Conseguimos falar com o Park Service. Eles vão conseguir um helicóptero e tirá-lo daí".

"Quanto tempo vai demorar?"

Kevin se vira para Ken, que está com o rádio: "Quanto tempo vai demorar?"

Ken pergunta para o homem da manutenção em Browning: "Quanto tempo vai demorar?"

O homem em Browning solta o rádio, pega o celular e liga diretamente para o parque: "Quanto tempo vai demorar?"

Lá, eles lhe dizem que ainda estão se organizando. Nesse momento, não podem prever a hora de chegada.

O homem em Browning volta ao rádio: "Eles não podem prever".

Ken fala para Kevin: "Eles não podem prever".

Kevin grita para Jim: "Eles estarão logo aqui, Jim. Agüente firme".

Logo após as 15h, com os chamados da montanha ficando cada vez mais urgentes, finalmente um helicóptero é encontrado e uma equipe de resgate com dois guardas florestais, Charlie e Kim, está no ar e a caminho. O seu trabalho é pousar próximo do topo, fazer um rapel e prender o pára-quedas antes que ele caia os restantes 3.700 pés montanha abaixo.

Enquanto eles circulam, o Mount Siyeh a distância, a face rochosa parece absolutamente descaracterizada. Para Charlie é como se o pára-quedista estivesse grudado no paredão de rocha, com o pára-quedas preso apenas num minúsculo pedaço de rocha.

Tanto o piloto quanto os guardas florestais estão olhando para fora e para baixo, enquanto voam de um lado para o outro logo acima do topo escarpado. Abaixo deles, os dois homens estão acenando e pedindo ajuda. O helicóptero faz diversas manobras antes de o piloto encontrar o único lugar para pousar, uma pequena saliência com largura suficiente para um trem de pouso do helicóptero. O helicóptero movimenta-se devagar, flutuando no ar e o piloto pousa entre duas rochas, as extremidades das pás a poucos centímetros delas: um trem de pouso sobre a montanha, o outro pendurado sobre a descida. Os guardas florestais pulam para fora, abrem sacos com equipamento de alpinismo e saem para pegar uma segunda carga de equipamento.

Por pura sorte, o local de pouso está logo acima de onde Jim está preso. Enquanto os guardas florestais arrumam as âncoras para segurar as cordas, eles perguntam a Ken e a Kevin sobre a roupa de proteção de Jim, seu pára-quedas e outros detalhes técnicos que os ajudarão a soltá-lo do seu equipamento e trazê-lo de volta em segurança.

Quando estavam no helicóptero, Charlie planejou uma rota para o rapel em ângulo e na direção de Jim. A rocha no topo é formada de argila xistosa, muito quebradiça. A sua aproximação deve ser feita de lado, para evitar que qualquer pedaço de rocha solta caia sobre o homem preso.

Quando tudo está pronto, Kim assume a sua posição no local das âncoras. Charlie se amarra em duas cordas, retrocede até a borda, coloca o peso na corda de rapel, inclina-se para fora por sobre aquela longa descida e desaparece.

Com cordas extralongas, feitas para as grandes paredes do Glacier National Park, Charlie desce quase 90 m pela face sombria do rochedo antes de parar ao lado do pára-quedas para verificar se está bem preso. O pára-quedas parece relativamente estável. Uns bons 30 cm de tecido estão enrolados sobre uma ponta de rocha. Examinando a situação precária de Jim e o emaranhado de tecido e cordas do pára-quedas, ele decide permanecer na face rochosa acima.

Charlie conversa calmamente com Jim, instruindo-o sobre o que irá acontecer a seguir. Agora não é hora de entrar em pânico. Um movimento súbito de Jim pode cortar as cordas do pára-quedas na rocha afiada ou partir a saliência na qual ele se encontra.

Charlie abaixa a extremidade de uma corda para Jim, com um mosquetão preso nela. Deslocando cuidadosamente o seu peso, Jim tira os dedos da mão direita de dentro da fenda e estica o braço para pegar o mosquetão que balança na sua direção. O pequeno objeto de metal oval, com seu fecho de segurança, é frio na sua mão.

Com uma mão suada, tremendo, ele passa o mosquetão pelo peito, procurando um dos anéis em formato de D da sua roupa de proteção.

Há o som de metal contra metal, uma leve pressão quando o fecho abre e um clique tranqüilizador quando o mosquetão fecha.

Jim pode respirar novamente. Ele ainda não está livre, mas agora está preso com segurança na linha principal de resgate.

Charlie manda para baixo uma fita curta de náilon com um mosquetão em cada extremidade. Jim fecha um dos anéis D e então prende o outro mosquetão na corda de resgate. Agora ele está ligado à corda por dois pontos da sua roupa de proteção.

Charlie pode então tencionar a corda e aliviar um pouco os braços e as pernas de Jim. Da sua posição mais elevada, parece que a perna de Jim parou de sangrar. Ele faz uma avaliação médica a distância, perguntando a Jim se consegue mexer o pé ou colocar peso sobre a perna ferida. Há um pouco de mobilidade. Talvez a perna não esteja fraturada.

Durante uma hora e meia os dois homens balançam na face norte do Siyeh. Nesse momento, a equipe de resgate, formada por outros seis guardas florestais com equipamento adicional, é transportada por helicóptero até o topo da montanha. A estrutura de âncoras é montada novamente em um sistema "precário". Como uma talha, ela oferece uma vantagem mecânica para resgates. O sistema será utilizado para içar Charlie e Jim para o cume.

Por volta das 17h30, o sistema está pronto e Jim é içado até o nível onde Charlie se encontra. Charlie examina melhor a perna ferida; faz um curativo e coloca uma tala. Depois, pega o pára-quedas, puxando-o da rocha, e arruma as cordas para que ele e Jim possam ser erguidos simultaneamente.

Uma hora e meia depois, Charlie e Jim estão de volta ao cume. Jim é levado até o helicóptero e de lá para West Glacier onde será transferido para outro helicóptero para o vôo até o Kalispell Regional Medical Center.

O sistema de resgate é desmontado e todos os homens, incluindo os parceiros de Jim, Ken e Kevin, são retirados de helicóptero do topo do Siyeh. O último carregamento de equipamento e guardas florestais pousa diante dos faróis dos veículos do parque, preparados para iluminar o local de pouso no posto da Guarda Florestal de Many Glaciers.

Os guardas florestais sempre ficam felizes quando conseguem trazer de volta uma pessoa viva.

Jim saiu do hospital naquela noite, extremamente agradecido aos guardas florestais do parque e extremamente grato por sua vida. Ele estava muito machucado e arranhado devido à queda, mas sua perna não estava quebrada.

Seis meses após o resgate, num esforço para enviar uma mensagem a qualquer pessoa que considerasse o Glacier National Park um bom lugar para pular de pára-quedas de um edifício, antena, ponte ou terra, Jim enfrentou uma acusação federal por ter-se envolvido em um salto proibido. Essa lei se refere à prática antiquada de reabastecer campos em regiões distantes usando pára-quedas atirados de aviões de carga.

A tentativa de Jim para voar caiu em uma área cinza, em um espectro dos regulamentos do Park Service, que permitia o parapente (voar de um ponto a outro com uma asa semelhante a um pára-quedas) embora não tenha banido especificamente o lugar para saltar.

A posição do Glacier National Park era a de que o lugar para saltar apresenta riscos inerentes que o tornam inadequado em um local como aquele. Um comunicado dos oficiais do parque dizia que não somente "o local ilegal para pular de pára-quedas escolhido por Jim o colocou em grande risco, como também a vida dos guardas florestais encarregados de resgatá-lo".

Em resposta à alegação de "sem contestação" à principal acusação, o promotor concordou em retirar uma acusação adicional de uso proibido de uma aeronave. O pára-quedas de Jim foi devolvido, mas ele teve de pagar quase 9 mil dólares pelas despesas de resgate.

Uma enorme quantidade de neve está despencando na sua direção. Só há uma chance de escapar.

5. Consegui uma pista para vocês

Quando a turma praticante de esportes de inverno em Pacific Northwest sonha com o paraíso, as cabanas para esquiadores em British Columbia freqüentemente são as preferidas. Fugir da civilização para um acampamento cercado por altas montanhas cobertas de neve com pistas para esquis com neve fresca que se estendem a perder de vista e uma semana para esquiar em todas elas. As noites são passadas no calor de uma cabana com refeições para reabastecê-los e uma sauna para eliminar a rigidez dos corpos cansados.

Em busca desse nirvana, um grupo de canadenses e americanos viaja para o sudeste da British Columbia. Eles vão de helicóptero até uma cabana na região dos Flint Lakes, ao norte do Kokanee Glacier Provincial Park, num sábado de fevereiro. O tempo está claro. O sol forma uma camada brilhante sobre as encostas cobertas de neve, apesar das frias temperaturas do inverno.

Jeff, Rob, Bob, Warner e sua esposa Elaine e o filho Dean são companheiros, amigos, colegas no esporte. Todos têm credenciais para esquiar em regiões distantes, anos de patrulha de esquis, treinamento de avalanches, experiência em primeiros socorros. Eles contrataram os serviços de um guia para lhes mostrar a área durante metade da semana. O resto do tempo planejam explorar a área por conta própria.

Passam dois dias com o guia antes de cair uma tempestade de neve no final da terça-feira. A neve cai pesadamente durante a quarta-feira. Na quinta-feira, a tempestade continua. Conscientes do perigo de avalanche, criado pelos quase 60 cm de neve fresca sobre a crosta derretida pelo sol do último sábado, os seis esquiadores se aventuram sozinhos para avaliar o acúmulo de neve.

Próximo da cabana, cavam um buraco na neve e fazem um teste para verificar a possibilidade de avalanche. Eles identificam uma frágil camada bem definida entre a neve antiga e a nova, mas o ângulo da encosta nos arredores da cabana não é suficiente para causar preocupação. Passam o dia esquiando nas proximidades, tomando cuidado para permanecer próximos das árvores e longe das encostas a céu aberto. De vez em quando, o estrondo de neve desprendendo-se dos picos ao redor é abafado pela floresta.

Na sexta-feira, em seu último dia nas montanhas, o grupo está ansioso para sair e esquiar. O tempo colabora, enquanto o sol surge em uma manhã clara e muito fria.

O guia ainda ficará com eles durante esse dia. Ele dá o sinal verde com relação às condições da neve e os lidera em uma subida de uma hora e meia até uma cordilheira ao norte da cabana.

Subindo pela trilha na neve fresca, conversam entre si e concordam em se separar, deixando no máximo 10 m entre cada pessoa, apenas como precaução para dar espaço para manobras no caso de alguém provocar uma pequena avalanche.

A cerca de 7 mil pés de altitude, chegam a um estreito platô no topo da montanha e param para descansar. Quando todos recuperam o fôlego, o guia chama a atenção.

"Hei, consegui uma pista para vocês."

No flanco sul da cordilheira, The Snag é uma encosta ampla, convidativa e aberta, ladeada de árvores de ambos os lados. Diversas pistas descem serpenteando entre pequenos grupos de árvores inclinadas, atrofiadas, retorcidas e troncos prateados, alguns com a parte superior cortada. A curva da descida oculta o final do caminho lá embaixo no vale.

Esperando aumentar o apetite dos clientes esquiadores, o guia os provoca com detalhes.

"Cento e quarenta pés de descida com uma inclinação média de trinta e oito graus", ele diz.

Os esquiadores obedecem ao padrão estabelecido no início da semana. O guia irá primeiro, mostrando o caminho. Eles o seguirão, um de cada vez, com mais ou menos 50 m entre cada esquiador. Todos se reunirão na metade da descida.

O guia esquia cerca de 6 m pelo topo e chuta alguns lugares na direção da encosta para verificar se há instabilidade. Ele volta para o grupo, ergue o polegar e desce pela borda.

Karen, a namorada do guia, é a próxima. Então, um após o outro, a intervalos regulares, Elaine, Warner e Dean saem do topo. Jeff e Bob vão em seguida e, finalmente, esperando alguns segundos, Rob aponta os esquis para a borda e começa a descer.

Rob está a alguns metros do cume quando as pequenas árvores que ele pode ver mais abaixo começam a balançar, como se alguma coisa estivesse sacudindo os troncos. Perto das árvores a neve parece estar deslizando.

Ele pára, hipnotizado pela estranha visão. Então se dá conta.

"Avalanche!"

Enquanto grita, a neve se precipita e some de vista sobre a encosta.

Um quarto de distância mais abaixo, Jeff está entrando em uma curva quando pelo canto do olho vê de relance a neve desmoronando, explodindo, rolando. Deve ser Bob esquiando lá atrás e levantando um pouco de neve, mas parece ser muita neve.

Ele pára e olha para cima. Uma quantidade de neve, da largura da encosta, está vindo em sua direção. A floresta ao longo da pista está muito longe. Só há uma chance de escapar.

Ele dá um impulso, assumindo a posição agachada para esquiar o mais rápido possível, direto para baixo. E aponta para uma árvore de tamanho médio no meio da encosta. A neve deslizando o atinge por trás, erguendo-o como uma onda correndo para a praia. Ele luta para manter o equilíbrio e então investe na direção da árvore. Colocando os braços em volta do tronco, Jeff se abaixa na lateral da encosta enquanto milhões de bolas de neve o atingem, puxando-o violentamente, tentando arrastá-lo. Cada músculo do seu corpo fica tenso e luta contra o enorme desmoronamento. Ele mantém a cabeça baixa, enquanto a neve despenca por cima dele.

Mais ou menos na metade da descida, o guia pára e acena para a namorada quando ela passa. Elaine, Warner e Dean continuam descendo.

Mentalmente, ele conta quatro esquiadores. Enquanto olha para cima, procurando os outros três, subitamente a torrente de neve está em cima dele. Em um segundo, ele é derrubado, despenca ladeira abaixo, dando saltos mortais, batendo nas árvores, sufocado pela neve.

Dean é o próximo a perceber o movimento acima e atrás. Olhando para trás, enquanto desce, tem uma rápida visão do guia, rolando na avalanche entre as árvores raquíticas. Mais à esquerda do que qualquer um do grupo, ele corre para a beira da pista, pois é a área mais segura da floresta.

Elaine está algumas curvas à frente de Warner quando pára para tomar fôlego, mais ou menos a três quartos do final da descida. Virando-se para procurar o resto do grupo, se esforça para entender a cena. A apenas alguns metros, toda a encosta está em movimento.

A compreensão e a reação ocorrem ao mesmo tempo.

"Avalanche!"

Warner a ouve gritar. Ele vira a cabeça para olhar no exato momento em que suas pernas são chutadas por baixo. Esquis e bastões saem voando. Caindo como uma boneca de pano, Warner vê o mundo ficar claro e escuro a cada giro, enquanto a montanha muda de lugar com o céu.

Elaine tem um segundo a mais para reagir. Ela se vira para a floresta. Se for apanhada a céu aberto, a neve a esmagará.

Dean observa do abrigo da floresta, incrédulo, enquanto a avalanche derruba Warner e soterra sua mãe. Ele se concentra no local onde ela desaparece, marcando-o com os olhos.

A primeira onda flui ao redor do corpo de Elaine em um estado líquido, depois imediatamente se solidifica, imobilizando seus braços e suas pernas. Ela pode sentir as vibrações de uma segunda onda rolando acima. A neve continua se empilhando enquanto a luz desaparece.

O medo toma conta dela. A respiração fica rápida e superficial enquanto o pânico aumenta.

Ela luta contra si mesma, obrigando-se a respirar mais devagar. Não pode se mexer para abrir espaço ao redor da boca ou do nariz. Também não pode cavar para subir à superfície. O peso da neve a pressiona para baixo.

É isso aí. Vou morrer.

De volta ao topo da montanha, com a neve deslizando para fora da sua vista, Rob coloca seu radiotransmissor-receptor no modo receptor. Todos em seu grupo possuem um desses. Se alguém ficar soterrado, ele pode descobrir a sua posição escutando o sinal, um som alto que fica ainda mais alto quando a pessoa se aproxima do local do soterramento.

Na borda do declive, Rob começa a descer. Uma placa de neve de mais ou menos 90 cm de grossura se soltou. Alguns metros abaixo, encontra Bob deitado na superfície. A neve se rompeu bem debaixo dos seus esquis. Ele conseguiu se agarrar em uma das árvores atrofiadas, enquanto a avalanche deslizava sob seus pés, levando os bastões com ela.

Rob continua descendo, procurando sobreviventes, enquanto Bob se prepara para segui-lo.

Quando a neve pára de atingir Jeff, ele fica em pé com a neve na altura dos joelhos e grita para os outros membros do grupo.

O ar está parado e silencioso.

Será que sou o único sobrevivente?

Então começa a gritaria. Vozes ecoam aos gritos acima e abaixo.

Rapidamente ele limpa a neve em volta dos pés e descobre que um dos esquis desapareceu. Sem tempo para procurar o equipamento, coloca o rádio no modo receptor. Ele ziguezagueia pelo declive, esquiando em um pé, afastando a neve com o outro, escutando atentamente qualquer sinal que o rádio possa captar. Seus olhos examinam a superfície à procura de uma luva, um bastão, qualquer coisa que possa ser um sinal de que alguém está soterrado.

Encontra, então, um esqui do guia e finca-o verticalmente na neve para marcar o local. O rádio não está captando nenhum sinal; portanto, ele continua descendo.

Quando o desmoronamento acaba, Warner está coberto de neve. Ele a empurra com as mãos e emerge, bolas de gelo rolando e atingindo as suas costas. Os esquis e os bastões desapareceram, mas sua mochila continuou com ele durante o caos.

Ele olha para cima, procurando um ponto de referência para se orientar. A visão do seu olho esquerdo está embaçada, com imagens duplas. Não consegue enxergar direito, por mais que pisque. O sangue pinga dos cortes acima do olho. Quando movimenta o maxilar, pode ouvir um estranho rangido.

Ele grita. Dean responde de algum lugar 50 m acima. Ele está percorrendo a área da avalanche com seu rádio, pedindo para Warner vir ajudá-lo.

Warner sai do seu atordoamento. Elaine estava bem à sua frente. Agora não consegue vê-la em nenhum lugar. Então, sobe para se juntar à busca. O declive, anteriormente coberto por 60 cm de neve fresca, agora é uma superfície sólida.

O treinamento é a única coisa que mantém Dean e Warner calmos e concentrados enquanto serpenteiam naquela confusão, procurando, prestando atenção no aumento do sinal eletrônico que indica a proximidade de uma vítima soterrada. Em algum lugar sob a superfície, a vida de Elaine está se esvaindo a cada segundo. O sinal torna-se alto e claro. De dentro das suas mochilas saem pás e sondas. Eles cavam como loucos.

A 60 cm abaixo da superfície, não encontram nada. Colocam o rádio dentro do buraco. O sinal está ainda mais forte. Warner cava mais fundo, tirando grandes pazadas de neve do buraco. Dean, cuidadosamente, empurra a longa sonda de alumínio no buraco, tentando encontrar sua mãe sob os escombros.

A 1,20 m da superfície, a sonda bate em algo sólido. Ambos voltam a cavar como loucos. A neve voa para fora do buraco. Finalmente, surge um braço. As pás são deixadas de lado e eles cavam com as mãos, lutando para libertar a cabeça de Elaine. O medo de uma segunda avalanche os faz cavar com mais força. Eles precisam tirá-la de lá e levá-la para a área segura das árvores.

Enquanto tiram cuidadosamente a neve do seu rosto, podem ver que a pele está azulada. Ela não reage e um corte no lábio está sangrando. O sangue goteja de uma ferida na lateral da sua cabeça.

Dean usa as mãos para impedir que a neve caia no rosto de Elaine e fala com ela enquanto Warner tenta libertar o resto do corpo.

"Mamãe, respire; mamãe, você está viva; mamãe, continue respirando, você ainda está viva."

Com a parte superior do corpo livre, Warner a agarra pelas axilas e tenta puxar, mas é como se as pernas dela estivessem cimentadas na neve.

Ele volta a cavar. Dean continua falando para a mãe respirar.

De repente, ela tosse, expelindo um punhado de neve e de sangue e começa a respirar.

A primeira pessoa que Jeff encontra é o guia. Ele foi cuspido longe pela avalanche e está sentado na superfície, no alto do declive e fora da vista dos esquiadores abaixo. Sua perna deve ter quebrado porque não consegue ficar em pé. Ele está alerta, respirando e, a não ser pela perna, não tem ferimentos. Todo o seu equipamento foi levado. O guia diz a Jeff para continuar e ajudar nas buscas lá embaixo.

Jeff chega na base do declive enquanto Elaine é tirada de um buraco do tamanho de uma cova. A sua pele ainda está azulada. Ela está respirando e consciente, mas não fala. Dean e Warner a sustentam, enquanto ela caminha tropeçando até a beira da floresta. Eles precisam acender uma fogueira. Um deles tira uma jaqueta da mochila e coloca-a em Elaine. Ela começa a tremer descontroladamente enquanto seu corpo luta para se aquecer.

Todos estão lá, enquanto Rob e Bob chegam e a namorada do guia sobe do local onde escapou da avalanche. O processo de primeiros socorros começa.

Rob vai de um lado para o outro, avaliando os ferimentos. O lado esquerdo do rosto de Warner parece ter sido atingido por um bastão de beisebol. Deve ter batido em uma das árvores enquanto despencava ladeira abaixo. Eles colocam gaze sobre o olho ferido e uma atadura em volta da cabeça, para parar o sangramento.

O fêmur do guia parece estar quebrado. Eles entalam a perna com um par de bastões, cavam uma plataforma na neve e tentam acomodá-lo com o máximo de conforto possível.

A orelha de Elaine está lacerada e o lábio perfurado, mas ela parece estar se aquecendo.

Quando não há mais nada a fazer, a não ser pedir ajuda, eles percebem que a mochila do guia está desaparecida, e com ela o rádio.

Quando Warner ouve falar que o rádio do guia se foi, ele percebe porque decidiu trazer o seu no último instante. Com o guia lá em cima gritando as freqüências do rádio, Dean tenta fazer contato com as autoridades de resgate. O sinal não está chegando.

Há uma estação de rádio na cabana na montanha acima deles. Jeff é o mais forte do grupo. Ele e Bob terão de subir a montanha, tentar fazer contato da cabana e trazer os moto-esquis de resgate. O grupo talvez tenha de sair dessa confusão sem nenhuma ajuda.

Logo após, Jeff e Bob desaparecerem na floresta, e Dean está percorrendo as diferentes freqüências quando ouve uma voz vinda do vale. O seu pedido de ajuda é rapidamente transmitido para as autoridades e o mecanismo de resgate entra em ação.

Duas horas depois chega o primeiro helicóptero, circulando sobre a pista onde ocorreu a avalanche.

O piloto não quer pousar no local do acidente, pois está preocupado com a instabilidade da neve. Pelo rádio, informa que vai pousar em um lago próximo, congelado devido ao rigor do inverno. Eles terão de subir e encontrá-lo.

Dean parte, abrindo uma trilha pela neve que chega aos quadris, para limpar o caminho para Elaine e Warner.

Elaine se aqueceu e parece estar ficando mais forte.

A condição de Warner é muito pior. Com a crise terminada, o ferimento em sua cabeça começou a esgotar as suas forças. Os dois lutam para caminhar pela floresta, seguindo o caminho de Dean enquanto sobem 60 m até o helicóptero.

Um médico os encontra a meio caminho, administra oxigênio e os ampara até lá. Imediatamente estão voando para fora dali, em direção ao hospital em Kaslo, B.C.

Jeff e Bob voltam com a maca a tempo de ajudar a transportar o guia até um lago abaixo, onde outro helicóptero pousou.

Após pegar o guia, o segundo helicóptero entra em cena, pairando no ar apenas o suficiente para apanhar as mochilas extras e outros equipamentos, e então levá-los de volta à cabana.

Por esqui e por helicóptero, os membros restantes do grupo voltam à cabana antes de anoitecer.

A equipe do pequeno hospital em Kaslo dá uma olhada no rosto de Warner e na orelha de Elaine; ambos são colocados em uma ambulância e levados para o Trail Regional Hospital, na cidade de Nelson.

Enquanto Elaine passa três horas em uma cirurgia para reparar sua orelha, Warner recebe o diagnóstico: cinco fraturas na órbita do olho esquerdo. Ele é transportado para Kelowna para se submeter a uma cirurgia.

O guia tem um fêmur fraturado e também passa alguns dias no Trail Regional Hospital.

O resto do grupo deixa as montanhas conforme combinado no dia após a avalanche.

Todos eles se recuperam para esquiar novamente. Mas pararam um pouco de esquiar agressivamente em regiões distantes, como costumavam fazer.

Até hoje os seis amigos pensam em como descuidaram com tanta facilidade da sua segurança pessoal. Por alguns breves momentos, deixaram de lado todo o conhecimento e treinamento para confiar no julgamento de uma única pessoa que nem mesmo conheciam. Eles tinham as ferramentas para avaliar os riscos, mas mesmo assim não havia garantias.

Olhando para o incidente, duas coisas continuam claras: a vontade de esquiar pode ultrapassar em condições duvidosas a lógica; o preço pode ser maior do que a maioria das pessoas consegue pagar.

Sua mente busca uma explicação enquanto é puxado para baixo em uma confusão cega de água espumante.

6. DO NADA

No início de uma manhã de abril na costa de Oregon, John, um cinegrafista de surfe, surfista vagabundo e operador de equipamento pesado nas horas vagas está indo para o sul pela Highway 101. Um céu claro e azul forma um arco acima da sua cabeça e o primeiro verdadeiro calor da primavera está surgindo do frio úmido de um longo inverno.

Enquanto o carro percorre o topo de Spanish Head, ao sul de Lincoln City, o cenário através do pára-brisa é o sonho de qualquer surfista. O oceano Pacífico, verde-azulado, está imóvel como um espelho. Uma onda constante, tranqüila, vem do oeste, formando um ângulo na direção do litoral. Ondas altas rolam até uma longa extensão de areia.

Esses são dias raros e John mal pode se conter, enquanto pára o carro no estacionamento acima de Gleneden Beach. Acerca de 90 m mar adentro, além da rebentação, quatro ou cinco surfistas estão pegando onda.

Ele sai rapidamente do carro, coloca a roupa de neoprene, pega sua longboard preta e corre pela ribanceira em direção à praia. O som claro das ondas quebrando na praia se mistura ao ar salgado enquanto ele avança mar adentro para começar as longas braçadas pelas ondas, até atingir a zona onde estão as melhores e mais altas.

Juntando-se aos outros surfistas, John encontra um amigo, Randy, um dos moradores locais. Eles bóiam juntos, montados nas pranchas, falando sobre surfe, sempre observando a chegada de ondas altas. Aqui e ali voam gaivotas, guinchando. De vez em quando surge uma foca, curiosa com a companhia humana. Os dois homens pegam algumas ondas e então Randy diz que já chega, que precisa ir trabalhar.

Os outros surfistas também começam a ir embora e durante algum tempo John fica surfando sozinho. Ondas altas, perfeitas, se formam no lado oeste do horizonte. Ninguém mais está à vista. John pega qualquer onda que lhe agrade, surfando e deslizando até a praia, fazendo uma rápida manobra enquanto a onda perde a força, deixando um rastro de espuma.

Fazendo uma pausa entre as séries, John senta na prancha, acompanhando o ritmo das ondas. Próximo dele, a superfície da água está agitada.

Apenas uma foca, diz para si mesmo.

Não muito longe, um cardume pula fora d'água.

Sem nenhum aviso, algo agarra a coxa direita de John, apertando-a sobre a prancha como um torno. Ele tem um milésimo de segundo para pensar: *Por que essa foca está me atacando?* Então, ele e a prancha desaparecem sob a superfície.

Sua mente busca uma explicação, enquanto é puxado para baixo em uma confusão cega de água espumante. A dor forte em sua coxa o faz reagir. Ele começa a bater com o punho naquilo que cravou os dentes em seu corpo.

A cerca de 1 m ou 1,5 m debaixo da água, na escuridão embaçada, enquanto dá socos na coisa invisível, de repente, a pressão em sua perna pára. John bate os pés e volta à superfície, com a respiração ofegante, nadando para permanecer na superfície. À medida que seus olhos desembaçam, ele vê o grande dorso cinza ao seu lado. No mesmo instante, reconhece a barbatana dorsal triangular. Ele não consegue ver a cabeça ou a cauda. Cheio de adrenalina e com o coração disparado, faz a única coisa na qual consegue pensar: bate com o punho no tubarão. Três ou quatro vezes ele abaixa o punho sobre a pele áspera.

Com um movimento rápido da enorme cauda, o tubarão mergulha e desaparece.

Atordoado pelo ataque, John bóia na água, agradecendo a Deus por ele ter ido embora.

Então, é novamente puxado para baixo como um marionete. O *leash* que prende seu tornozelo à prancha fica retesado, puxando-o para baixo enquanto o tubarão mergulha com a corda ainda na boca. Um barulho de bolhas enche seus ouvidos: John luta para prender a respiração, a luz desaparecendo enquanto a superfície se afasta. Ele luta para se inclinar, arrancar a tira presa ao tornozelo e escapar. Com a perna ferida e o fortíssimo puxão do tubarão mergulhando, John não consegue alcançar o velcro. À medida que é puxado cada vez mais para baixo, sente uma súbita calma. A tensão em seu corpo desaparece. Seus pensamentos finais são de resignação: *Bem, é assim que eu vou embora dessa vida.*

No instante em que relaxa, entregando-se à morte, o *leash* estala, cortado pelos dentes do tubarão. A vontade de viver grita dentro do seu cérebro e ele tenta chegar à superfície uma segunda vez, os pulmões explodindo. Chegando à superfície, procura freneticamente a sua prancha, enxergando-a a cerca de 6 m, virada ao contrário. Dessa vez não vai esperar que o tubarão volte. Ele começa a nadar e com um só movimento vira a prancha e sobe nela.

Não há ondas para ajudá-lo a surfar por mais de 90 m de mar aberto até a praia. O medo e a adrenalina percorrem seu corpo enquanto ele se dirige para a praia com uma força que jamais sentiu antes.

Quando as ondas são boas, a notícia se espalha rapidamente na comunidade do surfe. Ali, amigo e parceiro surfista, recebeu um telefonema de John na noite anterior avisando-o a respeito daquele que prometia ser um dos melhores dias do ano para surfar. Em algumas horas, Ali já avisara Parish, outro parceiro no surfe. Ambos combinaram tirar a manhã de folga e foram para a costa.

Chegando em Gleneden Beach, imediatamente reconheceram o carro de John e sabem que ele está na água. Após observar John pegar algumas ondas, Parish não precisa de mais nada para se convencer: coloca a roupa de neoprene e desce pelo caminho que leva à praia.

Ali permanece no local para estudar um pouco mais as ondas. Seu olhar vai de um lado para o outro, procurando correntezas ou obstáculos, sempre retornando para John. Então John e sua prancha desaparecem sob as ondas.

Ali olha atentamente para o local onde John desapareceu. Alguns segundos se passam, então ele grita para Parish: "Não entre na água. Não entre na água!"

Parish está caminhando com a água pelo joelho quando ouve os gritos e olha para trás, vendo Ali apontar para o local onde John estava surfando. Enquanto Parish hesita, Ali vê John reaparecer, a prancha boiando ao seu lado.

Quando John chega à praia, Ali e Parish já estão indo em sua direção para ajudá-lo enquanto ele sai do mar cambaleando. O sangue pingando dos cortes na altura da coxa da sua roupa de neoprene já mostra o que aconteceu mesmo enquanto John responde aos seus olhares incrédulos: "Foi um tubarão, um tubarão me atacou!". Parish agarra a prancha. Ele e Ali amparam John, enquanto saem da água e se dirigem para a praia em direção ao estacionamento.

Eles colocam John no assento traseiro da caminhonete, enrolando uma toalha em volta da coxa ferida, o sangue manchando os assentos.

Com Ali na direção e John gritando para ele dirigir como louco até o hospital, o carro deixa o estacionamento, indo até a Highway 101, rumo à Lincoln City. Logo uma viatura da polícia sai em sua perseguição, com a sirene ligada e as luzes piscando.

"Danem-se eles e vamos para o hospital", John grita do assento de trás.

Mas Ali diminui a velocidade o suficiente para que o guarda fique ao seu lado.

"O que está acontecendo?", o oficial pergunta.

John grita pela janela aberta: "Hei, eu acabo de ser atacado por um tubarão, seu idiota!"

Há uma rápida troca de palavras entre os carros. Quando fica claro que a caminhonete em alta velocidade está levando um homem ferido para o pronto-socorro, o guarda avança. Ali pisa no acelerador e eles correm por Lincoln City, agora com uma escolta policial.

A rotina do dr. Bruce Watanabe em sua clínica ortopédica em Lincoln City é interrompida por um chamado do North Lincoln Hospital. Como ele é o cirurgião de plantão, a sua presença é necessária para ajudar a vítima de um ataque de tubarão.

Chegando ao pronto-socorro, encontra John deitado na maca, dando instruções apressadas sobre ângulos da câmera enquanto Ali grava os ferimentos em vídeo. Os médicos fizeram curativos e John não pode perder a oportunidade de realizar uma filmagem para o seu negócio de gravações de surfe.

Enxotando Ali dali, Watanabe examina a série de perfurações profundas na parte superior da coxa direita e nas nádegas de John. A mordida só não atingiu a artéria femoral porque o tubarão mordeu a prancha ao mesmo tempo. Ela salvou a sua perna e a sua vida. John é realmente um homem de sorte.

Três dias e quinze pontos mais tarde, John está fora do hospital e se recupera em casa. Um pesquisador de tubarões, após medir a circunferência das marcas da mordida na prancha de John e a distância entre os dentes, avalia que o tubarão tenha cerca de 5,3 m de comprimento.

Os colegas surfistas de John apontam a prancha preta como a causa do ataque, dizendo que ela parece uma foca no meio das ondas. John não concorda.

"Qualquer pessoa sobre uma prancha de surfe", ele diz, "parece uma foca para uma coisa que está olhando para cima. De qualquer modo, os tubarões e a maioria dos peixes não enxergam cores".

"Todos achavam que eu estava procurando problemas, portanto, depois do ataque, só para provar a minha opinião, pintei a minha prancha nova com um padrão de manchas cinzas e pretas, como uma foca. E, só para me divertir, coloquei esses grandes olhos engraçados na parte de baixo."

John ainda surfa na costa do Oregon, perto de sua casa em Lincoln City, e nunca mais viu um tubarão.

Sem ninguém para lhe dizer que é louco, ele agarra os galhos e balança sobre a borda.

7. Uma situação difícil

Caminhar pelas rotas elevadas das Olympic Mountains, no estado de Washington, é como se equilibrar sobre um arame esticado. Essa região, onde densas florestas sobem por declives íngremes até picos escarpados e instáveis, raramente é pisada por visitantes humanos e grande parte dela nunca será. Deixar as trilhas aqui é andar por um terreno perigoso e difícil, apenas para os mais imprudentes ou determinados.

Paul Nelson, poeta, incentivador da palavra falada e entrevistador de programas de rádio, saiu em uma tarde de quinta-feira, no início de setembro, para o Olympic National Park, a três horas de carro de Seattle, na Olympic Peninsula. O parque é um lugar espiritual para Paul, e essa peregrinação está se tornando um evento anual. Todas as suas preocupações desaparecem nessa tarde morna de veranico, enquanto ele saboreia antecipadamente a caminhada da próxima semana, do jeito que gosta – sem nenhum itinerário, sem planos, apenas deixando as coisas acontecer.

A parceira e habitual companheira de Paul nessas caminhadas, Stephanie, não pode ir com ele devido a um compromisso. Quando eles se conheceram, sentiram uma ligação instantânea, um amor mútuo pelas regiões distantes e selvagens. Inicialmente Stephanie, que regularmente faz caminhadas nessas regiões, achou que Paul também tinha experiência nessas caminhadas ao ar livre. Em sua primeira viagem juntos, em setembro passado, ela ficou surpresa ao descobrir que ele começara a fazer caminhadas há apenas um ano.

Antes de sair, Paul descreveu para Stephanie o seu plano geral para a semana. Ele iria de carro até o parque pela entrada do Elwha River e caminharia até o Boulder Creek Campground para passar a primeira noite. Dali, a sua rota o levaria para Appleton Pass até a High Divide, e talvez mais acima, até a Blue Glacier, no Mount Olympus; um local que eles visitaram juntos na viagem anterior.

Stephanie estava um pouco preocupada com o fato de Paul caminhar sozinho, mas Paul já estivera na maioria desses lugares e eles se encontram em rotas conhecidas. Haveria outras pessoas caminhando por perto.

66 • Vivendo com o perigo

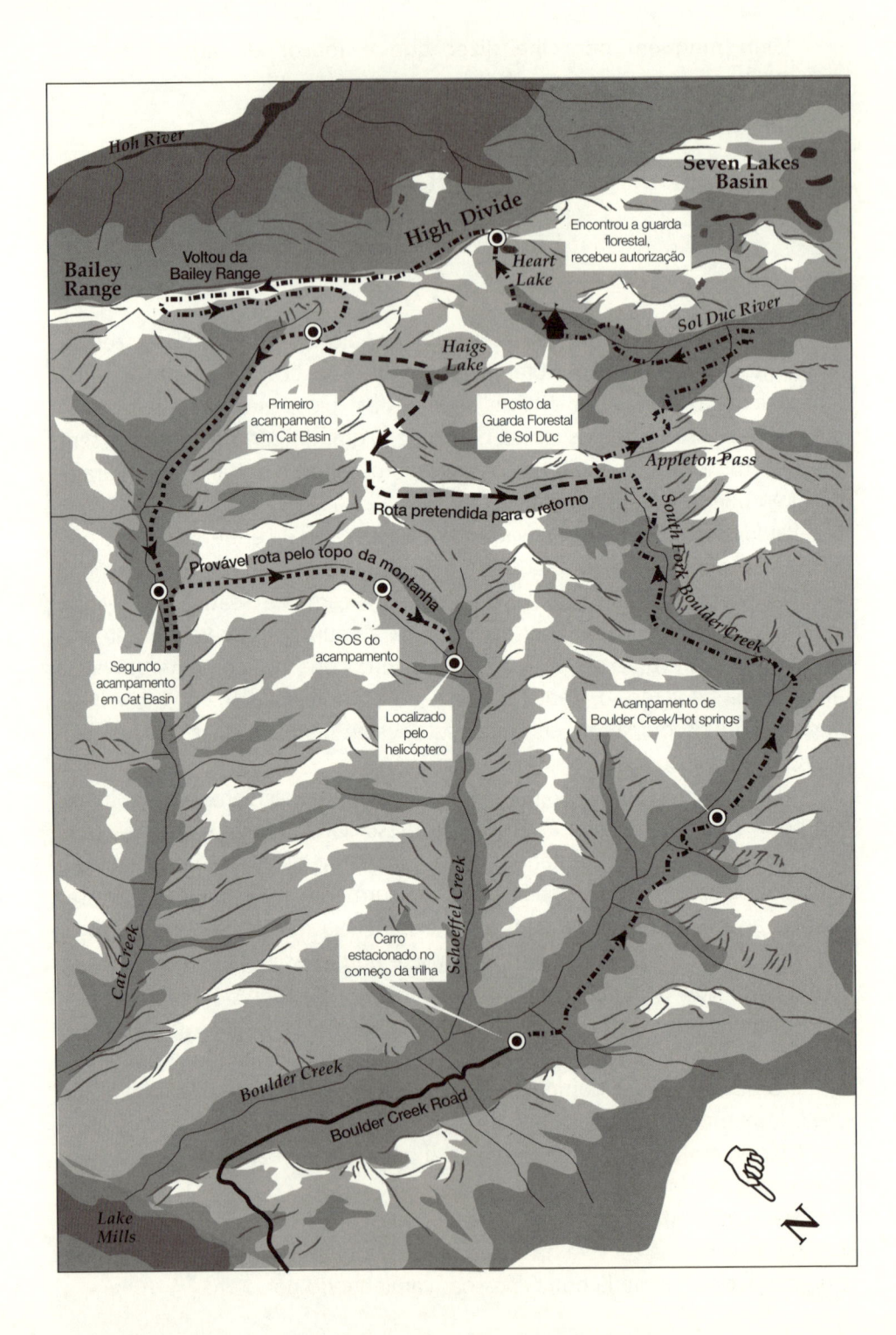

"Quando você espera voltar?"
"Na próxima quarta ou quinta-feira, no máximo sexta."

Estacionando o carro no início da trilha do Appleton Pass, Paul está em terreno conhecido enquanto caminha os 4 km até Boulder Creek Campground e Olympic Hot Springs. Montando a barraca, inicia uma conversa com outras pessoas. Ele se sente completo, recitando poesia, dividindo o alimento e discutindo a vida e os melhores aspectos das piscinas naturais de água quente enquanto a tarde se transforma em noite.

Paul levanta cedo na manhã de sábado para um rápido mergulho nas nascentes de água quente. Ele agradece o café da manhã oferecido pelos dois novos conhecidos e os deixa com uma cópia do seu poema predileto. Sob um céu cinzento, coloca a mochila e se dirige para o sul, cada vez mais para dentro do parque.

Após 6 km trilha adentro, com uma garoa começando a cair entre as árvores, Paul decide não se arriscar nas alturas expostas do Appleton Pass. Ele monta o acampamento na floresta, logo abaixo das últimas estradas em ziguezague.

Na manhã de domingo o tempo ainda está duvidoso; portanto, Paul deixa sua barraca e a maior parte do equipamento enquanto sobe pelas estradas sinuosas para fazer um reconhecimento.

No ponto elevado de 5.100 pés do Appleton Pass, Paul encontra um local para sentar e observar as nuvens formando coroas ao redor dos picos próximos. Enquanto lembra das suas visitas anteriores a esse local predileto, dois homens se aproximam. Suas grandes mochilas estão cheias com machadinhas para gelo, grampões e outros equipamentos que revelam ser montanhistas. Paul os cumprimenta. Uma breve conversa revela que o seu destino é a Bailey Range, a um ou dois dias de distância do parque pela High Divide Trail.

Paul ouviu falar desse famoso grupo de montanhas, quase no centro do parque. Os aventureiros veteranos as conhecem como o melhor exemplo da maior extensão de terra sem trilhas no estado de Washington. A idéia de explorar regiões distantes sem obstáculos agrada a Paul, assim como agradou a tantos antes dele.

Antes de ter a oportunidade de fazer mais perguntas, os dois homens seguem a caminhada enquanto as nuvens começam a subir. O enorme Mount Olympus, de 7.168 pés coberto de neve – o pico mais alto do parque – torna-se visível ao sul. Paul considera isso como um bom sinal e começa a descer o desfiladeiro para arrumar as coisas e voltar à trilha.

No final da tarde, está montando o acampamento nas regiões mais altas do Sol Duc River Valley. A barraca leve que comprou para a viagem está pronta com o equipamento dentro dela. Sua sacola de alimentos está guardada em segurança para a noite, pendurada em um arame esticado entre duas árvores. Paul senta-se perto do Bridge Creek, descansando nas horas vespertinas, após um dia percorrendo caminhos rochosos, descendo do alto do Appleton Pass.

Um homem descende a trilha chama a sua atenção. Ansioso por uma conversa, Paul pergunta o seu destino, quando surge outro homem.

"Para onde vocês vão?"

Stan e Ken estão indo para a Bailey Range para alguns dias de exploração fora das trilhas.

Isso é demais para Paul. "Puxa, caras, estou com inveja".

"Por que você não vem conosco?"

"Não sei, acabo de montar o meu acampamento."

"Vamos lá, quantas vezes você vai receber uma proposta como essa?"

Paul pensa nos dois livros que trouxe: *Leaves of grass*, de Walt Whitman, e *Primer of jungian psychology*, de Calvin Hall. Jung criou o termo "sincronicidade" para descrever a crença de que podemos encontrar significado em eventos aparentemente casuais. Em *Leaves of grass*, Whitman também discute o assunto. *Aha! A Bailey Range uma segunda vez no mesmo dia. É isso aí*, ele pensa, *sincronicidade. Não posso deixar passar.*

"Tudo bem", Paul diz, "vocês podem esperar eu desmontar o acampamento?"

Eles dizem que o encontrarão no Heart Lake, a cerca de 1,5 km pela trilha na direção de High Divide.

Paul hesita. O mínimo que podem fazer é esperar por ele, mas o poder da sincronicidade e a excitação de visitar a Bailey Range colocam de lado as suas dúvidas. Apressadamente, desmonta a barraca, recolhe a comida e sai atrás dos novos companheiros.

Não muito longe, Paul encontra uma guarda florestal, cuja base está fora do posto da Guarda Florestal de Sol Duc Park.

"Como vai?", ela pergunta.

"Bem."

"Só estou fazendo minha ronda. Você tem autorização para vir até aqui?"

A idéia de precisar de uma autorização para entrar em terreno público nunca combinou bem com Paul. Chamem isso de uma forma de desobediência civil. Ele finge ignorância.

"Oh, eu paguei na entrada."

Ela é uma guarda florestal paciente e informa que o principal motivo para a existência da autorização é permitir que ela saiba onde começar a procurar por ele ou pelos seus restos mortais, se ele não conseguir fazer as coisas conforme o planejado.

Com todas as coisas arrumadas, identificado e apenas ligeiramente atrasado, Paul alcança Stan e Ken no Heart Lake. Ele menciona que a guarda florestal queria saber se os dois tinham uma autorização.

"Oh, sim. Os caras a nossa frente estão com a nossa autorização", diz Ken com um risinho, e então levanta o braço e aponta: "Dê uma olhada ao redor". Acima deles um bando de alces está pastando na encosta da montanha.

Stan e Ken também estão prontos para partir.

"Vamos, nós conhecemos esse grande acampamento na High Divide."

Com o dia e a sua vontade de continuar caminhando desaparecendo rapidamente, Paul os segue pela trilha.

Bruce's Roost é o seu destino, um local bem alto, acima de Hoh River Valley. A face norte do Mount Olympus parece pronta para derramar suas geleiras diretamente no acampamento. Eles chegam e encontram o local ocupado. Saudações são trocadas com as duas pessoas acampadas por lá, Stan, Ken e Paul vão mais para o lado leste, para um local alternativo. Enquanto a noite cai e as estrelas começam a brilhar no céu azul de um verão tardio, eles dividem a comida e conversam em tons excitados sobre a exploração da Bailey Range pela manhã.

A segunda-feira amanhece e, logo depois, Stan, Ken e Paul estão indo para o leste da High Divide Trail. Stan e Ken não diminuem o ritmo. Paul é novamente deixado para trás. Troncos de árvores caídas se entrelaçam como dedos ao longo da trilha. Enquanto sobe com dificuldade através do labirinto, Paul bate a cabeça. Atordoado, ele pára um instante e coloca a mão na cabeça, procurando sangue. Seus parceiros de caminhada não estão à vista.

Finalmente, Paul alcança Stan e Ken na extremidade leste da High Divide Trail. Do lugar onde estão sentados, o terreno torna-se muito traiçoeiro ao longo de um caminho sem marcas, com declives de embrulhar o estômago.

Stan e Ken partem e Paul é deixado para cuidar de si mesmo novamente. Com a encosta da montanha descendo abruptamente para o sul, o menor passo em falso provoca uma descarga de adrenalina na corrente sangüínea de Paul. De algum modo, enquanto ele caminha desajeitadamente pelos declives, avançando entre árvores retorcidas pelo vento e tropeçando em rochas, ele perde o relógio de pulso e depois o brinco de diamante. Enquanto se movimenta sobre a crista afiada, conhecida como a passarela – que une o Cat Peak com o Mount Carrie – seu bastão de caminhada, gravado com entalhes de aventuras passadas, escorrega da sua mão e cai pela encosta.

Enquanto observa o bastão cair vale abaixo, Paul hesita. De repente lhe ocorre que pode cair e que Stan e Ken provavelmente não saberiam disso pelo menos durante meia hora. Eles jamais poderiam saber. Não vale a pena morrer para ver a Bailey Range. Pensando no que dizer para seus parceiros de caminhada fora de vista, ele decide voltar.

Momentos depois, à distância, ele ouve uma voz chamando: "Paul, você está bem?"

Contendo a vontade de dizer o que planejou, ele responde: "Sim, estou voltando. Sinto muito por tê-los atrasado".

De volta à High Divide, Paul considera suas opções. Ouviu falar em uma trilha que não é oficial e que não aparece em nenhum mapa, mas se a seguisse não teria de voltar pelo Sol Duc River Valley. Tem certeza de que a trilha começa perto dali, então atravessa a Cat Basin e sobe até o Appleton Pass, onde pode chegar à trilha de volta para o seu carro.

É aí que ele encontra os dois rapazes que estavam acampados em Bruce's Roost na noite anterior e pergunta sobre o caminho da Cat Basin.

"Oh, sim", diz um deles, "há muitas trilhas na Cat Basin".

É o bastante para Paul. Chega de explorações. Se há uma trilha, vai ser fácil. Lembrando rapidamente de seus planos, Paul vira para o oeste, ao longo da High Divide Trail, com os pensamentos sobre Stan, Ken e a Bailey Range deixando a sua mente.

Na manhã de terça-feira, Paul está acampado na trilha da Cat Basin, a cerca de 800 m da High Divide. A luz do sol é filtrada pelos pinheiros, expulsando o frio. Inspirado pela região intacta ao seu redor, ele canta uma canção de boas-vindas para o dia, que aprendeu com um xamã.

O som atrai um passante e eles começam a conversar. O homem conhece a trilha para o Appleton Pass. Já a percorreu de norte a sul e lembra de uma pequena cabana não muito longe dali.

Agora Paul tem um ponto de referência para ajudá-lo a encontrar o caminho. Ele guarda o equipamento, coloca a mochila a tiracolo e continua pela Cat Basin. Não muito depois, vê os restos de uma cabana, uma ruína de madeira desabada após muitos invernos com neve. Confiante de que está no caminho certo, Paul segue a trilha, deixando a cabana para trás e indo para as árvores mais além.

A trilha termina rapidamente, mas Paul continua rumando para o norte-noroeste na direção que acha que deve ir. À medida que a caminhada fica mais difícil, desvia um pouco para o nordeste, forçado nessa direção por moitas bastante fechadas.

Ele encontra um riacho fluindo para o nordeste e então olha o mapa.

Esse riacho não faz nenhum sentido para ele. A única corrente de água que ele consegue encontrar no mapa, perto desse local, seriam as regiões mais altas do Sol Duc River, mas elas fluem exatamente para o leste. De acordo com o mapa, isso não parece estar certo, mas nesse ponto provavelmente é melhor continuar andando. Mais cedo ou mais tarde ele encontrará a trilha que o levará de volta para o oeste. Com fé inabalável, Paul segue o riacho pela Cat Basin.

Na tarde de terça-feira, sem nenhuma trilha à vista e a luz do sol desaparecendo, encontra um local plano ao lado do riacho. Não sabe realmente onde está, mas há água e madeira para fazer uma fogueira. Ele alisa a areia para dormir melhor, monta o acampamento, faz uma refeição, pendura a sua mochila e adormece ao som da água correndo sobre as pedras.

Quarta-feira pela manhã, Paul acorda animado, tentando descobrir o lado positivo da própria situação. Está sozinho em uma região selvagem, procurando o seu caminho, sobrevivendo, explorando um local onde poucas pessoas estiveram antes dele.

Enquanto inicia a caminhada do dia, o matagal fica tão fechado que ele coloca luvas para as mãos ficarem protegidas dos espinhos. Paul segue o riacho porque ele forma um caminho de menor resistência entre uma floresta tão densa que se sente como se estivesse preso entre paredes sólidas de vegetação. Algumas vezes precisa cruzar o riacho sobre troncos, outras caminha com água pela cintura.

Ainda não encontrou a trilha e o riacho, e está rumando para o nordeste. Ele precisa ir para noroeste, mas as moitas fechadas ao longo do rio não o deixam sair dali.

Finalmente, uma abertura na floresta vai até um declive formado por fragmentos de rocha no lado oeste da bacia. Paul sai do leito claustrofóbico do riacho.

Se eu conseguir subir pelo lado oeste da bacia, verei o caminho, diz para si mesmo.

Assim, ele começa a subir. Quando o declive vai diminuindo até chegar a uma mata fechada, ele agarra os galhos dos amieiros e cedros, usando-os como cordas para subir pelo matagal. De vez em quando seus pés não conseguem tocar o chão e ele sobe em troncos de árvores inclinadas, como se fossem os degraus de uma escada. Sobre rochas íngremes, balança no ar, segurando-se para não cair, subindo cada vez mais. É um trabalho exaustivo e logo percebe que não vai chegar ao topo nesse dia. Ao lado da parte mais alta de dois antigos cedros, ele encontra uma área plana o suficiente para seu saco de dormir.

Paul faz uma descoberta desanimadora: o seu mapa desapareceu. Ele lembra de ter feito muitas anotações em seu diário durante o dia enquanto rezava para encontrar o caminho. O diário e o mapa estavam no mesmo bolso da sua calça. Aparentemente, uma das vezes em que ele tirou o diário, o mapa veio junto e caiu no chão. Com todo aquele mato e suor e subida, ele não percebeu.

O pensamento de que pode estar seriamente perdido surge em sua mente.

Não se preocupe, diz para si. *O tempo está quente e claro. Tenho muita comida. Se continuar subindo para o oeste, mais cedo ou mais tarde avistarei a trilha.*

Uma lua cheia magnífica surge no céu, a mais incrível que ele já viu. A vista do local alto onde se encontra é surrealista: uma paisagem irregular com rochas e floresta iluminada pelo brilho prateado da lua enquanto ele deita sob os cedros, sozinho com seus pensamentos, lá em cima na borda ocidental da Cat Basin.

Quando a tarde de quarta-feira chega e Paul não aparece em casa, ao sul de Seattle, Stephanie fica preocupada e lembra que ele lhe disse para esperá-lo de volta "quarta, quinta ou sexta-feira o mais tardar". Ela achou que ele ficaria louco estando sozinho e voltaria o mais rápido possível mas, provavelmente, encontrou outros mochileiros para lhe fazer companhia após um ou dois dias.

Na quinta-feira de manhã, Paul continua a sua subida para o lado ocidental da Cat Basin. Ele complementa o punhado de granola que comeu no café da manhã com blueberries da montanha. Stephanie lhe falou sobre esses blueberries em uma viagem anterior e ele está grato pela distração saborosa enquanto sobe cada vez mais em meio ao emaranhado de árvores e matagal.

Chegando ao ponto que achava ser o mais alto, Paul descobre que há muito mais montanha acima. Sussurrando, repete o que se tornou o seu mantra durante os dois últimos dias – *Que eu fique seguro, que eu encontre o caminho* – e continua subindo.

No topo, a subida termina na base de um grupo de rochedos intransitáveis. Enquanto ele caminha para o norte sobre o cume íngreme, rochoso, pedras se soltam e caem pelo declive. Os pensamentos sobre a passarela voltam para atormentá-lo.

De repente, começa a ter câimbras na panturrilha da perna direita. Nessa manhã, ficou sem água. Agora seu corpo está mostrando os primeiros sinais de desidratação. Mesmo que possa avistar a trilha no topo da cordilheira, não há como saber se os músculos das pernas irão sustentá-lo o suficiente para levá-lo até lá. Ele precisa encontrar alguma coisa para beber, e rápido.

O grupo de rochedos acaba e ele se movimenta com dificuldade até uma depressão. Um pequeno campo de gelo no lado mais distante brilha contra a rocha cinzenta. *Derreta, neve, para eu conseguir água*, ele pensa enquanto desce da crista, procurando acalmar uma garganta seca e um corpo fatigado.

No campo de gelo Paul descobre rapidamente que uma pilha de neve derretida só oferece alguns copos de água. Ele começa a imaginar quanto tempo o seu estoque vai durar.

Agora não há dúvida de que está perdido. Sem um mapa, não pode nem imaginar onde se encontra, e desse local, um anfiteatro de rocha natural na montanha, a trilha não está à vista.

Ele acha que nesse momento as buscas já devem ter começado. *Eu disse que estaria de volta na quarta ou quinta-feira, e já estamos na tarde de quinta-feira.*

Um tronco caído na neve chama a sua atenção. Uma vaga lembrança de um episódio do velho programa de televisão *Gilligan's Island* lhe dá uma idéia. Se ele arrastasse mais dois troncos até onde está e os colocasse formando ângulos com o primeiro, poderia escrever a letra S. Mais alguns troncos e algumas pedras e poderia escrever a palavra SOS.

Não demorou muito para formar a mensagem na neve. Como um toque final, ele acrescenta uma pequena cruz no alto. Paul acha que precisa de toda a ajuda que puder conseguir.

Tudo bem. Eu posso ficar aqui. Vou racionar a comida. Tenho neve para obter água. Posso encontrar um local plano para dormir.

Montando o acampamento, não encontra a sua barraca. Ela deve ter caído da mochila em algum lugar daquela última subida pelo matagal. Felizmente a temperatura está quente e o tempo claro. Ele coloca a almofada auto-inflável e o saco de dormir sob o céu.

À tarde, com tempo de sobra, sobe até uma depressão acima do campo de gelo. A vista é magnífica: uma região selvagem, altas montanhas rochosas e declives íngremes, mas nenhum sinal de um caminho. Desanimado, mas ainda otimista, elabora um plano. Vai ficar no campo de gelo por algum tempo, terminar o livro sobre psicologia junguiana, começar a ler Walt Whitman e esperar os helicópteros.

Paul não volta para casa na quinta-feira. Stephanie fica surpresa mas não preocupada. Normalmente ele gosta de ter um dia para si antes de voltar ao trabalho de apresentador de um programa matinal de jazz no rádio; realmente pode estar aproveitando.

A sexta-feira passa lentamente para Paul. Lembra que Stephanie lhe mostrou o modo de usar o espelho da bússola como sinalizador. Ele tenta refletir a luz do sol nos aviões que passam à distância, achando que podem estar a sua procura. Termina o livro sobre Jung e decide subir até uma segunda depressão.

Do local elevado vê a mesma paisagem de montanhas escarpadas espalhada a sua frente e nenhum sinal de trilha.

Cara, estou realmente com problemas.

No caminho de volta para a planície gelada elabora um segundo plano.

O que eu preciso fazer é voltar para o riacho na Cat Basin, caminhar na direção da nascente, ir para o oeste e então encontrarei a trilha.

Essa noite, enquanto percebe a seriedade da situação, pensa na filha de 9 anos e em Stephanie. Precisa sobreviver por elas. Então reza para o seu deus: *Tenha compaixão deste homem ignorante, arrogante, que achou que poderia fazer algo que estava além da sua capacidade.*

Quando a noite cai na sexta-feira e ainda não há sinal de Paul, Stephanie fica muito preocupada. Ele nunca faltou ao programa de sábado na estação de rádio em Tacoma.

Ela telefona para Doc, o parceiro de Paul no laboratório de apresentação da palavra falada, um centro para apresentações ao vivo de poesias e aulas de escrita, ao sul de Seattle.

"Talvez ele não tenha planejado bem", diz Doc. "Estava muito longe e percebeu que não poderia caminhar no escuro. Provavelmente planeja levantar cedo amanhã pela manhã para andar como louco e então dirigir à estação de rádio".

Stephanie desliga o telefone, esperando que seja verdade. Enquanto a noite passa, ela decide telefonar para o Olympic National Park. O escritório do parque está fechado e ninguém atende ao telefone.

No sábado, apesar do novo plano de retornar, Paul espera os helicópteros. A sua paciência dura o longo dia sem nenhum avião à vista. Quando a noite chega, está totalmente revoltado.

"Esqueça", diz para quem possa ouvir. "Eu vou embora".

Então arruma o que sobrou do seu equipamento e começa a descer a montanha. Não muito longe do acampamento, suas botas escorregam na encosta íngreme, cheia de mato. Em um minuto ele está caindo na direção da borda de um rochedo. Debatendo-se e lutando pela vida, consegue se agarrar. Um único arbusto impede a sua queda.

Respirando com dificuldade, Paul se recupera sobre o rochedo que teria sido o seu final. Ele considera isso uma mensagem dos deuses: *Fique mais uma noite perto do SOS.*

De volta ao campo de gelo, enquanto entra no saco de dormir para a nona noite sob as estrelas, ele faz um pacto.

Se o tempo não estiver suficientemente claro pela manhã, para um helicóptero voar, voltarei para o Cat Creek, encontrarei uma saída e deixarei de ser covarde. Eu me salvarei. Não serei um covarde.

Stephanie acorda sábado pela manhã e liga para o Olympic National Park. Ela é encaminhada para o posto da Guarda Florestal de Eagle, em Sol Duc River Valley. A guarda florestal de plantão começa o processo de preenchimento de um relatório de pessoa desaparecida. Algumas perguntas e a guarda florestal chamada Linda reconhece a pessoa desaparecida. Ela encontrou Paul na última terça-feira quando estava de plantão no posto da Guarda Florestal de Sol Duc Park.

"Ele não tinha se registrado para obter uma autorização para ir até as regiões selvagens", diz Linda no telefone. "Ele estava acompanhando dois outros rapazes que me enganaram". E conta como emitiu uma autorização para Paul acampar na High Divide durante os próximos três dias, com o retorno pelo Appleton Pass e saindo pela Boulder Creek Trailhead na quinta-feira, há dois dias.

"Ele disse que talvez não seguisse o itinerário porque os dois rapazes à sua frente se ofereceram para levá-lo até a Bailey Range."

Stephanie pegou seus mapas. No lado oriental da High Divide Trail, encontra a Bailey Range, mas não vê trilha alguma.

"Oh, Deus."

"Bem, você sabe que há dois dias a Bailey Range está envolvida pela neblina", diz Linda, "provavelmente eles ficaram esperando a neblina subir".

Ela continua explicando que quando há pessoas nas Baileys, em geral há um período extra de 24 horas antes de serem consideradas perdidas. É fácil calcular mal o tempo necessário para deixar essa área remota.

Stephanie diz que o trabalho de Paul na rádio não é um trabalho comum, de todos os dias. Ele nunca perdeu um programa em vinte anos e, de acordo com a autorização, deveria estar fora da Bailey Range antes da chegada da neblina.

Linda é evasiva. Ela diz que a primeira coisa que farão é verificar o início da trilha para ver se o seu carro está estacionado por lá.

As horas passam na manhã de sábado enquanto Stephanie pensa no que fazer. Talvez Paul tenha aparecido no último minuto. Ela liga para a rádio em Tacoma. Quando lhe dizem que ele não apareceu, perde a última esperança.

Se os guardas florestais não vão levar as coisas a sério, talvez ela precise pegar seu equipamento e procurar Paul sozinha.

Ela liga novamente para a guarda florestal para ver se encontraram o carro. Estão com pouco pessoal e não tiveram tempo para verificar. Ela é transferida para outro guarda florestal e conversa com ele durante alguns minutos; e novamente uma resposta evasiva. "Sim, Paul está atrasado, mas nesse momento qualquer busca não é prioritária. Nós não temos pessoal", diz o guarda florestal para Stephanie; "nós vamos verificar no estacionamento; nossos guardas florestais em campo vão perguntar para as pessoas se alguém o viu". Stephanie manda uma foto de Paul por e-mail para esse guarda florestal.

Ela fala ao telefone durante todo o sábado, tentando encontrar alguém no parque que a leve a sério. Em sua opinião, estão tratando-a como uma esposa histérica cujo marido não lhe disse o que estava fazendo. Finalmente, um dos guardas florestais lhe dá um número de telefone que atende até tarde. Às 19h, ela liga e fala com o encarregado. O chefe das operações de busca e resgate, chamado Dan, liga de volta.

Ela conta tudo, dá todas as informações que dera para quem quisesse escutá-la no início do dia. Paul não apareceu para trabalhar. Seus amigos, colegas e familiares estão muito preocupados, achando que está em dificuldade. Ela relata como foi quando os dois estiveram nas Cascade Moutains, em julho. Paul entrava em uma trilha sem saber nada a respeito desta ou verificar a topografia. Também não conferia a sua localização nas intersecções da trilha nem olhava o mapa para saber onde se encontrava.

Dan ouve. Ele faz muitas perguntas sobre Paul – sua aparência física, seu equipamento, a sua maneira de pensar. Stephanie diz tudo o que pode lembrar – a roupa que ele levou, a bússola que ela lhe comprou, o fogareiro, a barraca, a comida.

Ela é totalmente honesta quando ele pede um perfil psicológico. "Ele pode ser impulsivo", diz, "nem sempre pensa antes de agir, mas tem muita energia e bom senso, muito. Tem um ótimo senso de direção, mas não é bom na leitura de um mapa topográfico. Não sabe como seguir um mapa e uma bússola, mas agirá quando for uma questão de sobrevivência".

Dan lhe diz que precisa de mais informações dos guardas florestais em campo. Ele voltará a ligar em algumas horas.

Às 22h Dan liga para dizer a Stephanie que eles encontraram o carro de Paul no início da trilha, e que irá começar a operação de busca e resgate na manhã seguinte.

O domingo amanhece nublado e encoberto. Até onde Paul pode dizer, a visibilidade está bem abaixo dos padrões para vôos de helicóptero. Ele arruma as coisas e sai do campo de gelo pela segunda vez. O plano de hoje é voltar para o Cat Creek e fazer o mesmo caminho só que ao contrário. Ele começa a descer até o riacho, rapidamente perdendo altitude.

Um declive muito íngreme com 600 m interrompe a descida. Caminhando de um lado para o outro na borda, Paul só consegue encontrar um caminho para baixo. Galhos de árvores estão pendurados na borda. Uma segunda árvore está fora de alcance, mais abaixo. Ele poderia debruçar sobre a borda, agarrar os galhos de cima, soltá-los, agarrar a segunda árvore, deixar o segundo conjunto de galhos inclinar e, então, deixar o corpo cair o resto da distância.

Sem ninguém para dizer que é louco, agarra os galhos, balança sobre a borda e desce agarrando outros galhos sem dificuldade. Em minutos está em um riacho bebendo a melhor água que jamais tomou.

Reidratado e pronto para partir, começa a caminhar para o sul imaginando que está na trilha de volta para o Cat Creek. Confuso e sem mapa, não tem como saber se está indo para o Schoeffel Creek, um sistema de drenagem a oeste, totalmente separado.

O terreno não é como aquele da sua primeira viagem até o Cat Creek. Quando uma queda d'água desconhecida bloqueia o seu caminho, deixa o leito do riacho e sobe o lado oeste da bacia. Penetrando por uma vegetação densa, ele sobe em árvores e arbustos raquíticos, folhas e galhos atingindo seu rosto, até algum lugar onde possa ver alguma coisa.

No meio do matagal, totalmente oculto, de repente ele ouve o som dos rotores ecoando na bacia.

Não há como sair para o céu aberto. Ele abre caminho até uma pequena clareira. O helicóptero está sobre o riacho e subindo, passando pelo campo de gelo com o SOS. O helicóptero passa perto três vezes. Desesperado, Paul tenta sinalizar enrolando papel higiênico em um galho e colocando fogo nele.

Com a luz da tarde sumindo, o helicóptero é obrigado a ir embora após examinar a área durante alguns minutos apenas.

Paul encontra um local para acampar.

Eles voltarão pela manhã, diz para si mesmo. *Eu irei para onde eles possam me ver e eles voltarão pela manhã.*

Dan fala com Stephane no final da tarde de domingo: "Eles não o encontraram".

Toda a sua esperança some em uma onda de desespero. Ela começa a soluçar.

Dan tenta tranqüilizá-la: "Ele fez uma coisa inteligente, voltou da Bailey Range".

Dan conta que conversaram com outras pessoas que encontraram Paul na segunda e na terça-feira, na High Divide. Ele havia voltado e fora visto pela última vez indo para uma trilha para o Appleton Pass. Agora, os guardas florestais estão na Cat Basin, buscando pistas.

Stephanie não tem certeza se essas notícias são boas. Ela diz a Dan que Paul nunca esteve fora das trilhas antes e lembra de uma parte de um poema que Paul escreveu sobre uma escalada que eles fizeram em sua última viagem ao Olympics: "Explorando a 6 mil pés de altura / O que estávamos pensando?" E essa fora apenas uma pequena caminhada acima da linha das árvores.

Imagens sinistras de Paul caído em um emaranhado de galhos na floresta cruzam a sua mente – ferido, incapaz de conseguir água ou, pior ainda, morto.

Os guardas florestais procuravam Paul na Cat Basin desde sábado. Na tarde deste primeiro dia, eles encontram seu acampamento próximo do riacho onde havia dormido na terça-feira. Então, seguem a sua trilha pelo Cat Creek por meio de uma vegetação densa e por um terreno inacreditavelmente acidentado.

Quando falaram com a sede da equipe de busca e resgate, no domingo à tarde, Dan informou que um SOS foi avistado. Enquanto retornava à base no final da tarde, um helicóptero de busca viu as letras S O S em um campo de gelo elevado em um anfiteatro natural sobre a crista que forma o limite ocidental da Cat Basin. Dan pensa que Paul está lá em cima.

"Acampem durante a noite e amanhã nas primeiras horas percorram a base desse declive à procura de pegadas. Encontrem o caminho por onde ele subiu até o topo."

Há uma rápida conversa sobre o SOS. O caminho seguido por Paul leva-o para o nordeste pelas margens do riacho. Embora os guardas florestais estejam impressionados com os obstáculos que Paul conseguiu superar em seu caminho rio abaixo, não faz sentido ele estar lá em cima, no anfiteatro natural.

O chefe dos guardas florestais em campo diz a Dan: "Estou aqui olhando para aquela cordilheira e não acredito que ele possa ter subido até lá".

Dan insiste.

Os guardas florestais montam o acampamento para passar a noite ao lado do riacho e estarem prontos para partir ao amanhecer.

Stephanie fica deitada em sua cama no domingo de manhã, pensando. Talvez haja algum pequeno detalhe, alguma pista que não mencionou. Ela liga para Dan uma última vez.

"Boas notícias", diz ele. "Encontraram um SOS em um campo de gelo na nascente do sistema de drenagem do Schoeffel Creek". Diz também que tem a sensação de que Paul será encontrado pela manhã.

A esperança aparece. Ela desliga o telefone e volta aos seus mapas. Para chegar àquele campo de gelo, Paul teve de percorrer uma montanha alta, acidentada, no lado oeste da Cat Basin. A partir do campo de gelo afastado, traça com o dedo o fluxo do Schoeffel Creek por 3 km montanha abaixo, direto para o local onde ele deságua no Boulder Creek, apenas a 250 m do local onde Paul estacionou o carro.

O domingo amanhece e Paul está sentado no meio de um campo rochoso, esperando. Passam-se 45 minutos sem sinal algum de helicóptero. Ele decide voltar para o riacho e pegar mais água.

Indo para uma grande pedra no meio do Schoeffel Creek, fica onde possa facilmente ser visto e prepara uma refeição enquanto espera. Acha que a mídia está envolvida nesse momento; portanto, começa lavar a roupa. O mínimo que pode fazer é parecer decente.

No meio de seus afazeres, com metade da roupa secando e a outra metade ainda sendo lavada, ouve o som de um helicóptero se aproximando.

Rapidamente, guarda as coisas na mochila e faz sinal com o espelho da bússola.

Sem nenhum lugar para pousar na drenagem acidentada, o helicóptero paira acima dele. Uma bandeira amarela com lastro é jogada.

Paul pega a bandeira e encontra uma mensagem: "Fique aí, a ajuda virá logo".

O helicóptero vai embora. Paul volta a colocar as roupas para secar.

Momentos mais tarde, o helicóptero retorna e um saco preso a um cabo é abaixado até Paul.

Ele desengancha o saco preso no cabo e o helicóptero volta a pairar próximo dali. Dentro do saco há um radiotransmissor enrolado em um pano. Uma voz diz: "Paul, Paul. Você está bem? Pressione o botão e fale".

Ele acha o botão e o pressiona.

"Sim, estou bem. Só quero dizer que sinto muito por fazê-los passar por tudo isso. Como fui estúpido."

"Não se preocupe. Estamos contentes por você estar bem. Precisamos que fique aí por algum tempo. Não podemos, com o nosso helicóptero, pegá-lo onde está. Mas um helicóptero está vindo de Fort Lewis."

Algumas horas depois, cortesia do Exército dos Estados Unidos, Paul é içado em meio ao turbilhão de ar descendente provocado pelas hélices do helicóptero Blackhawk, de Fort Lewis, Washington.

O helicóptero deixa-o em Port Angeles, onde Paul é interrogado na sede das equipes de busca e resgate. Para seu alívio, eles não batem nele com varas. Dizem que o seu irmão está esperando para fazer isso. Paul pôde telefonar para Stephanie nessa tarde e dizer que está bem e que a ama.

Ele sai daquela experiência com alguns arranhões e contusões.

Quando lhe perguntam em que ele se apoiou enquanto estava perdido, cita um trecho de um poema, trecho que Paul afirma tê-lo mantido vivo: "Aqueles que se amam se tornarão invencíveis".

"Pensar na minha filha e na minha companheira: foi isso o que me sustentou. Eu sabia que iria vê-las novamente."

Manchetes noticiando as mortes frias e solitárias de mãe e filha nas montanhas cruzam a sua mente.

8. "Engolidas"

Primavera em Puget Sound, uma região do estado de Washington: época em que centenas de famílias estão ansiosas para sair de dentro de suas casas emboloradas após um longo e úmido inverno.

A família Brunke não é diferente. No final de maio, Mark e Shirley, com a filha Louisa, de 15 anos, e o filho Willy, de 10, se reúnem com um grupo de amigos e vizinhos para acampar na Mount Baker National Forest junto à confluência norte do Nooksack River.

Numa manhã de sábado, as famílias colocam alimentos e jaquetas leves em suas mochilas. Todos estão excitados para partir. Hoje vão subir até Heliotrope Ridge e planejam fazer um piquenique nesse local que possui uma visão privilegiada do Mount Baker.

No começo da trilha o tempo colabora, apresentando nuvens esparsas e uma brisa leve. Os mornos raios de sol são filtrados pelos galhos inclinados dos cedros e pinheiros. As crianças correm de um lado para o outro em uma correnteza forte, equilibrando-se sobre troncos e pedras. As risadas ecoam pela floresta enquanto começam a descer o caminho.

Finalmente, a trilha os leva acima da linha das árvores, subindo por campos alpinos até uma bacia elevada e árida. Passam por encostas de rochas cinzentas partidas, cruzando os restos de antigas morainas glaciais e um ocasional campo de gelo. À leste, o Mount Baker se agiganta diante deles, uma imensa pirâmide branca preenchendo o céu. Na parte ocidental, a Coleman Glacier forma dobras que transbordam do pico, descendo a montanha e ficando suspensas nas regiões mais elevadas da bacia; como uma onda branca congelada, tingida de azul nas sombras de fendas e quedas d'água.

Eles param para almoçar ao lado da trilha, em um pico rochoso. Mark Brunke, sempre buscando um sorriso, oferece folhetos para outros montanhistas que passam.

Logo após o almoço, o grupo se divide em dois. Alguns dos adultos e muitas das crianças querem olhar de perto o final da geleira, a cerca de 800 m sobre terreno de rochas reviradas ao leste. Mark, Shirley e Louisa já subiram o suficiente. Uma brisa gelada os faz querer voltar para a trilha.

Prometendo se encontrar no acampamento, o grupo maior parte, enquanto os Brunkes param para olhar a montanha pela última vez. Um campo de gelo inclinado ao leste da trilha chama a sua atenção. Escorregar ladeira abaixo seria muito mais rápido do que caminhar. Além disso, seria divertido.

Eles já fizeram isso antes em outras caminhadas e esse parece um bom lugar para deslizar. Assim tiram os sacos plásticos de lixo de suas mochilas para servirem de trenós improvisados e se posicionam no topo da descida.

Shirley e Louisa são as primeiras a descer. Estão juntas, como num tobogã, inclinadas para trás para ganhar velocidade, gritando e rindo enquanto a neve atrás delas se levanta em grandes rabos de galo, cristais de gelo brilhando ao sol da tarde.

Mark é um pouco mais lento. Enquanto ganha velocidade, de repente pensa na profundidade da neve. Pode haver rochas logo abaixo da superfície. Ele grita para Shirley e Louisa pararem, mas a mãe e a filha estão fora de vista.

A neve está perfeita para brincar de deslizar, derretida pelo sol da tarde apenas o suficiente para uma corrida suave e rápida. Na metade da descida pelo campo de gelo, enquanto Shirley e Louisa aumentam a velocidade, Louisa percebe uma pequena fenda cortando o seu caminho. Ela tem uma fração de segundo para reagir ou então ela e sua mãe cairão.

Aquele mundo feito de luz do sol, riso e excitação transforma-se em um horror, com seus corpos rodopiando, dando saltos mortais, batendo violentamente em rochas e gelos, enquanto mergulham na escuridão. Um estrondo ensurdecedor penetra em seus ouvidos. Uma estranha luz azul as envolve e então vem o atordoante impacto final.

Mark pára a sua descida, fica em pé e desce a colina. Olhando para baixo não consegue ver Shirley ou Louisa em lugar algum.

Elas não podem ter descido até a base nesse curto espaço de tempo, diz para si mesmo. *Não pode ser.* Procurando respostas, seus olhos seguem o sulco feito na neve por mãe e filha.

Invisível de cima, o acúmulo de neve derretida se afastou do lado da montanha, formando uma fenda aberta no meio do campo de gelo. A trilha de Shirley e Louisa leva direto para a borda da fenda. Mark se esforça para compreender a cena. Quando percebe que elas caíram na fenda, se sente como se tivesse levado um soco no estômago.

Perry e Seana se conheceram recentemente ondeu trabalham: na escola de Outward Bound, Pacific Northwest. Esse final de semana, escalando e esquiando no Mount Baker, é um dos seus primeiros encontros. A tentativa de chegar ao cume na noite passada precisou ser cancelada devido ao mau tempo, mas essa manhã as condições estão magníficas. O sol está brilhando, a neve está macia como seda e é o máximo esquiar na primavera.

Perry mostra o caminho enquanto descem fazendo curvas. A neve fica lamacenta abaixo da geleira e Perry pára e tira os esquis. Ele os coloca nas laterais da mochila e começa a andar ladeira abaixo à procura da trilha.

Ao ouvir gritos e risadas ele se vira e vê duas mulheres deslizando pelo campo de gelo em um pedaço de plástico. Quando elas desaparecem sobre uma rachadura na descida, há um súbito silêncio. Perry imediatamente fica apreensivo.

Seguindo um instinto desenvolvido durante uma vida inteira nas montanhas, caminha rapidamente para dar uma olhada. Precisa olhar novamente. Em todos os anos de escalada, nunca viu nada igual. O rastro deixado por elas termina em uma fenda derretida semelhante a uma boca. O som de uma corrente de água subterrânea sai pela abertura. Se a queda não as matou, suas chances de sobrevivência na água gelada diminuem a cada segundo.

Enquanto Perry examina o local, Mark chega aturdido, sem fôlego. Perry está com roupas adequadas para andar pela montanha. Ele carrega uma sacola com equipamento para escalada. Mark tem um vislumbre de esperança; esse homem sabe o que fazer.

Os dois chamam-nas pela fenda, parando para ver se ouvem pedidos de ajuda. Só o ruído da água vem de dentro da fenda.

Lutando contra o pânico, Mark pergunta a Perry: "O que devo fazer?"

"Desça até o posto da Guarda Florestal. Diga-lhes que precisamos de um helicóptero com um guincho para uma fuga no nível de 5.800 pés na Coleman Glacier, em Deming Route."

Sentindo-se impotente, com apenas um embrulho contendo o resto do almoço, Mark se agarra à única coisa que pode fazer: ir procurar ajuda.

Os adultos e as crianças que estão indo para a geleira não foram muito longe, pois ouvem uma voz chamando no barranco atrás deles. Vêem Mark entre as rochas, abanando os braços, gritando para voltarem. A princípio, pensam que é uma de suas piadas, até perceberem que aconteceu algo sério com Shirley e Louisa.

"Houve um acidente", diz. "Estou descendo para obter ajuda".

Os adultos se separam. O grupo principal se dirige para o local onde viram Mark, Shirley e Louisa pela última vez. Dois adultos permanecem com as crianças, inclusive Willy, o filho de Mark. Então, um dos adultos lembra de um grupo que viu montando acampamento em um campo de gelo acima. Eles podem ter o equipamento e a experiência necessários. Ele começa, então, a subir a montanha para encontrá-los.

A pedra fria, úmida, suga o calor do corpo de Louisa. A sua queda terminou sobre uma saliência de rocha atrás de uma corrente de água caindo. Um grande ruído ecoa em todas as direções. O ar vibra com o som. Uma luz fraca é filtrada através da neve e do gelo, envolvendo o local com um pálido brilho azul. A sua primeira reação é puramente instintiva: *Controle-se e saia daqui.*

Ela olha para cima. Tudo o que consegue ver do seu antigo mundo é um pequeno pedaço de céu muito longe. Naquele lugar frio e sombrio, com o ruído da água caindo abruptamente perturbando seus ouvidos, é tomada por uma sensação de fim. Não há como sair dali.

Shirley está a apenas alguns metros na escuridão, com seu corpo ferido. Incapaz de se mover, está deitada sobre a saliência, atordoada, presa diretamente abaixo da violenta correnteza. Mentalmente confusa pelo choque e pelo trauma, nota o aumento do nível da água gelada que chega até seu blusão, depois do seu suéter e por último sua camiseta. Mesmo com toda a adrenalina em sua corrente sangüínea, sente a dor. Gemer parece ajudar enquanto permanece deitada com a água despencando.

O som da voz humana tira Louise do estado de desespero. Devido o barulho é difícil saber de onde vem o gemido ou se ela realmente ouviu alguma coisa. Procurando a fonte do som, Louisa rasteja até onde a queda d'água atinge a saliência, antes de cair na escuridão. Olhando através dos borrifos de água, ela pode ver a mãe presa sob o aguaceiro.

Enquanto Shirley está deitada, um movimento atrai a sua atenção. Ela olha para cima e vê uma mão estendida e ouve a voz da filha.

"Agarre a minha mão, mamãe. Eu preciso puxá-la daí e tirá-la dessa água."

"Eu não posso, Louisa."

"Você precisa fazer isso mamãe."

Quando sente os dedos da filha em volta do seu punho, Shirley junta todas as forças. Usando as biqueiras de suas botas de escalada para sair da saliência rochosa, e com Louisa puxando, consegue rastejar para fora da água. Livre da correnteza, ela desaba exausta, deitada de costas.

A não ser por alguns cortes e arranhões, Louisa está bem. De algum modo, ela está seca e mais aquecida do que a mãe.

Os braços de Shirley não estão se mexendo. A sua dor é intensa. Está ensopada, ficando mais fria a cada minuto. Contudo, enquanto elas conversam na escuridão, Shirley faz o melhor para tranqüilizar a filha.

"Nós temos uma chance", diz. "Lembra daqueles alpinistas que vimos subindo a montanha? Devem estar por perto. Eles podem ter equipamento para descer até aqui e nos salvar". Ambas começam a gritar pedindo ajuda.

Eric esperou muitas semanas para liderar esse grupo de alunos da Western Washington University até o pico do Mount Baker. O tempo não poderia estar melhor. O céu claro e o cálido sol da primavera se misturam ao frio ar da montanha despertando um desejo, até mesmo no mais impassível veterano alpino, de ficar em pé em um pico alto. O pico coberto de neve acena a apenas 1.500 m acima deles – suficientemente perto para ser tocado, parece.

Após montar o acampamento em um campo de gelo logo abaixo da geleira, os membros do grupo tiram o equipamento das mochilas para uma sessão prática. Durante a última hora exercitaram técnicas para caminhada em geleira, utilização de machadinhas para gelo e resgate em fendas. Quando a sessão está terminando, um caminhante solitário se aproxima vindo de baixo.

Suas palavras fazem todos parar.

"Alguém aqui conhece técnicas de resgate na montanha?"

Eric e seus companheiros nunca foram além da prática, mas agora não é hora de discutir experiência. Duas pessoas estão em dificuldades lá em baixo. Eles juntam o equipamento e seguem o homem montanha abaixo.

Seana está se concentrando em sua técnica "telemark", esforçando-se para fazer curvas perfeitas na neve fofa, quando ouve Perry gritando. Subindo a colina, encontra-o em pé na borda de uma fenda derretida. Eles conversam rapidamente e então começam a trabalhar.

Enquanto procuram os equipamentos, tentando juntar alguma coisa para o resgate, ouvem gritos de socorro. Rapidamente, Perry amarra grampões pontudos em suas botas. Talvez as duas mulheres estejam perto e possam ser alcançadas. Talvez consiga puxá-las com as mãos. Ele começa a descer, cada uma das botas cravada nos dois lados da fenda. O apoio para os pés é traiçoeiro. Gelo instável, neve e rocha formam paredes irregulares. Três metros abaixo da superfície e não consegue mais avançar. Olhando na escuridão, grita: "Vocês estão bem?"

Abaixo do local onde se encontra, as paredes da fenda derreteram em volta de saliências de rocha, projetando-se do lado da montanha. O fluxo de água jorra sob o acúmulo de neve, ocultando qualquer coisa ou qualquer pessoa que esteja lá em baixo. Perry pode ouvir gritos, mas não consegue entender as palavras. Não é seguro avançar mais. Ele volta para a superfície.

Após Shirley e Louisa olharem para cima, para a estreita abertura lá longe, e começarem a gritar por socorro, logo surge uma pessoa perto do topo da fenda. Elas ouvem uma voz, que é abafada pelo barulho da água. Cheia de esperança, Louisa grita de volta: "Sim, temos duas pessoas conscientes aqui nesse buraco, vamos ficar bem".

Tão rapidamente quanto surgiu, a pessoa desaparece.

Lutando para elaborar um plano, Perry e Seana colocam apressadamente roupa seca em um saco à prova d'água. Com a água gelada jorrando no buraco, as pessoas lá embaixo não estão lutando apenas contra ferimentos e choque, mas também contras os efeitos rápidos e fatais da hipotermia. Se Perry e Seana conseguirem mandar roupas quentes para elas, talvez ganhem algum tempo para completar o resgate.

Enquanto Louisa treme na escuridão perto da queda d'água, imaginando o que está acontecendo lá em cima, um saco desce através da água, preso a uma corda. Ela o agarra com as mãos rígidas de frio. Por mais que tente, não consegue abri-lo. Seus dedos mal se mexem. Tão repentinamente quanto surgiu, o saco é puxado de volta para a superfície.

Quando Perry puxa a corda de volta, sabe que o saco foi tocado mas não aberto. Redobrando seus esforços, Perry e Seana pensam o que fazer quando reforços começam a chegar. Os parceiros de caminhada da família Brunke chegam, bem como outras pessoas que estão subindo a montanha. O grupo de alpinistas da Western Washington University tem Eric na liderança.

De algum modo esse grupo de estranhos que se reuniu pelas circunstâncias se entende imediatamente e começa a trabalhar como uma equipe de resgate bem treinada.

Seana faz preparações para o atendimento de primeiros socorros. Plataformas são cavadas na neve para abrir um espaço para o tratamento das vítimas. Perry trabalha com os outros alpinistas. Querem fazer uma âncora com seus esquis para que alguém possa descer pelo buraco, preso por uma corda. Sacos de dormir, cordas e machadinhas para gelo saem de dentro das mochilas.

Lá em baixo, na saliência da rocha, Shirley sente o corpo cada vez mais frio. O choque e a hipotermia estão cobrando o seu preço. Enquanto ela está à beira da inconsciência, seu primeiro pensamento é para a filha.

"Louisa, eu não estou morrendo, estou apenas desmaiando."

Ao ouvir a voz da mãe, Louisa se vira e descobre que ela não está reagindo. Manchetes noticiando as mortes solitárias e frias de mãe e filha nas montanhas cruzam a sua mente. Começa, então, a gritar, enquanto é tomada por ondas de desespero na escuridão azul.

Mark Brunke, incrédulo, corre para o começo da trilha. É tudo o que pode fazer para se concentrar no local onde pisa, pois não deve fracassar em sua missão.

Sua mente revê a cena, enquanto suas pernas o levam montanha abaixo. Ele vê a esposa e a filha deslizando juntas, felizes, rindo, enquanto desaparecem da sua vista. Então, o silêncio. Os rastros levando para aquela fenda horripilante na neve; ruído de água sob a neve acumulada.

O que eu devia ter feito?, se pergunta. *O que eu poderia ter feito?* Árvores passam rapidamente enquanto ele pula sobre raízes e abre caminho pela correnteza onde seu grupo estava rindo e brincando há apenas algumas horas.

Ele reza pela esposa e pela filha. Reza para que elas sobrevivam. Reza para que ele as veja novamente, vivas.

Em minutos, tudo está pronto. Mas ninguém, entre todas aquelas pessoas reunidas, está disposto a descer pela fenda.

Eric se preparara com gorro e jaqueta, roupa de proteção e botas para a aula prática de montanhismo que liderara à tarde. Alguém precisa descer pela fenda imediatamente e ele é o único pronto para fazê-lo.

Então se amarra com a corda e coloca as luvas. Alguém lhe dá uma lanterna. Ele olha para baixo, para a escuridão, na direção da corrente de água gelada. Sente como se preparasse para a própria morte. Troca olhares com Perry.

"Só se certifique de me tirar de lá."

Eric começa a descer, metodicamente fincando as botas nos lados opostos da fenda. A equipe vai lhe dando corda, enquanto ele abre caminho, ultrapassando a saliência onde Perry foi forçado a parar. Se espreme em pontos apertados entre a rocha e a neve. Abaixa a cabeça enquanto desce até a correnteza.

Apesar de estar com muitas camadas de roupa à prova d'água e de material isolante, a água gelada é paralisante. Suas mãos começam a enrijecer e os braços ficam pesados com o frio. Ele não consegue ouvir nada através do ruído. Pensamentos sobre ficar preso na correnteza, incapaz de respirar, arrastado sob a neve acumulada até uma morte escura, molhada, percorrem a sua mente. A lanterna projeta um fraco feixe de luz, enquanto ele desce cada vez mais na escuridão.

Louisa se agacha sobre a saliência próxima da queda d'água, sem esperança. O corpo da mãe está prostrado atrás dela. Louisa não quer se mexer. A sua visão oscila como se fosse desmaiar a qualquer momento.

Pelo canto do olho percebe um brilho, depois escuridão, como uma nuvem passando na frente do sol. Olha então para cima enquanto uma pessoa está descendo. Um homem cai sobre a saliência perto dela, e ela olha para ele incrédula.

"Por que você está aqui? Você está aqui para nos salvar?"

Mark chega ao começo da trilha após a corrida mais difícil da sua vida. Pulando para dentro do carro, liga o motor e dirige como louco pela estrada sinuosa da montanha. Acena freneticamente para cada veículo que passa, até que um pára.

"Você tem um celular?"

Então, cada vez que sua pergunta é respondida com uma negação, ele parte novamente, levantando cascalho.

Estacionando no posto da Guarda Florestal, corre para dentro. Antes da porta fechar atrás dele, grita ofegante para as pessoas uniformizadas.

"Nós temos uma emergência! Minha esposa e minha filha caíram em uma fenda a 5.800 pés da Coleman Glacier, na trilha do Heliotrope Ridge. Nós precisamos de um helicóptero de resgate!"

Os guardas florestais deixam de lado o que estão fazendo e pedem para Mark se acalmar e dar todos os detalhes. Pensando na esposa e na filha presas naquela fenda, e com a impotência que sentiu lá em cima no campo cheio de neve obscurecendo seu pensamento, Mark fala cuidadosamente tudo o que lembra, incluindo o pedido de Perry por um helicóptero com um guincho.

Quando os guardas florestais terminam de anotar as informações e começam a telefonar pedindo ajuda, Mark se vira para voltar para a montanha. Os guardas florestais o impedem de sair.

"Você precisa esperar pela equipe de resgate e dar orientações sobre como chegar ao local do acidente."

Eric levou uma roupa de proteção e uma segunda corda para puxar Louisa e Shirley para fora do buraco. Suas mãos estão entorpecidas devido a descida pela água e seus dedos inúteis não conseguem ajustar a roupa de proteção em Louisa. Segundos preciosos passam enquanto sua força é esgotada pelo frio. Com o tempo passando, ele larga a roupa de proteção e forma um laço com a corda ao redor da parte superior do corpo de Louisa.

Perry parou na metade do caminho para baixo da fenda para ajudar, enquanto as vítimas são retiradas do buraco. Quando sente o puxão de Eric na corda, faz um sinal para as pessoas lá em cima. Com muitas mãos para puxar a corda, Louisa é rapidamente içada para fora do buraco.

Seana fica aliviada ao encontrar Louisa consciente, falando, respondendo perguntas sobre seu nome e sobre que em que dia estão. Louisa é desamarrada da corda, imobilizada, devido à possibilidade de ter machucado a coluna vertebral, e carregada para uma das plataformas de primeiros socorros.

Com Louisa fora do buraco, Eric avista Shirley pela primeira vez. Ela está deitada de costas, imóvel, na escuridão, sem cor alguma no rosto.

Ela está morta, diz para si.

Ele se movimenta e coloca gentilmente a cabeça dela no colo e espera.

Quando a corda volta, cuidadosamente a coloca em volta do corpo de Shirley que começa a se mexer. Saindo da inconsciência, ela luta para afastá-lo, depois relaxa e começa a falar. Eric tem dificuldades de mantê-la amarrada e, então, finalmente ela é puxada para fora do buraco.

Shirley sai de lá ensopada e fria, mas fala com clareza. Agradece aos seus salvadores enquanto eles a imobilizam e a levam até a segunda plataforma. Eles trocam as roupas molhadas por outras secas e a colocam em um saco de dormir. De repente, fica em silêncio. Seu corpo começa a convulsionar. Espuma pela boca, com um olhar de medo. Quer levantar, fugir, ir para algum lugar. Seu corpo está gelado. Seana faz duas pessoas deitarem ao lado de Shirley para aquecê-la mais, e então os três são cobertos com sacos de dormir. Não há muito mais o que eles possam fazer enquanto Shirley luta para permanecer viva.

Eric é o último a subir. Rapidamente é embrulhado em sacos de dormir, enquanto senta na neve com ondas de arrepios profundos e incontroláveis percorrendo o seu corpo.

Com as vítimas fora do buraco, Perry envia um segundo mensageiro para o posto da Guarda Florestal. Os outros se reúnem em volta de Shirley e Louisa, fazendo o melhor para cuidar dos seus ferimentos e mantê-las aquecidas.

Horas depois, a noite se aproxima sem sinal algum de helicóptero. A temperatura cai. As nuvens se acumulam e o vento aumenta. Perry e Seana pensam em diversas opções.

Louis está alerta e, a não ser por contusões e arranhões, parece não estar ferida. Talvez consiga andar.

Sua mãe está quase inconsciente. Mesmo com duas pessoas dentro do saco de dormir, abraçadas a ela, não está se aquecendo. As chances de Shirley conseguir sobreviver durante a noite na montanha diminuem a cada hora. Enquanto Perry e Seana procuram mais uma vez um equipamento para elaborar um plano para tirar mãe e filha vivas da montanha, um helicóptero prateado surge de repente no céu cinzento.

Os salvadores se juntam, quase reverentes, enquanto um Sikorsky Sea King da Whidbey Island Naval Air Station circula para fazer uma abordagem. Com a equipe de vôo examinando o local do resgate, os salvadores juntam o equipamento solto preparando-se para a turbulência provocada pelas hélices.

Os minutos seguintes passam como se não existissem. O helicóptero paira sobre o local do acidente. Dois membros da equipe, com uma maca, descem presos a um cabo. Não há tempo para conversas, com ventos crescentes colocando o helicóptero em risco. Os membros da equipe fazem uma rápida avaliação médica enquanto preparam Louisa e Shirley para serem resgatadas.

O helicóptero recua e paira sobre o local. Louisa é a primeira a ser içada. Shirley é a próxima, não apresentando nenhuma reação enquanto é içada para o helicóptero. Os dois membros da equipe sobem por último.

Tão rapidamente quanto surgiu, o helicóptero vai embora.

Os salvadores ficam em silêncio, exaustos pelas últimas horas. Lentamente, juntam o equipamento, dizem até logo e seguem caminhos diferentes.

Na Highmay 542, uma multidão está reunida na área de pouso do resgate. Um helicóptero com médicos espera junto com diversas ambulâncias.

Duas horas se passaram na montanha desde que chegou o segundo mensageiro para dizer a Mark que a esposa e a filha foram tiradas com vida da fenda. Ele sabe que elas devem estar seriamente feridas. O conhecimento de que duas horas sem atendimento médico é muito tempo, não tornou a espera mais fácil.

Quando o helicóptero da Marinha pousa, Mark tem apenas um minuto para ver Shirley enquanto ela é transferida para um helicóptero com médicos para a viagem até o St. Joseph Hospital, em Bellingham. Shirley parece estar reagindo ao tratamento dos paramédicos da Marinha. Está falando, mas não completamente lúcida. Ele a beija rapidamente na testa, se afasta e o helicóptero decola.

Louisa é transferida para uma ambulância que vai até Bellingham. Ela está falando alegremente e indo muito bem, queixando-se um pouco por ter ficado amarrada em uma maca. Mark vai com ela. Pela primeira vez em horas ele se sente como se finalmente pudesse respirar.

Shirley chega ao hospital com uma temperatura corporal muito baixa. Ela reage aos esforços da equipe do pronto-socorro e lentamente começa a se aquecer.

Além dos cortes e hematomas, os médicos encontram sete costelas, uma clavícula e uma omoplata quebradas. A surpresa vem quando descobrem que Louisa tem uma vértebra quebrada na parte superior das costas.

Mãe e filha precisam de grande parte do ano para se recuperar dos ferimentos. Louisa usa um colete.

Atualmente, elas não apresentam efeitos visíveis do seu encontro com a morte. Está claro para ambas que a pura sorte e a coragem generosa de estranhos é tudo o que ficou entre elas e a morte naquele dia.

Shirley aponta para uma fotografia tirada logo antes do incidente: "Essa teria sido a minha última fotografia".

Mark resume a experiência: "Nós fizemos muitas caminhadas em nossa vida. Fizemos coisas semelhantes a esse incidente e tivemos finais felizes. Naturalmente, nunca mais faremos isso de novo, mesmo se virmos um campo de gelo que pareça adorável, porque nunca se sabe o que pode acontecer. Nunca se sabe".

Mike fala primeiro e Johnny concorda: "Isso não é bom".

9. Rio selvagem

Tudo começa em uma tarde quente de julho. Mike está sentado no sofá, assistindo a um programa de pescaria em um canal de TV a cabo. As imagens chamam a sua atenção. O rio parece lindo, calmo, idílico, abrindo um caminho tranqüilo por uma floresta de altas sempre-verdes. Um bote desce pela correnteza. Um homem está com os remos, enquanto dois outros, um na popa, outro na proa, pescam. Eles jogam iscas artificiais em busca da grande truta nativa no Lewis River, no estado de Washington.

O Lewis, Mark diz para si, *é ao sul daqui*.

Ele nunca viu nada em suas pescarias em Washington que se compare a essas cenas mostradas na tela da TV. Trutas briguentas parecem chamar de cada poça. Também há imagens do Mount St. Helens, próximo do rio. Parece bom.

Quando o programa termina, Mike, cuidadoso como sempre, faz uma pesquisa no site do programa. Ele descobre que a North Fork do Lewis River está a 217 km do excelente pesqueiro onde a ameaçada truta é protegida. Nenhum peixe é lançado para criação desde 1997. O rio é de tamanho médio e pode-se caminhar nele com facilidade. E há uma outra fotografia do mesmo bote naquele lindo rio.

Ele está convencido, pois não tem nada para fazer nesse fim de semana. Bem, há aquela festa no sábado à noite que a sua namorada mencionou – mas ele só vai pescar durante o dia e quando voltar aparecerá na festa. Os planos de Mike para uma viagem solitária para conhecer o Lewis River começam a tomar forma.

Logo depois Johnny, um parceiro de pescaria que trabalha com ele, ouve falar do plano e também quer ir.

Com dois carros eles podem levar os seus *pontoon boats*, deixar um dos carros no final do rio e navegar por ele. Assim, podem percorrer uma parte maior do rio, mais rápido, à procura dos locais melhores para pescar.

Johnny tem um vizinho de vinte e poucos anos, David, que há algum tempo lhe pede para levá-lo pescar. De algum modo David descobre sobre a viagem de sábado e imediatamente vai para a casa de Johnny.

"Vamos, levem-me para pescar com vocês."

David continua insistindo; não desiste. Johnny agora tem um outro *pontoon boat* para uma pessoa. David poderia usar. Assim, Johnny cede e o convida para ir.

Na manhã de sábado, bem cedo, os três homens se encontram fora de Seattle e dirigem durante horas para o sul, pela I-5, virando para leste na Highway 503, em Woodland, Washington. Eles param no posto do Serviço Florestal o tempo suficiente para comprar alguns bilhetes de estacionamento. Johnny conversa com o guarda florestal e pergunta se a North Fork do Lewis River é navegável.

"Oh, sim", diz o guarda, "as pessoas navegam por lá o tempo todo".

Tranqüilizados, os três homens voltam para a estrada.

Dirigindo na direção da nascente do rio para além da Swift Creek Reservoir, pegam o índice geográfico do estado de Washington, com mapas topográficos mostrando todas as estradas de acesso às regiões mais remotas, locais para acampamento, pescaria, rotas por onde remar e coisas assim. Eles abrem na página 34 e procuram o rio.

Sim, lá está ela, a North Fork do Lewis River, com acesso pela Forest Road 90. Eles podem deixar um carro onde a estrada cruza o rio próximo das quedas d'água de Curly Creek. No trecho de rio acima delas, podem ver a figura de uma canoa indicando as viagens de canoa e a pequena figura de um peixe para a pescaria. É isso aí.

Eles deixam um carro em Curly Creek, no local da chegada, e então dirigem por uma estrada sinuosa até um ponto no mapa que parece estar a mais ou menos 9 km rio acima, logo abaixo das Lewis River Falls. É de lá que vão sair.

Por volta do meio-dia, pegam o equipamento no local de partida. Johnny e David voltam para o local da chegada; David deixou o seu molinete no carro. Mike fica no rio para juntar os *pontoon boats*.

Cada barco para uma pessoa consiste de dois *pontoons* infláveis com cerca de 36 cm de diâmetro e 2,5 m de comprimento. Os *pontoons* sustentam uma estrutura de alumínio que carrega um banco, toleteiras e prendedores para os pés. Esse tipo de barco é ideal para descer pequenos rios devido ao seu tamanho modesto, pouco peso e a facilidade para manobrá-lo, permite muita flexibilidade para parar em locais de pescaria.

Com o trabalho terminado e nenhum sinal dos dois companheiros, Mike decide testar as águas. Ele chega próximo ao rio logo abaixo da ponte e atira uma isca seca cor de laranja. Ela flutua e afunda algumas vezes. Em minutos, pesca dois peixes, um após o outro.

É isso o que estou procurando, diz para si mesmo com um sorriso no rosto.

Logo depois Mike, Johnny e David estão descendo o rio naquele que promete ser um formidável dia de julho. O céu está azul e o ar morno. Uma tarde de pescaria e um ótimo território isolado estão à sua frente. Nada pode ser melhor do que isso.

Johnny começa com uma pequena mosca d'água. Logo pesca alguns peixes de mais ou menos 25 cm e os liberta suavemente, colocando-os de volta na água clara e fria.

O rio os carrega para longe da estrada, dentro dos bosques. Os três homens estão concentrados na pescaria.

Em uma curva do rio eles olham para onde a correnteza está indo. A água some de vista entre duas pedras. Isso não estava no programa da TV. Eles encostam os barcos para examinar a queda.

É uma queda d'água de apenas 60 cm a 90 cm, caindo em corredeiras e um outro longo trecho de água tranqüila.

Esse é o preço do ingresso, Mike diz para si caminhando de volta ao barco.

Johnny e David vão primeiro. Mike, por último, alinha-se com a queda. Na base das quedas seus *pontoons* afundam, espirrando água.

Johnny pára logo abaixo das quedas, enquanto os outros dois homens remam até ele. O local para pesca parece promissor. Johnny tem dificuldade para governar a embarcação e pescar ao mesmo tempo na correnteza. De repente, um dos seus remos bate em uma pedra e o barco fica quase em uma posição vertical. Johnny precisa se jogar para o lado que ficou para cima e impedir o barco de virar. Este fica pendurado durante segundos e então endireita, mas o remo de alumínio desaparece.

Guardando seu caniço, Johnny rapidamente rema até um redemoinho com o único remo que restou. Ele gira um pouco, procurando o remo perdido, antes de vê-lo flutuando. Então ele vai atrás do "fugitivo" e a uns 100 m correnteza abaixo o recupera: está torto, parecendo uma letra C.

Quando Johnny alcança os dois companheiros, todos encostam. Johnny tem uma expressão no rosto que faz ambos perguntarem: "O que foi?"

Ele lhes mostra o remo e depois desentortam-no apoiando na margem.

O rio parece ser um pouco mais do que eles esperavam, mas ninguém quer desistir da viagem. Riem dos seus problemas. Mas depois, de quase afundar o próprio barco, Johnny está começando a se preocupar com David.

Eles voltam à pescaria, esperando que o pior tenha passado. Pescam mais alguns peixes, parando sempre que desejam perto das corredeiras.

Em outra curva, a água desaparece novamente sobre uma queda d'água. Mike precisa remar como louco para entrar pelo centro da queda. Ele bate com força, borrifando água, agarrado nos remos e o caniço preso nos dentes.

Pescam em outro trecho, atirando as iscas na água parada atrás das pedras e depois continuam navegando.

Enquanto isso, Mike começa a fazer cálculos. A distância a ser percorrida, de mais ou menos 9 km, que eles avaliaram pelo mapa, parece estar longe do final. O mapa não dava indicações claras sobre o canal sinuoso. Ele acha que a quilometragem pode facilmente ser o dobro do que esperavam, mais ou menos 19 km até o ponto de chegada.

Da sua experiência passada, Mike desenvolveu uma fórmula simples: um quilômetro e meio no rio é igual a uma hora navegando. Ele não prestou muita atenção ao tempo, mas já se passaram pelo menos duas horas desde que eles partiram por volta do meio-dia. Com a nova estimativa, isso significa que eles estão muito longe da metade do caminho.

Quando os dois companheiros chegam perto, fazem uma reunião. Decidem que precisam acelerar o ritmo e Mike elabora uma estratégia.

"Nós vamos pescar apenas dentro dos barcos. Não podemos continuar parando para pescar como temos feito. Vamos prosseguir o mais rápido possível."

O rio não está colaborando. Quando não estão passando sobre uma queda d'água, os barcos estão se movendo aos solavancos sobre as corredeiras rasas. Os três homens freqüentemente são forçados a arrastar os barcos sobre o leito do rio para avançar.

Pouco depois da reunião, Mike está à frente quando chega a uma curva no rio. Um tronco saindo da margem, vai direto para a linha da água, passa pela água profunda e chega à parte rasa. O tronco sobe e desce, ameaçadoramente, enquanto a correnteza principal fica represada na parte do lado da nascente.

Mike tem muito tempo para abrir caminho pela água tranqüila na parte de dentro da curva e encostar o barco. Johnny não está muito atrás e logo ambos estão na parte rasa, examinando as corredeiras abaixo.

Enquanto David se aproxima em seu barco, Mike grita para ele ter cuidado com o tronco.

Antes que os dois homens possam reagir, David é arrastado em direção ao tronco. O seu barco vira, atirando-o no rio. O *pontoon* bate no tronco e segue correnteza abaixo. David fica agarrado à madeira, lutando para manter a cabeça fora da água. Sempre que o tronco balança, ele o solta um pouco e é arrastado para baixo pela força da correnteza.

Nem Mike nem Johnny podem fazer alguma coisa com seus barcos sem se arriscar a ter o mesmo destino. A correnteza está forte, a água gelada e o rio parece muito profundo lá onde ele está preso.

Depois de parar por um segundo, Mike começa a caminhar sem hesitação. Usando o tronco como corrimão, avança até onde David está.

A água chega à cintura de Mike enquanto ele alcança David. Mike fala calmamente com ele.

"Vou esticar o braço sob o tronco. Apenas passe o seu cotovelo pelo meu braço, então solte e afunde a cabeça. Eu vou puxá-lo pelo outro lado."

David solta o tronco e sai agitando as mãos e os pés do outro lado. Em lugar do tronco, agora ele se agarra a Mike. Ambos correm perigo de ser puxados para baixo enquanto David luta para sair do rio e subir nos ombros de Mike. Mike está tentando afastá-lo enquanto grita:

"Fique em pé!"

David está fora de si, congelando na água, lutando para viver.

"Fique em pé!"

Finalmente, ele entende. David abaixa as pernas e descobre que a água tem menos de 1,2 m de profundidade. Mike volta com David para a margem, segurando no tronco.

David perdeu todo o seu equipamento. Seus *waders* foram levados pela correnteza e desapareceram. Seu equipamento de pesca sumiu. Seu barco virado, com os remos, está encravado nas pedras no outro lado do rio. Ele fica na margem, ensopado, usando apenas calças de nylon, uma camiseta e meias brancas de algodão, mas está extremamente feliz por estar vivo.

Os *waders* de Mike estão cheios de água quando ele se inclina para libertar David. Agora está virado de cabeça para baixo na margem, deixando a água escorrer.

Isso não está parecendo bom, pensa Mike olhando para o céu. *Nós estamos no fundo deste cânion, logo vai escurecer e realmente não sabemos a que distância está o local de chegada.*

Eles tinham um mapa, mas o deixaram no carro. Afinal, iam apenas descer o rio. Por que precisariam de um mapa para seguir o rio?

Após se secar e se acalmar, se reúnem na curva do rio. Definitivamente, pescar agora está fora de cogitação. Terão é de remar como loucos para conseguir chegar ao carro antes do anoitecer.

Mike rema pelo rio para recuperar o barco de David. Como todos estão um pouco nervosos depois do incidente, andam pela água sobre o próximo conjunto de corredeiras, puxando os barcos atrás deles. Mike e Johnny estremecem ao ver o jovem escorregando entre as pedras apenas com meias nos pés. Ao chegarem ao próximo trecho de água calma, se lançam na correnteza e começam a remar.

A pouca distância, o rio faz uma curva fechada e a água cai por algumas das piores corredeiras até agora. O rio serpenteia, fazendo ziguezagues e levantando espuma, abrindo caminho entre pedras lisas que detêm o fluxo, formando quedas traiçoeiras.

Ninguém está com vontade de navegar por águas turbulentas. Eles encostam e começam a arrastar os barcos ao lado da margem. David se esforça, caminhando cuidadosamente.

Na metade da caminhada por esse trecho, uma pedra do tamanho de um Volkswagen bloqueia o caminho. Na outra margem, há outra pedra semelhante e o rio se aperta entre os dois monólitos. O único caminho possível para o outro lado da primeira pedra é passar por cima.

Cansados, mas determinados, os homens conseguem subir a pedra lisa. Uma corda é utilizada para puxar os barcos e equipamentos para cima da pedra e descê-los do outro lado.

Mike, o último da fila, tira os seus objetos de valor do barco, amarra uma corda nele e o empurra para a corrente principal, fazendo-o descer ruidosamente entre as pedras. Parece mais fácil do que puxar aquela coisa desajeitada para cima.

Eles se reúnem no final das corredeiras e Mike vai buscar o seu barco batido, mas ainda flutuando. Todas as coisas são colocadas de volta nos barcos e os três homens percorrem um trecho longo e tranqüilo de rio, com um cenário pitoresco, cortando o tipo de campo que a maior parte das pessoas só vê em calendários. Então a água começa a ficar cada vez mais rasa.

O cânion está envolto em sombras quando eles chegam à próxima curva no rio. Há muito o sol se foi. O rio desaparece um pouco à frente, desaguando em outro cânion.

Johnny e Mike puxam os barcos para a margem e caminham pelo rio para examinar o caminho. O rio estreita rapidamente, ficando com cerca de um terço da sua largura enquanto faz barulho, entrando em outra garganta. Dessa vez as pedras são do tamanho de ônibus. Então o rio faz outra curva e eles não conseguem ver mais nada.

Mike fala primeiro e Johnny concorda: "Isso não é bom". Enquanto ainda há luz, precisam juntar tudo o que têm e montar um acampamento para passarem a noite.

De volta ao trecho calmo de água, os três homens puxam os barcos até um local mais elevado, seco e protegido pelos galhos de uma árvore. Pouco depois, já juntaram bastante madeira para fazer uma fogueira.

Johnny prepara o seu fogareiro de butano e começa a cozinhar pimentões em uma panela de ferro fundido. Mike pega fósforos para fazer uma fogueira. Depois de acender o fogo, penduram as roupas de David sobre as chamas, para secar. Mike tem um filtro de água e começa a encher novamente as garrafas. Os salgadinhos e a carne seca que guardou também ajudam a complementar o cardápio.

Nessa noite, ao lado do rio, a escuridão é total, envolvendo os homens quando eles se juntam em volta da fogueira. Johnny está preocupado; sua esposa o espera de volta. E Mike não vai encontrar a namorada na festa.

Embora seja julho, o ar da noite está gelado. Eles estão apenas com camisetas e *waders*. David está com seu suéter de nylon e uma camiseta de mangas longas emprestada por Mike. Suas camas são a terra e o musgo, travesseiros – mas ninguém se queixa.

Mike permanece acordado o tempo suficiente para admirar uma lua quase cheia. Johnny e David passam uma longa noite tremendo e alimentando o fogo.

Logo após o amanhecer do domingo, os homens discutem o próximo movimento. Têm três opções: podem voltar para o rio e terminar a descida; podem caminhar para cima e encontrar a Forest Road 90; ou podem procurar uma trilha ao longo do rio.

Ninguém está preparado para uma tentativa nas corredeiras abaixo do acampamento. Procurar uma trilha parece ser o melhor. Mike vira algumas pessoas perto do rio ontem, indicando que pode haver uma trilha. Assim, cruza o rio para até a margem norte e demora um pouco para encontrar um caminho para cima, mas depois que está acima do rio, rapidamente encontra uma trilha bem batida paralela à correnteza.

Ele volta ao acampamento com as boas notícias. Agora eles só precisam descobrir de que maneira puxar todo o equipamento para a trilha.

O primeiro plano de ação é acabar com toda a comida; assim, não precisarão carregá-la.

Quando o café da manhã termina, Mike e Johnny procuram um caminho que lhes permita puxar os barcos para cima, até a trilha. Avaliando que estão mais ou menos na metade do caminho entre os dois carros, é uma questão de tirar cara ou coroa para decidir em que direção seguir. Para baixo parece mais fácil: assim examinam a trilha que acompanha a correnteza. Essa também é uma oportunidade para ver se as corredeiras localizados mais abaixo podem ser um problema.

Visto de cima, o rio não parece tão ruim depois das enormes pedras que os impediram de continuar ontem.

Talvez essas sejam as últimas, pensam.

A água está tranqüila e a correnteza parece mais lenta. Eles continuam caminhando até um ponto na trilha de onde podem enxergar melhor a extensão do rio.

A água calma corre entre penhascos muito escarpados, até se acumular e fazer um grande barulho enquanto escoa em baixo de um enorme aglomerado de troncos obstruindo totalmente o cânion. Um *pontoon boat* seria sugado e atirado entre os troncos como uma caneca de metal dentro de um compressor de lixo. O ocupante teria apenas segundos para reagir antes de ser puxado e jogado em algum lugar na peneira de árvores abaixo da superfície.

Se eles tivessem abusado da sorte na noite anterior e continuado a descer o rio, não teriam escapado.

É uma visão preocupante. Se tinham qualquer dúvida a respeito de como sair dali, nesse momento ela desapareceu. A trilha parece ótima, está seca e a probabilidade de se afogarem aqui em cima é muito pequena.

De volta ao acampamento, começam a guardar o equipamento para partir. O barco de Mike ficou danificado ontem. Quando ele o puxou para fora da água, descobriu que a estrutura de alumínio estava rachada, mas pode comprar uma nova por 300 dólares quando voltar, ou carregar sucata pelo resto do dia. O barco é colocado sob uma árvore e fora de vista, juntamente com a panela de ferro de Johnny e a âncora que ele gosta de usar para parar no meio do rio.

Resolvem, então, esvaziar um dos barcos e colocam a estrutura e os *pontoons* em cima do outro barco. A seguir, constroem nas duas extremidades do barco dois suportes entre os *pontoons*. Fica parecido com um riquixá, com um homem em cada extremidade.

O restante do equipamento volta para a caixa impermeável que estava sendo carregada pelo barco de Johnny. David se oferece para carregá-la.

Caminhando por um trecho raso de água, eles sobem a margem. Mike e Johnny tropeçam e suam na subida, puxando e empurrando os barcos entre moitas e pedras e vestindo apenas *waders* e *wading shoes*. Equilibrando a caixa na cabeça, David os segue só de meias, pisando cautelosamente.

Quando chegam à trilha que acompanha a correnteza, eles realmente não sabem a que distância se encontram do estacionamento. A trilha é boa para caminhar, principalmente sobre terra e agulhas de pinheiro, mas é estreita. É difícil manobrar dois barcos de 18 kg mais o equipamento de pesca entre as árvores. Johnny ainda está preocupado com a esposa, que, sem dúvida, já está preocupada com ele.

Mike logo fica cansado com todo o esforço físico. Ele pede que façam uma parada para tirar seus *waders* e transformar a sua camiseta em uma corda. Então, partem novamente, com Mike descendo a trilha em uma extremidade do *pontoons*, usando apenas *wading shoes* e calções enquanto o vapor sai do seu corpo no frio ar da manhã.

O dia se transforma em uma longa e estafante caminhada, seguindo a trilha pela antiga floresta. De vez em quando a trilha volta para o rio, mas eles permanecem em terra seca. David continua se esforçando, nunca se queixando, as meias agora pretas de lama.

Mais tarde encontram algumas pessoas acampando próximo da trilha e a julgar pela quantidade de equipamento que elas têm, o início da trilha deve estar perto. Mas descobrem que ainda faltam 3,5 km para o estacionamento. Um dos homens empresta um par de sandálias para David.

"Deixe-as em meu caminhão no início da trilha."

Finalmente, quase 4 horas após iniciarem a caminhada, os homens chegam ao estacionamento onde deixaram um dos carros na manhã anterior. Momentos depois, enquanto sentam no carro, exaustos, um veículo do serviço florestal encosta e o guarda florestal abre a janela.

"Vocês são os caras que têm um Ford Explorer preto no alto do morro?"

"Sim, somos nós", Johnny responde.

"A sua esposa telefonou", diz o guarda florestal. "Ela realmente está preocupada com você. Se importaria de ligar para ela e lhe dizer que ainda está vivo?"

Os homens, cansados, vão para casa. Alguns dias passam antes que Mike consiga convencer a namorada de que ele não se esquivou propositalmente da festa.

David ainda é vizinho de Johnny, mas ainda não pediu para Johnny levá-lo em outra pescaria.

Quanto ao rio e seus desafios inesperados, a maior parte da pescaria e da navegação normalmente acontecem no trecho abaixo do local de chegada pretendido pelos três homens – não acima dele. O ponto onde Mike, Johnny e David planejaram terminar a descida pelo rio é o ponto onde a maioria das pessoas começa e a partir dali pode-se percorrer alguns quilômetros de águas calmas até o Swift Creek Reservoir. Algumas vezes, mesmo com as melhores intenções, os mapas são imprecisos, a televisão não mostra tudo e os moradores locais não dão as melhores informações.

Quando amanheceu em seu segundo dia perdido, ele sai de baixo do toco de árvore com um plano.

10. Três noites até Bullwinkle

Bob Wells morou em Juneau quando era mais jovem e tinha uma irmã com o mesmo nome da capital do estado do Alasca, seu lar. Ele veio com a namorada e uma de suas amigas para uma visita no final do verão. Um dia, os três decidiram escalar a Perseverance Trail, logo atrás da cidade, subindo pelo Gold Creek até a Granite Creek Basin.

É um daqueles dias claros, quando as montanhas parecem estar ao alcance das mãos. O ar é puro nos pulmões de Bob. Ele esteve tempo demais longe do Alasca e agora sente necessidade de recuperar o tempo perdido.

"Cara, este lugar é lindo", grita enquanto caminham pela trilha.

Quando finalmente param para descansar, lá na Granite Basin, ele examina o guia do Serviço Florestal em busca das trilhas ao redor de Juneau. Se eles subirem e seguirem a cordilheira para o norte, a trilha faz uma volta e podem retornar ao início dela, abaixo da Mount Juneau Trail.

Sua namorada e a amiga não querem participar. "Foi uma longa e grande caminhada até aqui", diz uma delas. "Já está bom".

Mas Bob está com a febre da montanha e não consegue abandonar a idéia. A vista do topo do Mount Juneau será espetacular nesse dia claro e ensolarado.

Finalmente, chegam a um acordo: "Tudo bem, tudo bem, continue sozinho. Nós nos encontramos mais tarde".

Ele avalia quanto tempo levará e pede para elas o encontrarem no começo da trilha entre 20 e 21 horas. Os longos dias de verão aqui no norte proporcionarão bastante luz para encontrar o caminho.

Eles se separam e as duas mulheres voltam a descer para a Perseverance Trail, seguindo o Gold Creek de volta para Juneau.

Meia hora depois de deixar as companheiras, Bob está chegando ao topo da cordilheira quando surge uma neblina que oculta as montanhas adjacentes. Bob está familiarizado com o terreno devido aos anos que morou em Juneau, e ainda espera que o tempo clareie; assim resolve procurar uma trilha e começa a caminhar na direção do Mount Juneau.

O caminho serpenteia por uma paisagem alpina envolta pela neblina, composta de pequenas campinas e de cascalho. Em um esforço para evocar pontos de referência reconhecíveis das suas lembranças de infância, Bob lembra de um grande recipiente de metal que foi deixado no topo do Mount Juneau há alguns anos. Ele não deixaria de vê-lo, mesmo com a cerração.

Mais ou menos uma hora se passa enquanto Bob atravessa aquela região elevada. A neblina não desaparece. Finalmente, ele chega a um cume rochoso, mas não consegue ver quase nada, apenas uma encosta coberta por neblina.

As coisas não estão parecendo certas. Ele não encontrou o recipiente de metal que deveria estar em algum lugar por ali. E não há sinal de uma trilha para descer a montanha. Sem conhecer o caminho, Bob decide que seria melhor voltar e seguir por onde veio.

Enquanto caminha de volta, descendo do cume, a neblina diminui em alguns lugares e ele pode ver um vale ao norte. Reconhece o Salmon Creek Reservoir, exatamente onde deveria estar. Talvez pudesse ir até lá. Há uma trilha que vai até a bacia e que o levará de volta a Juneau, não ao início da trilha que ele deixou essa manhã, mas pelo menos poderá chegar à cidade.

Não, decide, *fica muito fora do caminho. Além disso, seria uma longa viagem por regiões afastadas, por uma encosta desconhecida e íngreme*. Ele permanece na crista, seguindo seus passos de volta.

Em determinado momento, a neblina diminui pela segunda vez. Finalmente Bob reconhece um ponto de referência. Lá embaixo vê a grande rocha pela qual passou mais cedo enquanto subia da Granite Basin.

Ele estava ficando preocupado. Agora, vendo a rocha, se orienta. O caminho por Granite Creek, de volta à Perseverance Trail, está logo abaixo. Ele deve conseguir chegar ao início da trilha com tempo de sobra. Bob começa a descer da cordilheira, saindo da neblina.

A namorada de Bob e sua amiga fazem uma agradável caminhada de volta. Pegando o carro, elas passam algumas horas na cidade. A tarde acaba e às 20h voltam ao início da trilha. Não há sinal de Bob.

São 21h e ele não aparece.

O tempo estava muito bom no começo do dia, mas agora há nuvens e a chuva não deve demorar. Elas esperam e esperam.

Quando o relógio bate meia-noite e ele ainda não apareceu, elas chamam a polícia.

"Ele deveria nos encontrar", dizem. "Nós esperamos algumas horas depois da hora marcada. Aconteceu alguma coisa".

No dia seguinte, a busca começa, enquanto as pessoas do Juneau Search and Rescue e do Southeast Alaska Dogs Organized for Ground Search (Seadogs) saem. O tempo está nublado e a temperatura não colabora: não podem subir até a montanha com os helicópteros.

Não é uma grande busca, mas um esforço considerável para um primeiro dia. Com o acréscimo de alguns soldados do estado do Alasca, há dez ou doze pessoas procurando Bob.

Eles não encontram nenhuma pegada. Não encontram nada. Naquela noite, os soldados chamam todas as equipes de busca.

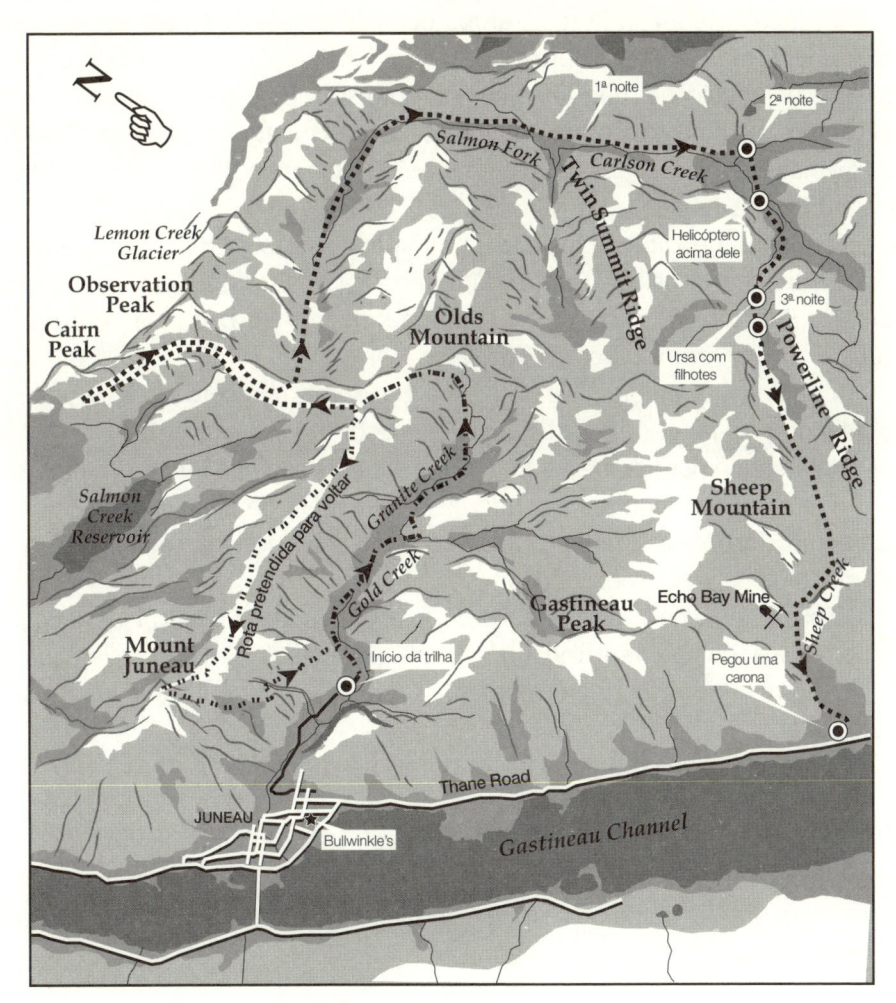

Há um caminhante desaparecido há mais ou menos 24 horas. Não tem equipamento para enfrentar a chuva, nem muita comida. Ele tem uma pequena mochila. Talvez com um sanduíche, uma garrafa de água. Quando foi visto pela última vez, estava de jeans e suéter de algodão.

No segundo dia há uma enorme busca. O Alpine Club, Juneau Mountain Rescue, Juneau Search and Rescue, Seadogs, Patrulha Aérea Civil, Guarda Nacional, Serviço Florestal e a Guarda Costeira juntam seus esforços. Algumas pessoas se apresentam como voluntárias.

O Mount Juneau abrange um grande território e a área de busca se espalha ao longo de toda a cordilheira que conduz de volta à Granite Basin. O helicóptero da Guarda Costeira examina o terreno com um aparelho de raios infravermelhos durante grande parte da noite. A Guarda Nacional está voando em um helicóptero Blackhawk. Uma companhia local de turismo, Temsco, tem um helicóptero no ar.

O Juneau Mountain Rescue, grupo que faz resgates, tem um vôo programado. Eles serão deixados sobre a crista entre o Mount Olds e o Mount Juneau, em uma depressão na montanha com largura suficiente para o pouso de um helicóptero, bem na área onde Bob teria saído da Granite Creek Basin. Eles vão se espalhar e verificar todos os locais prováveis, examinando a rota da cordilheira até o Mount Juneau.

Enquanto a equipe de resgate em montanhas está voando, seu líder olha para a paisagem e pensa: *Para onde foi esse cara? Está aqui em cima e está perdido. Está fora há duas noites e um dia inteiro. Ele não está com muita roupa. Pode ter morrido de hipotermia.*

Seguindo um palpite, ele se inclina e diz para o piloto do helicóptero, apontando pela janela: "Por que você não desce até esse riacho?"

Um homem perdido nessa área provavelmente seguiria um dos muitos riachos que saem das montanhas, indo até a passagem de água salgada conhecida como Gastineau Channel. Chegando ao canal, poderia seguir a estrada pavimentada de volta para Juneau.

O piloto desce pela parte de baixo da cordilheira e segue o percurso das águas do riacho, voando baixo e devagar por alguns quilômetros. Eles não vêem nada.

O homem do resgate em montanhas quer dar uma outra olhada. "Você pode voltar?"

"Você sabe que eu preciso pegar outras pessoas para essa busca", o piloto responde. "Eu preciso ir embora".

Assim, o piloto manobra o helicóptero vermelho e branco, ganhando altitude rapidamente, se dirigindo para o norte em uma rota mais direta de volta à área de busca. A equipe de resgate é deixada na crista e o helicóptero vai buscar mais pessoas.

Quando o sol se põe no segundo dia, ainda não há nenhum resultado. Não foi encontrada nenhuma pista do homem desaparecido.

No terceiro dia, a operação continua. Todos ainda estão procurando e os helicópteros ainda estão voando, mas não conseguem encontrar Bob.

Naquela noite, os coordenadores da busca se reúnem em uma grande sala de um restaurante em Juneau. Um soldado conduz a reunião. Mapas e gráficos aéreos são apresentados e toda a equipe de busca se reúne. É uma sessão intensa, revendo os locais onde as pessoas procuraram. Cada equipe mostra as suas áreas de busca nas buscas aéreas.

Todos estão ajudando, falando, mas ninguém consegue entender.

O que aconteceu com esse cara? Ele simplesmente desapareceu. É como se alienígenas tivessem descido do céu, levando-o embora. As equipes de busca vasculharam a área encontraram cada copo e garrafa de cerveja deixados na montanha. Mas nenhum sinal do homem desaparecido.

Um membro do grupo de resgate em montanhas pergunta ao soldado: "Esse cara tem uma apólice de seguro ou coisa parecida? Para onde ele foi? Ou ele caiu em um rio e se afogou ou está no poço de uma mina em algum lugar".

Toda a área foi examinada com o aparelho de raios infravermelhos do helicóptero da Guarda Costeira. Uma pessoa desaparecida teria surgido como um ponto de calor distinto, mesmo se não pudesse ser vista abaixo da copa das árvores. O guarda florestal que estava manobrando o aparelho está lá como testemunha e ele examinou tudo.

"Sim, agora eu sei onde todos os cervos estão se escondendo."

Ele viu ursos também, mas nenhum homem perdido.

Eles param um minuto para considerar o fator urso, mas mesmo se Bob tivesse sido ferido por um urso, alguma coisa restaria.

Há uma face íngreme lá na cordilheira. Talvez ele tenha caído de lá.

Todos sabem o que o soldado está fazendo. A busca continuou durante três dias sem ninguém encontrar sinais do homem. O soldado certifica-se de que tudo foi abrangido. Há algo mais que eles possam fazer?

Eles discutem outras possibilidades. Alguém conta a história de um caçador dado como perdido fora de Sitka há pouco tempo. A busca durou alguns dias. As equipes encontravam sinais de que o homem desaparecido estava na área, mas não conseguiam encontrá-lo. Dizem que, provavelmente, o caçador, embora perdido, não ia deixar que o encontrassem porque o grupo de busca era formado de mulheres e ele era muito machista para ser resgatado por um bando de mulheres.

"Esse sujeito não é assim", diz o homem do resgate em montanhas, e um murmúrio percorre a sala, ecoando os pensamentos de muitos deles. *Oh, cara, por quanto tempo teremos de procurar e até onde iremos?*

Então uma garçonete entra na sala e chama a atenção do soldado.

"Há um telefonema para você."

O soldado deixa a sala. Ele saiu há alguns minutos e todos estão conversando em grupos separados.

O líder dos Seadogs também é chamado. A sala está agitada com a curiosidade: "O que está acontecendo? Alguma coisa está acontecendo".

Depois de finalmente avistar a rota de volta para a Granite Creek Basin, Bob começa a descer e a sair da neblina. Ele desce rápido, observando onde coloca os pés, caminhando em volta de pedras e do aglomerado formado por árvores cobertas de mato. Só quando termina de descer é que percebe que a grande pedra que estava usando como ponto de referência não era aquela da qual se lembrava. Olhando em volta, fica óbvio que não está na Granite Creek Basin.

Sem problemas, pensa. *Todas essas concavidades vão dar no local onde começamos a caminhada essa manhã na área de Perseverance. Vou continuar descendo, encontrar a trilha lá embaixo em algum lugar e segui-la de volta para o seu início.*

Assim, continua descendo cada vez mais. As árvores começam a ficar maiores e as copas se fecham acima da sua cabeça. Logo, a densa vegetação rasteira força Bob a seguir o único caminho que ele consegue encontrar: trilhas batidas no meio do matagal, usadas pelos muitos ursos que perambulam por esse vale escarpado.

O único sinal de presença humana que encontra é um velho marcador de posse numerado, uma estaca branca projetando-se no meio do verde. Uma garoa fria está caindo do céu.

Mais tarde, avançando entre os galhos pendentes numa das trilhas de ursos, pisa em alguma coisa. Olhando para baixo, vê que seu pé afundou em uma enorme pilha de esterco, coberta de amoras.

Um arrepio percorre a sua espinha. Que ele saiba, no sudeste do Alasca a maior parte dos grandes ursos pardos, a versão local de um feroz urso norte-americano, está nas ilhas. Ele lembra de alguns locais no continente que eles costumam freqüentar. Pelo tamanho da pilha, esse pode ser um deles.

Agora, com os sentidos alertas, continua a descer para o vale.

Quando a luz começa a diminuir, Bob está ao lado de um rio que não reconhece, no meio de uma floresta que não conhece. Seu guia do Serviço Florestal é inútil. Só mostra partes do mapa que seguem as trilhas atrás da cidade de Juneau. Nada é mostrado das áreas circundantes.

A garoa se transformou em uma chuva constante. A laranja e a metade de um sanduíche há muito acabaram. Há pouca coisa em sua mochila que possa ajudá-lo.

O isqueiro descartável está molhado devido à umidade do ar, e não acende – não que exista qualquer coisa seca em volta que ele possa usar para fazer uma fogueira. Suas roupas, calças de brim e um pulôver de poliéster com capuz, estão ensopados.

Além desses problemas, os mosquitos são implacáveis. Quando cai a noite, Bob se enrosca em um local abrigado na margem do rio, coloca o capuz e tenta dormir.

Ele fica lá a noite inteira, dormindo pouco, e sempre tremendo. Sua mente está cheia de pensamentos sobre ursos famintos seguindo o seu rastro pela floresta. Na escuridão, sua audição torna-se muito sensível. Os sons de fundo são um coro de águas. Quedas d'água, rios, riachos, regatos e gotas de chuva, milhares de galões de água, caindo das montanhas até o vale.

Além desses ruídos naturais, de vez em quando ouve o som de estalos ou batidas vindos de algum lugar próximo. Ele se esforça para escutar, tentando descobrir de onde vem o som. Seus olhos estão bem abertos na escuridão, procurando algum movimento ou qualquer sinal de alguma coisa vindo para pegá-lo.

A luz do amanhecer é um enorme alívio. Bob levanta e se estica para aliviar a tensão do corpo. Caminhando na direção do estranho som que ouviu durante a noite, encontra um lago com castores. O que achou que poderia ser um urso se aproximando era simplesmente um castor batendo a cauda contra a água.

Bob não tem dúvida de que está perdido. É tremendamente embaraçoso, mas talvez as pessoas estão procurando por ele agora. Decide então que seria melhor sair para o campo aberto onde pode ser visto, e esperar.

Não muito longe, encontra um banco de areia em um local amplo no rio, onde as árvores estão espalhadas. Bob pega uma vareta e desenha uma grande flecha na areia para servir de sinal para os aviões ou helicópteros. A garoa continua, mas desde que prossiga se movimentando ele pode se manter relativamente aquecido.

Logo depois vê o primeiro helicóptero. No decorrer do dia avista cerca de treze helicópteros. O problema é que eles são simplesmente operadores comerciais transportando passageiros pelo Gastineau Channel até Taku Lodge ou algum outro destino de turistas.

Esses helicópteros estão voando abaixo das nuvens a 45 m ou 60 m de altitude – muito longe para enxergar o banco de areia ou a flecha.

Bob acena com os braços sempre que vê um helicóptero. Mas mesmo se as pessoas a bordo estivessem olhando diretamente para ele, daquela distância, seria apenas um ponto na floresta, misturando-se à paisagem com seu pulôver verde escuro.

Quando chega a noite novamente, encontra um toco de árvore e se arrasta para baixo dele para sair da chuva. Os tremores o mantêm acordado. Cada sombra lançada por cada arbusto parece se mexer, imitando um grande carnívoro pronto para agarrá-lo.

Quando amanhece o segundo dia perdido, Bob elabora um plano.

Ontem observou helicópteros seguirem a mesma rota o dia inteiro. Todos eles saem do heliporto nos arredores de Juneau. Se ele seguir a rota dos helicópteros ao contrário, sairá direto na cidade.

Bob avança pelo vale, em uma linha que irá cruzar o distante corredor de vôo. O rio oferece um caminho de menor resistência por um amplo vale cheio de lagos com castores.

As primeiras horas passam monotonamente até Bob chegar a outro banco de areia. Sem aviso, um helicóptero surge de repente quase diretamente acima da sua cabeça e a cerca de 150 m.

Bob rasga a camiseta e acena com ela, gritando. O helicóptero vermelho e branco está bem acima dele. De repente, ele vira, ganhando altitude rapidamente, e vai para o norte até desaparecer de vista.

Ele aguarda com esperança. O helicóptero não retorna.

Colocando a camisa sobre a cabeça, Bob começa a andar novamente para as montanhas a oeste, sobre as quais os helicópteros de turistas estavam voando.

Ele passa um dia longo e exaustivo caminhando pelo vale e depois subindo a encosta da montanha na direção que, espera, o leve para Juneau. De vez em quando encontra amoras para comer, mas é o final da estação e elas são escassas.

Abrindo caminho no matagal por outros túneis de ursos, lhe ocorre que qualquer urso que encontrar pode ficar um pouco zangado por ter de dividir as amoras que restaram. Ele evita qualquer encontro e, por sorte, no alto da montanha, ele sai dos caminhos claustrofóbicos e entra em uma campina.

Assim que senta em uma pedra para descansar, avista uma ursa com dois filhotes a pouca distância.

Bob começa a se afastar devagar, esperando escapar sem um confronto. Assim que a ursa percebe o movimento, some rapidamente, com os dois filhotes atrás.

A cena o faz rir: finalmente alguma coisa para rir. Que alívio notar que aqueles eram ursos pretos, em geral muito menos perigosos para os humanos do que os ursos pardos que estava temendo encontrar.

Com o sol se pondo na terceira noite ao ar livre, a campina parece um lugar tão bom quanto qualquer outro para dormir. Ele fica embaixo de uma pedra para se abrigar. A chuva cai a noite inteira.

Pela manhã, Bob continua caminhando para o oeste. Um joelho começa a incomodá-lo depois de descer um penhasco, mas não há nada a fazer a não ser continuar andando.

Após cruzar um vale alto, plano, ele sobe em outra crista. Finalmente, reconhece a paisagem. O Gastineau Channel está visível, a apenas alguns quilômetros.

Bob pode ouvir uma turma trabalhando logo abaixo, naquilo que pode ver claramente que é o vale de Sheep Creek. A turma não está visível do local onde se encontra, mas o som de homens e ferramentas é filtrado até a crista. *Deve ser a Echo Bay Mine, e esses são os caras que podem me dar uma carona de volta.*

O último obstáculo entre Bob e a civilização é uma encosta verdejante coberta de vegetação. Sem hesitar, começa a descer o declive. Descer por ali é como enfrentar ombro a ombro um exército de plantas pontiagudas reforçadas por regimentos de galhos de amieiro entrelaçados, que o mantém encurralado, quase o empurrando de volta, enquanto os espinhos rasgam as suas roupas, a sua pele e o seu rosto. Seus pés procuram apoio cegamente quando ele não consegue ver o chão.

Arranhado, exausto e ensopado, Bob finalmente chega ao fundo do vale, cruza uma correnteza e sai na Sheep Creek Trail. Quando chega na mina, tudo está trancado e a turma já foi embora.

O soldado e o líder dos Seadogs estão fora da reunião há apenas alguns minutos. Quando eles voltam, não dizem nada.

"O que está acontecendo?" todos querem saber. "Sobre o que era esse telefonema?"

O soldado hesita. "Eu não sei se já posso dizer. Temos algo que precisamos verificar".

"Bem, o quê?"

"Eu realmente não quero dizer. Nós recebemos muitos telefonemas estranhos. Um cara acabou de ligar da cidade de Bullwinkle e disse: 'Meu nome é Bob e eu estou com fome, com frio e cansado.'"

"O quê? Ele está em Bullwinkle? Impossível!" é a resposta.

Bob fica na mina, os pés o matando, sua esperança de conseguir uma carona com a turma, frustrada. Ele considera a idéia de arrombar o escritório da mina para usar o telefone.

"Ao inferno com tudo isso. Eu cheguei até aqui."

Ele começa a andar.

Em pouco mais de uma hora, Bob chega com dificuldade em Thane Rode, perto do Gastineau Channel, a mais ou menos 6 km ao sul de Juneau.

Está sujo, ensopado, esfarrapado. Seu cabelo está caído no rosto e é sua única defesa contra os mosquitos. Em pé, à beira da estrada, está acenando com os braços, tentando fazer um carro parar.

O motorista do ônibus de turismo não pára. Entretanto, logo depois, um carro pára. Quando Bob abre a porta, o jovem na direção coloca uma capa sobre o assento para Bob não ensopar o estofamento.

"O que aconteceu com você?", ele pergunta.

"Eu sai para caminhar", Bob responde. "Eu me perdi, fiquei fora durante alguns dias. Preciso encontrar um telefone".

"Hei, você é o cara que eles estão procurando há três dias!"

"É?"

"É sim, eles estão fazendo uma busca enorme à sua procura."

E aponta pela janela: "Eles estão todos lá em cima. O que você está fazendo aqui?"

Tudo o que Bob consegue dizer é: "Cara, minha namorada vai ficar brava, minha irmã vai me matar e assim que os policiais me pegarem vão querer saber tudo. Estou morrendo de fome. Preciso encontrar um telefone e avisar todo mundo que estou bem".

O jovem lhe dá uma carona para Juneau, mas eles não conseguem encontrar um telefone público. Finalmente, o motorista lembra.

"Há um telefone público na Bullwinkle's Pizza."

Assim, eles vão para lá. Bob entra e o cozinheiro está bem ali.

"Uau, você parece bem assustado. Está ajudando a procurar o homem desaparecido?"

"Não", Bob responde enquanto tira uma nota encharcada de vinte dólares do seu bolso. "*Eu* sou o homem desaparecido. Olha, faça uma pizza para mim".

Ele encontra o telefone e liga para a casa da irmã. Ninguém atende.

Ele faz outros telefonemas. Ninguém atende.

É claro, lhe ocorre, *todos estão me procurando*.

Finalmente, Bob consegue falar com um soldado que lhe diz para esperar. Nesse momento a sua pizza chega. Ele desliga o telefone e devora metade da pizza enquanto espera. Seu estômago encolheu demais para comer a outra metade.

O soldado, liderando a reunião, finalmente pede para todos se calarem após a notícia de que o objeto da sua busca pode estar em Bullwinkle.

"Estamos pedindo para o Departamento de Polícia de Juneau para verificar isso porque sempre recebemos telefonemas estranhos, vocês sabem. Há muitas pessoas malucas por aí."

Todos sentam irrequietos em seus assentos. Dez minutos depois um homem entra para avisar que a notícia foi confirmada. Eles já têm a identidade do cara em Bullwinkle. É Bob, e ele está bem.

Todos se olham, como se estivessem dizendo: *Você deve estar brincando*. Então a sala rompe em aplausos e cumprimentos, pessoas pulando. Mas todos estão imaginando como isso aconteceu.

Algumas noites depois, Bob reúne todas as pessoas que o procuravam em uma sala de aula na escola local – a sala onde sua irmã dá aulas. Naturalmente, ele pede pizza de Bullwinkle para todos. Então, pega alguns mapas e conta a história de como saiu do lado errado da montanha, longe da rota pretendida. Enquanto a busca se concentrou onde disse que estaria, Bob estava caminhando quase na direção oposta.

É por isso que, quando os soldados estavam no topo cancelando a busca ou aumentando os esforços, Bob apareceu a alguns quarteirões perto da pizzaria.

> Quando as chamas se separam por um breve momento, os homens correm por entre a fumaça na direção do som de vozes.

11. Salvos pelo gongo

Foi um ótimo ano para os incêndios florestais no Oeste. A brigada de incêndio do posto de treinamento aéreo em Missoula, Montana, quebrou recordes de saltos de pára-quedas, número de incêndios enfrentados e muitas outras coisas durante aquele verão. Era um vôo atrás do outro.

Sendo uma guarda avançada, a brigada de incêndio desempenha um importante papel no controle aéreo de incêndios. Enviados sem nenhum aviso, saltam de pára-quedas em pequenos incêndios, longe de qualquer estrada, e os apagam rapidamente. Raramente a tarefa dura mais do que alguns dias. Eles terminam o trabalho, vão embora a pé ou são recolhidos e retornam à base para a próxima missão. Em uma estação agitada, previnem os incêndios menores, enviando as tropas terrestres para as grandes batalhas.

O chamado do dia 4 de agosto não começou de maneira diferente de qualquer outro. A temperatura no aeroporto naquela manhã é superior a 37 °C. Um DC-2 com doze pára-quedistas parte de Missoula.

É um grupo unido. Apenas as pessoas que realmente desejam ser pára-quedistas conseguem terminar o treinamento. A maioria se conhece da universidade em Missoula e termina os estudos graças ao trabalho combatendo incêndios durante o verão.

O chefe, Fred, é bombeiro veterano e empregado em tempo integral do Serviço Florestal. Poucas coisas perturbam o seu foco na linha de fogo. Em sua mente, a segurança da sua equipe vem em primeiro lugar.

Darrel voltou a saltar após uma pausa de quase dez anos. Esse ano, não foi chamado para o seu trabalho temporário no Serviço Florestal, inspecionando estradas. Com esposa e seis filhos, utiliza bem o rendimento do seu trabalho durante verão para o Serviço Florestal, que é um complemento bem-vindo ao salário que ganha como professor. Darrel ficou imaginando se ainda poderia saltar. Que agradável surpresa descobrir que os pára-quedas melhoraram muito, com um velame maior para uma aterrissagem mais suave.

Tom salta apenas há um ano, não por falta de tentar. Como colega de quarto de Fred na universidade, ele se dedicou durante diversas estações e passou em todas as provas, menos no exame de vista. Após alguns anos no exército, voltou a Missoula e encontrou um novo diretor na base da brigada de incêndio que não tinha conhecimento dos seus problemas de visão. Tom conseguiu uma cópia do quadro para o exame de vista, decorou as linhas e passou.

O incêndio que eles vão combater foi desencadeado por um raio. A queimada acontece num labirinto sem estradas, um território acidentado, espalhado na fronteira entre Idaho e Montana, na Selway-Bitterroot Wilderness. Oito pára-quedistas de Grangeville, Idaho, já estão em solo, transportados às 8h da manhã por um Ford Tri-motor.

Por volta do meio-dia, o DC-2 com a equipe de Missoula circula sobre a área de pouso. Fred trabalha com o piloto e com um observador tentando determinar uma zona de aterrissagem para os pára-quedistas. O carregamento de ferramentas de combate a incêndio será jogado próximo ao fogo. O ar está calmo, o céu claro.

Abaixo deles, o incêndio ondula como um cobertor de fumaça pelas elevações mais altas de uma cordilheira que desce do lado norte do Freeman Peak, com 7.298 pés. O incêndio é pequeno, alguns acres, queimando no solo e subindo até uma zona de pouso escavada fora da floresta no topo das montanhas a cerca de 7 mil pés. As chamas, principalmente no lado oeste da montanha, ameaçam se espalhar para duas bacias logo abaixo do cume.

O salto é suave. O carregamento cai exatamente no lugar.

Agora, com a força combinada de vinte homens, Fred envia cinco deles para trabalhar no flanco oriental ao longo de um promontório rochoso logo acima da crista da cordilheira. Os outros quinze começam a trabalhar no fogo principal abrindo uma linha de fogo na cordilheira e depois ao sul, ao longo do flanco ocidental.

O plano é cercar o fogo enquanto ainda é pequeno. Bombas de borato serão utilizadas para retardá-lo e ajudar a combater as chamas. Então os homens vão atacar os focos restantes, separar o principal e extinguir as labaredas.

Durante uma hora e meia a equipe trabalha na beira do fogo. Eles podam o matagal, tiram do caminho materiais inflamáveis, cavam o solo mineral com suas Pulaskis, metade enxadas e metade machados. A faixa de terra nua que abrem impede que o fogo se espalhe. Alguns dos homens têm poderosos serrotes para cortar árvores caídas. É um trabalho duro, cansativo, sob um sol causticante de agosto. O ar quente queima as gargantas secas.

Uma semana antes, ganharam camisetas experimentais, um novo equipamento para a brigada de incêndio do Serviço Florestal. O tecido brilhante, cor de laranja, é duro, recheado com algum tipo de material para retardar o fogo e não é arejado como as camisetas que eles vestem habitualmente. Ninguém se queixa. Quando você trabalha para pagar as contas, uma camiseta grátis é uma camiseta grátis.

Enquanto a linha se estende até a cordilheira e os quinze homens sobem mais e mais, Fred chama Tom de lado e lhe diz para ficar atrás e observar a extremidade final da linha. Não podem correr o risco de o fogo avançar pela linha e começar a queimar abaixo e atrás deles.

A brisa que começa por volta das 14h30 nessa tarde seria uma benção na maioria dos dias de verão, mas para aqueles que combatem o incêndio significa problemas. O vento libera oxigênio, alimentando e espalhando as chamas. Olhando para cima podem ver a beira principal do fogo começar a avançando rapidamente na direção do Freeman Peak.

A oportunidade para cercar as labaredas está escapando. Tudo o que podem fazer agora é lutar para impedir que a linha de fogo que abriram se perca, e trabalhar para impedir que quaisquer novas chamas surjam atrás deles.

Enquanto as labaredas aumentam, um foco surge na encosta atrás. Num rápido esforço, a linha de fogo é reajustada e o equipamento pessoal dos homens é levado para uma área rochosa e inclinada, longe das chamas.

Uma hora se passa e o melhor que podem fazer é manter afastadas as chamas ao seu redor. Logo após as 16h, o tempo começa a mudar. O céu fica cheio de nuvens. Repentinamente, ventos fortes começam a soprar do oeste, atingindo a floresta, espalhando as labaredas. O fogo devasta a encosta, castigando a copa das árvores: a floresta seca explode.

Enquanto os homens se afastam da linha do fogo, voltando para a zona onde aterrissaram, os ventos mudam e o fogo queima na sua direção, flanqueando os dois lados do incêndio original. Um tronco em chamas é soprado sobre a linha, ultrapassando-a, iniciando um incêndio que queima encosta abaixo, impedindo a sua fuga.

O primeiro instinto dos bombeiros é descer para ficar abaixo das labaredas. Após dar alguns passos para fora da linha do fogo, Darrel observa, atordoado, o fogo descer a encosta em incrível velocidade.

Na outra extremidade da linha, Tom não pode fazer nada, pois as chamas rapidamente ultrapassam a trincheira cavada para impedir a propagação do fogo e começam a queimar novos materiais ladeira abaixo. Em vez de ficar parado, ele corre através das chamas para juntar-se à equipe.

Com ventos de 50 milhas por hora alimentando o fogo como uma fornalha, Fred lidera a sua equipe na única direção segura: montanha acima através da floresta queimada para o ponto de aterrissagem do helicóptero no alto da cordilheira. Talvez consigam encontrar abrigo na clareira acima.

Logo encontram o local de pouso. Fred é o primeiro a chegar ao topo e Tom não está muito atrás. Cerca de metade da equipe tem tempo para sentar e se recuperar, enquanto esperam o resto dos homens.

Tom lembra das sacolas com os equipamentos colocadas em local seguro logo abaixo. Ele tem uma câmera nova em sua mochila, bem como seus óculos, uma jaqueta e outras coisas.

"Você sabe que as nossas sacolas com o equipamento estão logo abaixo", diz. "Vou voltar e pegar a minha".

Fred nem pensa para responder: "Não, você vai ficar bem aqui".

Com as palavras ainda no ar, o vento muda novamente e a encosta ocidental da cordilheira explode em chamas. Imediatamente o calor aumenta.

Darrel vem por último com sua equipe, enquanto a floresta queimada começa novamente a pegar fogo ao seu redor. Eles hesitam em uma bolsa de ar, cercados pelas chamas. Calor, fumaça e cinzas estão girando. Não conseguem enxergar o caminho para sair dali. Os homens molham lenços na água dos cantis, cada um mantendo um lenço molhado sobre a boca para facilitar a respiração. Quando as chamas se separam por um breve momento, correm por entre a fumaça na direção do som de vozes à frente.

Entrando na clareira, encontram o resto da equipe molhando camisetas e lenços com a água dos galões. Eles cobrem a cabeça e o rosto com as roupas molhadas como proteção contra o calor e a fumaça. Vento, oxigênio e fogo se misturam em um turbilhão e toda a floresta parece se incendiar em uma bola de fogo.

Acima deles e do grande incêndio, uma tempestade está se formando. A nuvem de fumaça se espalha na atmosfera. Relâmpagos cortam o céu. As chamas ultrapassam o topo das árvores e se precipitam sobre a clareira, forçadas para baixo pelo vento.

Com os ventos fortes, a equipe foge de um lado para o outro no topo da montanha tentando escapar do calor terrível e das ondas de fogo. Deitam no chão, em pares, cabeças com pés, rostos próximos da terra onde o ar é suficientemente fresco para permitir a respiração, cada um cuidando das pernas do outro, para evitar as chamas. Se ficarem em pé, a atmosfera superaquecida pode queimar os pulmões. Estão atentos aos troncos que queimam e caem com estrondo sobre a clareira. Rajadas de ar escaldante sopram no alto da montanha, chamuscando peles e roupas. As calças de um homem pegam fogo que é apagado pelos outros membros da equipe. Pedaços de madeira em chamas caem sobre suas roupas e são rapidamente tirados. O vento sopra do topo das árvores. Outras árvores partem, enquanto a resina dos pinheiros se expande no calor intenso. O fogo retumba, ensurdecedor, como uma centena de trens de carga. Capacetes de aço e cantis ficam quentes demais para serem tocados. A fumaça densa sufoca e queima os olhos. Os homens mal conseguem enxergar na fumaça causticante. Não há saída, enquanto o fogo queima a floresta ao redor deles.

Há três anos, Rod é piloto da Johnston Flying Service, em Montana, após pilotar helicópteros no Alasca para a Força Aérea dos Estados Unidos. Em 4 de agosto, ele e seu helicóptero Bell 47G-3 estão no posto da Guarda Florestal de Moose Creek, contratados pelo Serviço Florestal para combater incêndios na Selway-Bitterroot Wilderness. A aeronave tem um pouco mais de um ano e é primeiro modelo civil da Bell Corporation com um motor potente e a força necessária para voar nas montanhas.

Pela manhã, ele e o chefe da Guarda Florestal, Bill, foram verificar as informações sobre um incêndio provocado por um raio. Logo avistam o penacho de fumaça subindo preguiçosamente no ar calmo e aterrissaram em um pequeno platô. A menos de uma milha, puderam ver um pequeno incêndio em uma área com vegetação queimando sob as árvores na direção da crista de uma cordilheira logo abaixo do Freeman Peak.

O dia estava ficando quente, a floresta muito seca. A montanha, coberta de fumaça, estava cercada por milhares de acres de terreno cheio de árvores. A conclusão era óbvia. Seria possível mandar aviões para jogarem produtos que retardam o avanço do fogo antes dele se espalhar. Alguns minutos depois, eles levantaram vôo e voltaram para o posto da Guarda Florestal.

Naquela tarde, Bill está pronto para sair com Rod e dar uma outra olhada no incêndio. Os bombeiros que jogariam o borato estão ocupados combatendo outros incêndios. Quando já estão no ar, Bill diz a Rod que o pessoal da brigada de incêndio saltou sobre o fogo: ele quer verificar o seu progresso.

Quando avistam a cordilheira, o penacho de fumaça da manhã foi substituído por nuvens de fumaça enormes, subindo em espiral. A vegetação foi tomada pelo fogo que engoliu o topo da cordilheira. Árvores inteiras estão ardendo como tochas.

Com o helicóptero enfrentando fortes ventos de proa e uma turbulência severa, Rod e Bill voam de um lado para o outro, olhando para baixo através da fumaça densa. Não há sinal dos vinte homens enviados para o combate daquilo que, há apenas algumas horas, era um pequeno incêndio. Com o combustível acabando, são forçados a voltar para o posto.

Lutando contra os seus piores temores, Rod e Bill estão de volta depois de uma hora. O vento de proa, vindo do oeste, de mais de 50 milhas por hora, não diminuiu. Ondas de ar quentes sacodem violentamente o helicóptero enquanto eles forçam a vista e esticam o pescoço para ver se há algum sinal de vida.

De repente, no lado leste da cordilheira, Bill enxerga camisas cor de laranja através da fumaça. Cinco homens estão encurralados no meio de uma encosta coberta de seixos, cercados pelas chamas. Enormes ondas de fogo envolvem o topo da montanha, indo na direção deles, empurradas pelo vento forte. Com o fogo fora de controle, não parece que vão conseguir sobreviver durante muito tempo.

Rod e Bill examinam a encosta leste. Se puderem encontrar uma abertura no fogo, talvez possam descer e tirar os homens ou lhes mostrar o caminho com o helicóptero. Há uma possível rota por entre chamas, mas ela leva para o leste. Se uma faísca ou pedaços de madeira em chamas cair em algum lugar na frente dos homens fugindo naquela direção, o fogo resultante subiria a encosta e os encurralaria entre as labaredas. Contudo, parece não haver esperança se os homens permanecerem onde estão.

Os segundos passam, enquanto Rod busca a melhor opção. Observando uma área de intenso fogo, vê um espaço aberto entre as árvores em chamas. A fumaça clareia por um instante e ele pode ver mais homens de camisetas cor de laranja, amontoados abaixo no espaço aberto no topo da cordilheira. Fumaça e labaredas estão girando ferozmente. É difícil enxergá-los. Os ventos e correntes de ar ascendentes são fortes e ele mal consegue manter o helicóptero no ar.

Agora não dá mais tempo para pensar, é preciso agir. A única maneira de salvar os homens lá embaixo é chegar até a clareira com o helicóptero e lhes dizer para correrem em direção a abertura que leva para baixo, para o lado leste da cordilheira.

Voando em círculos, Rod desce através da fumaça, diretamente sobre a clareira. Assim que o helicóptero ultrapassa a copa das árvores, a turbulência sacode violentamente o helicóptero. Espirais de fumaça ocultam a área de pouso. Ele sobe para tentar uma abordagem melhor.

Em sua segunda tentativa, aproxima-se de lado – deslizando ao longo da linha da cordilheira, voltado para o oeste. Talvez possa mergulhar rapidamente e passar pela turbulência.

Novamente as rajadas de correntes de ar ascendente e o vento forte de proa arremessa o helicóptero, com Rod lutando para controlá-lo.

Afastando-se do fogo, Rod pode ver que o vento oeste está formando uma turbulência, encapelando como uma onda sobre a montanha. Isso cria um perigoso vento de popa ao contrário e todo esse ar instável está exatamente onde ele precisa pousar. A aproximação pelo lado oeste é muito perigosa, sobre o fogo. Sem nenhuma idéia, tenta voltar à clareira com o nariz do helicóptero voltado para o leste. O topo da montanha está totalmente ocultado pela fumaça. Rod não consegue enxergar o local para pousar. Ele sobe novamente.

Talvez, se voar realmente rápido, vindo do leste, ele possa pegar um vento de popa suficiente para pousar em segurança.

Entrando pela quarta vez na fumaça, a intensa turbulência arremessa o helicóptero para cima como um floco de cinzas ao vento.

Enquanto Rod voa em círculos para fora do incêndio, diz ao guarda florestal: "Não há nenhuma maneira de conseguirmos hoje".

Mas a visão daqueles homens cercados pelo fogo está queimando em sua mente. Ele não consegue pensar em deixá-los ali, encurralados.

Descendo para o vale pelo lado leste, faz uma última tentativa. É um jogo, mas talvez consiga se esgueirar através da turbulência, vindo de baixo. O efeito-solo – o turbilhão de ar descendente provocado pelos rotores – poderia apanhar o helicóptero antes de bater na área de pouso.

Subindo a toda velocidade para fora do vale, Rod faz uma tentativa final para pousar. Enquanto cruza o fogo, a fumaça envolve o helicóptero e a visibilidade é nula. O helicóptero sobe em direção ao topo.

Durante uma hora, ou mais, os homens continuaram lutando para viver, correndo de um lado para o outro para evitar as chamas e as ondas de calor atingindo a clareira. Cinzas ocultam tudo o que se encontra a apenas alguns passos. As labaredas estalam em seus ouvidos.

Enquanto se agacham, os olhos queimando com a fumaça, subitamente um helicóptero desce através da fumaça, mergulhando em sua direção. No último segundo, saem do seu caminho. O helicóptero interrompe a descida a apenas alguns centímetros do chão.

A clareira se torna um furacão de cinzas voando e material queimando. Todas as coisas queimando ficam vermelhas na turbulência provocada pelas hélices do rotor. Quando o helicóptero pousa no meio de troncos em chamas, um guarda florestal sai de dentro e diz a Fred que levará a equipe para fora dali.

Ninguém está com vontade de segui-lo. Eles conseguiram se manter vivos até agora e a última coisa que vão fazer é sair andando para dentro daquele inferno em chamas.

Com os tanques de combustível aquecendo sobre o solo quente e sem tempo para perder, Rod concorda em tentar tirar a equipe dali. Enquanto dois homens, que estavam com os olhos mais prejudicados pela fumaça, são amarrados perto dele, não sabe se poderá fazer o helicóptero subir novamente, quanto mais controlá-lo enquanto voam para fora do fogo.

Rod recua, a clareira é envolvida pelas cinzas voando e o helicóptero sobe lentamente. Enquanto sobe, a turbulência e o calor pegam a aeronave e a atiram com força para cima e para longe. Em pouco tempo, a fumaça fica para trás enquanto o helicóptero voa no céu aberto. O ar frio e claro da montanha melhora a respiração dos homens.

Rod deixa os dois homens em uma área segura abaixo do Freeman Peak. Eles descem em um campo alpino com um ribeirão correndo sob um céu azul claro. É o mais próximo de ser levado do inferno para o céu.

Rod voa de volta para o fogo, repetindo a sua aproximação, lutando através da turbulência e da visibilidade nula, para pousar novamente. Ele olha e vê o que parece ser uma centena de homens em volta do helicóptero. Como ele vai tirar todos dali?

Dessa vez, dois homens entram no helicóptero e outros dois sobem nas bandejas – caixas de alumínio montadas sobre cada trem de pouso, normalmente usadas para carregar equipamento. Não há como amarrar os homens nelas. Terão de se segurar e agüentar. Novamente, forçando o helicóptero e usando as correntes de ar ascendente, Rod se lança através da tempestade de fogo.

Durante a hora seguinte, retorna mais quatro vezes cortando a fumaça e o fogo. A ética da brigada de incêndios diz que a equipe deve sair em primeiro lugar, antes dos supervisores. Fred, Darrel, Tom e o guarda florestal são os últimos a sair na viagem final. Com Fred e Darrel afivelados aos assentos, Tom e o guarda florestal entram nas bandejas e se seguram o melhor que podem. Minutos depois, se juntam ao resto da equipe no campo e tiram a fumaça e a fuligem dos olhos enquanto começa a anoitecer nas montanhas.

No dia seguinte, os homens são levados de helicóptero e transportados de caminhão para Missoula. Doze dos pára-quedistas são tratados devido aos olhos queimados pela fumaça no St. Patrick Hospital e liberados no mesmo dia. O restante da equipe vai embora sem ferimentos.

Quinhentos bombeiros são finalmente trazidos para combater o que se transformou em um enorme incêndio.

O piloto do helicóptero elogia a sua aeronave. De acordo com o que os instrumentos do helicóptero de Rod lhe mostraram, as condições sobre o incêndio criaram uma densidade do ar semelhante a um vôo a 12.500 pés de altitude. Ele acha que nenhum outro helicóptero da época poderia ter feito o trabalho. Quando desceu pela primeira vez, quase duplicou a velocidade máxima recomendada para a pressão múltipla para impedir que o helicóptero batesse no chão. Cada subida era uma questão de vida ou morte, com o helicóptero sendo forçado além dos seus limites.

No dia seguinte, quando o mecânico chegou para examinar o aparelho, não encontrou nada errado. Ele trocou o óleo e Rod continuou voando.

O tecido da camiseta feito para retardar o fogo provou ser bom. Todas as roupas da equipe tinham lugares queimados, menos as camisetas cor de laranja.

Darrel e Tom não eram os únicos que achavam ter tido muita sorte de escapar com vida. Fred atribui a sobrevivência da equipe ao treinamento recebido. "Eles ficaram juntos e seguiram as orientações. Ninguém entrou em pânico. Eles formaram uma boa equipe de bons companheiros".

Tremendo, cansado, Larry faz as pazes com o mundo enquanto se prepara para morrer.

12. Extrema dificuldade

No corredor noroeste do estado de Washington, as San Juan Islands acenam como um paraíso fora de alcance. Situadas na área seca das Olympic Mountains, têm um clima quente, seco e convidativo, raro na região. As muitas pequenas ilhas, enseadas, canais e praias são ideais para a prática do caiaque.

Como sempre, há obstáculos para chegar ao paraíso. As águas do Rosario Strait, repletas de correntes e de vez em quando imprevisíveis, guardam a entrada para essas ilhas. A viagem por esse estreito é melhor se for realizada rapidamente, entre as marés e com o tempo bom. Ele está sempre esperando como a barreira final para voltar à civilização.

Saul e Larry são bons amigos desde a universidade. Eles mantiveram contato e, agora, há alguns anos fora da escola, Saul tem uma semana de folga. Ele decide passar alguns dias andando de caiaque nas San Juan. Larry quer ir com ele.

Ambos são atletas, ex-companheiros da equipe de corrida, ainda treinando todos os dias e competindo em corridas pelo Pacific Northwest. Saul anda de caiaque no mar há alguns anos, incluindo diversas viagens anteriores às San Juan. Larry já andou de caiaque, principalmente em água doce. Eles são jovens, fortes, confiantes em suas habilidades atléticas.

Saul tem todo o equipamento: dois caiaques, remos, sacolas impermeáveis, coletes salva-vidas, equipamento de segurança e acessórios para acampamento. Tudo o que Larry precisa levar é o seu saco de dormir, roupas e equipamento pessoal.

Combinam de se encontrar na rampa de barcos do Washington Park, a oeste de Anacortes, em uma tarde de sexta-feira de novembro. O plano é remar no primeiro dia menos de 6 km nas águas abertas do Rosario Strait para o norte, até a minúscula Strawberry Island. Os próximos dois dias serão passados explorando a Orcas Island e talvez o Blind Island State Park, a oeste, antes de voltar ao Washington Park.

No dia da partida, Saul está pronto e esperando na rampa. Larry não chega. Horas se passam antes do seu carro parar no estacionamento.

"Fiquei preso no trânsito saindo de Seattle", diz. "Não calculei bem o tempo que levaria".

Saul está com pouca paciência e joga então um saco impermeável para Larry.

"Coloque suas coisas no barco verde."

Quando Larry está pronto, Saul o ajuda a entrar no caiaque, ajustando os pedais e mostrando como manobrar o leme. A saia que impede que a água borrife no cockpit está bem ajustada em volta da braçola. Larry poderia ter dificuldade para soltá-la, caso o barco virasse e ele precisasse tirar a água. Pede a Larry para colocá-la sob o deck. Saul também se sente mais à vontade sem ela e aprendeu um estilo de remada que evita que ondas errantes borrifem água dentro do barco. Quando finalmente saem, são 9h da noite.

O sol se foi a algumas horas nessa noite de final de primavera, mas Saul ainda consegue enxergar a costa. Eles remam para Reef Pont, na Cypress Island. A Blakely Island está a noroeste. Mais ao norte, o Mount Constitution, na Orcas Island, é um ponto de referência facilmente reconhecível.

A água está encapelada, mas controlável. Enquanto seguem seu caminho para a praia, as ondas do oceano trazidas pelo vento ondulam vindas do sul. Sem nenhum horizonte para se orientar na escuridão, Larry começa a sentir enjôo. Um pouco depois, o vulto escuro da Cypress Island surge acima deles e então decidem fazer uma pausa para Larry se recuperar.

Eles navegam sobre as ondas até a costa de Cypress, batendo nas rochas, mas chegando à praia sem muitos problemas. O ar da noite está frio. À sua volta, o som das ondas na escuridão. As luzes de Anacortes brilham a leste.

Saul está um pouco desconfortável; as condições para remar estão mais difíceis do que esperava. Se está se sentindo desconfortável, para Larry está definitivamente difícil. Nenhum deles tem muito a dizer. Saul tira a sua roupa seca e diz a Larry para colocá-la. Saul se conforma com a roupa curta de neoprene extra que ele trouxe.

De volta à água, é difícil julgar as poderosas correntes na escuridão. Enquanto se aproximam da Strawberry Island, a praia passa rapidamente antes que consigam chegar à costa. Com poucas opções e sem nenhuma chance de lutar contra a maré, são forçados a navegar sobre uma área de rochas com muitas ondas.

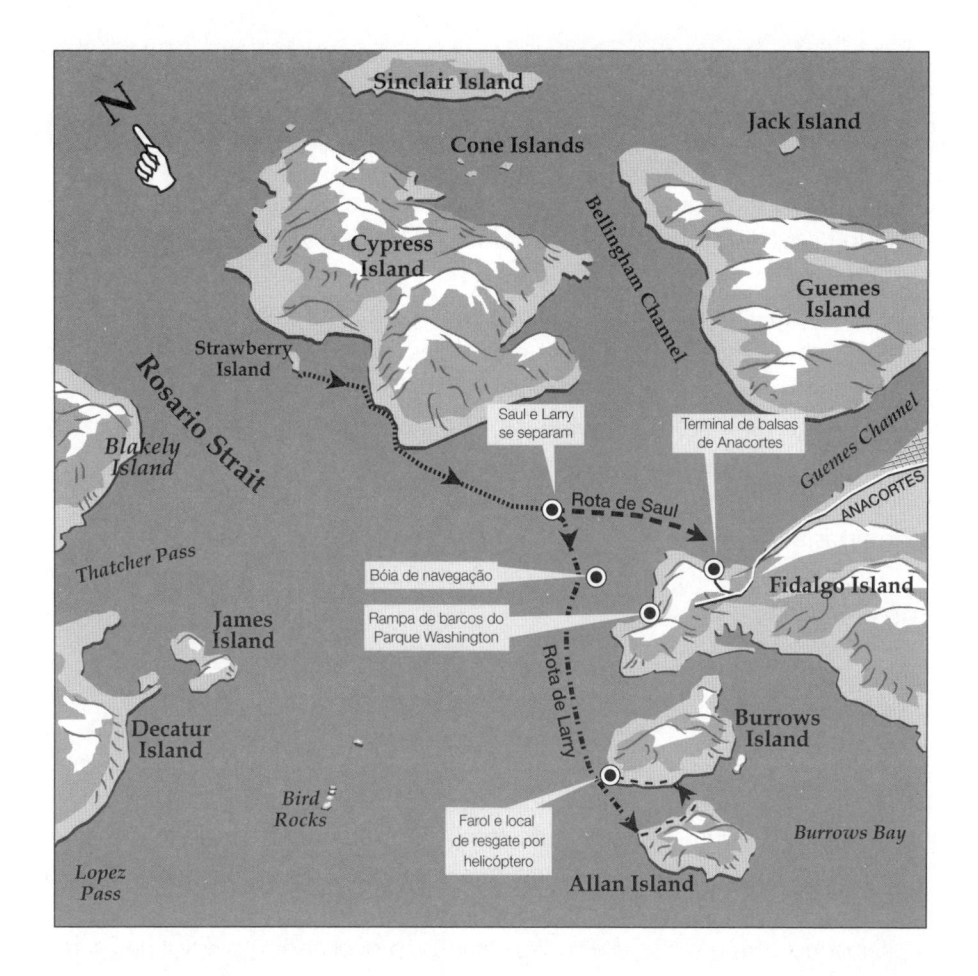

Saul é o primeiro. Seu caiaque fica suspenso sobre uma rocha submersa e rodopia paralelo às ondas. Larry está logo atrás com seu caiaque que abalroa o centro do barco de Saul. De repente, Saul está de cabeça para baixo, olhando um cenário turvo sob a água, iluminado pelo brilho da sua lanterna. Ele pensa que essa viagem não está indo bem.

Saem, então, dos barcos e são encharcados pelas ondas, enquanto lutam na escuridão com os barcos cheios de água. Finalmente, frustrados, usam a força bruta para puxar e levantar os barcos, carregados com os equipamentos e ao que parece centenas de litros de água, tirando-os das rochas e levando-os para as ladeiras íngremes da ilha.

Enquanto o equipamento é retirado para montarem o acampamento, descobrem que o fecho da escotilha do caiaque de Larry vazou. A água do mar entrou nos compartimentos de armazenagem. Na pressa de começar a remar,

Larry não tinha certeza de como fechar o saco impermeável que Saul lhe dera. Suas roupas, seu saco de dormir, tudo está ensopado.

Eles montam a barraca, uma tarefa difícil de ser realizada no escuro com o vento soprando, e entram nela. Dando o seu saco de dormir para Larry, Saul coloca todas as suas roupas extras para passar a noite. Enquanto estão deitados, tentando ficar confortáveis, a chuva começa a cair e o vento a aumentar.

Olhando para cima, na escuridão, o teto da barraca curvar e ceder a cada rajada de vento, conversam sobre o que poderiam fazer para encontrar alimento se tiverem de esperar mais do que três dias, pois o alimento que trouxeram acabará dentro desse período. Saul viu no meio do caminho algumas cebolas enquanto estavam tirando os barcos. Os morangos silvestres acabaram há muito tempo. O que restou é pouco: líquen nas rochas, grama seca, alguns pinheiros e casca de medronheiro; talvez algumas algas marinhas estejam sendo arrastadas pela maré alta até a praia enquanto conversam.

Tarde da noite a temperatura cai. A chuva se transforma em chuva com neve, golpeando a barraca.

Bem cedo, no sábado, Saul vai até a praia para verificar o tempo. O vento e as ondas continuam a fustigar a ilha. Nuvens cinzentas se aglomeram no céu, pouco acima da água. A previsão do tempo no rádio está dando informações de pequenas embarcações, avisando que há ventos de sudoeste de 15 a 20 nós.

Saul encontra um buraco em seu caiaque, provocado pelo difícil desembarque na noite anterior. Enquanto faz um remendo, usando o selante da barraca, considera suas opções. Eles poderiam seguir o plano original e ir para o norte, em Orcas Island. Para isso, teriam de cruzar outros 6 km em mar aberto.

Ou poderiam remar 800 m até a Cypress Island e encontrar alguém para ajudá-los. Ele pode ver uma cabana lá na ilha, com fumaça saindo da chaminé.

Também poderiam remar até Cypress e retroceder, ficando perto da costa para o lado leste, e depois fazer uma corrida pelo canal com 1,5 km de largura até a Guemes Island, onde poderiam pegar uma carona na balsa de volta a Anacortes.

Poderiam ainda ficar aqui até o tempo melhorar.

Larry se junta a ele e ambos olham para o norte, para a Orcas Island. Entre eles e o local onde planejavam acampar a segunda noite, barcos a vela competindo em uma regata se movimentam em ondas espumantes que poderiam afundar seus caiaques.

É fácil remar até Cypress, mas teriam de encontrar alguém com um barco a motor potente para lhes dar uma carona de volta ao continente. Parece que isso é pedir muito.

Remar até Guemes é um longo caminho, bem longe da rota. A sua situação não é tão desesperadora.

Finalmente, decidem ficar e esperar. O equipamento de Larry não vai secar. A viagem acabou. Agora só precisam voltar.

À tarde, as nuvens estão se dissolvendo e o vento parece estar enfraquecendo. Do seu posto de observação privilegiado, os 6 km de água entre a Strawberry Island e o Washington Park não parecem tão ruins.

Saul examina os mapas das marés e determina a hora da partida para fazer um retorno cruzando com a maré baixa. Remar na maré baixa é fundamental. Quando a maré vazante começa, as ondas ficarão muito piores enquanto a corrente empurra a água contra o vento.

Carregam os caiaques e saem na hora determinada – Larry com a roupa seca, Saul com a roupa de neoprene curta, a saia embaixo do deck. Refazem a sua rota, remando forte, cavalgando as ondas como uma montanha-russa suave. É bom estar de volta à água, indo para algum lugar. Talvez os momentos ruins tenham ficado para trás e finalmente eles encontraram o seu ritmo.

Enquanto percorrem a extremidade sul de Cypress, um vento sudeste, que passou despercebido no abrigo da ilha, está castigando as ondas no canal. Saul acredita que pode enfrentar as ondas. Larry o segue, e eles progridem bem. Mas, quando já percorreram 1,5 km dentro do canal, faltando ainda 3 km, Larry começa a ficar para trás.

Muito longe da terra, o vento está soprando, com violência, as cristas das ondas. Enquanto o vento atinge de lado os vagalhões, a água se acumula formando ondas altas e espumantes que atacam os caiaques de duas direções. As ondas crescem até que Saul e Larry se perdem de vista, enquanto os barcos afundam nas depressões entre as ondas, lançando borrifos de água salgada no ar.

O barco de Larry está enchendo de água: ondas quebram em cima do seu caiaque e jogam água no cockpit. Saul grita à distância, instruindo Larry a ficar de lado nas ondas e sair das vagas. O caiaque de Larry está muito instável. Ele cavalga as ondas de lado, virando o caiaque para frente nas maiores. A técnica consegue segurar o caiaque, mas o leva para o sul, para fora da rota, longe do local de desembarque. Em determinado ponto, Saul tenta rebocá-lo, mas a corda é muito curta. Os caiaques batem um contra o outro nas depressões inclinadas formadas pelas ondas.

Presos nessa água agitada, tudo o que podem fazer é remar para os caiaques não virar. O vento e as ondas os mantêm no lugar, diminuindo então a velocidade dos caiaques. O medo os empurra para frente. Curvando-se para manter o equilíbrio, rezam para não virar.

Durante 45 minutos permanecem juntos, fazendo pouco progresso contra ondas de quase 2 m e ventos de 40 nós, vindos do sul e do sudeste. Na mudança da maré estão a menos da metade do canal. Saul calcula que o seu avanço é menor do que 1 nó contra uma maré de 2,5 nós. Nesse ponto, continuando ou retornando, o resultado será o mesmo. Com a maré vazante ganhando velocidade, serão arrastados para o sul pelo Rosario Strait e para o estreito de Juan de Fuca, com 35 km de largura.

Enquanto se afastam cada vez mais, Saul faz uma difícil escolha e grita para Larry: "Eu vou buscar ajuda". Saul começa a se dirigir para o terminal de balsas de Anacortes a 2 km de distância, por águas fustigadas pelo vento. Na crista de cada onda olha para trás vendo Larry muito longe, o caiaque lentamente desaparecendo da espuma branca formada pela água.

Logo, um barco de pesca passa a 90 m, sacudindo no mar agitado. Larry tem foguetes de sinalização, mas estão armazenados abaixo do deck. Até conseguir pegá-los, as ondas virariam o seu caiaque. Ele continua a remar, enquanto o barco some.

Quando Saul alcança a parte rasa a oeste do terminal de balsas, a maré parece um rio transbordando. Rema com todas as forças para não ser arrastado de volta ao mar aberto. Exausto, puxa o barco para a costa. Sobe em uma cerca contra ciclones para chegar ao terminal onde há um telefone. Às 16h seu pedido de ajuda é respondido.

Após alguns minutos, o barco de resgate da Polícia de Anacortes está a caminho. Quando chega ao Rosario Strait, as ondas ameaçam virar a pequena embarcação. Tudo o que a equipe pode fazer é vestir roupas de sobrevivência e voltar à marina.

Saul é levado para o escritório da Guarda Costeira, em Anacortes. Ele faz uma descrição de Larry, do barco e do local onde estavam quando se separaram.

Quarenta e cinco minutos depois, um helicóptero da Guarda Costeira, vindo de Port Angeles, está no local. Barcos da Guarda Costeira de Seattle e Bellingham são enviados para as buscas.

A noite cai e não há sinal de Larry. A busca continua com embarcações civis, aviões da Guarda Costeira e um helicóptero do Posto Naval da Whidbey Island.

Localizar um caiaque verde escuro, à noite, em uma extensão de água salgada com quase 5 km de largura, açoitada pelo vento e pelas ondas, é uma tarefa quase impossível. A área de busca está em constante movimento e o barulho do vento e das hélices do helicóptero abafam qualquer outro som. A escuridão limita a área de busca ao raio de uma lanterna. Mas, enquanto as chances de encontrar Larry vivo diminuem com o passar das horas, a equipe na água e no ar nunca diminui os seus esforços.

As comunicações são difíceis. Sem contato direto com as equipes de busca, Saul só pode escutar as comunicações por rádio de onde ele espera no escritório da Guarda Costeira. Tantos pensamentos atravessam a sua mente. Será que eles o encontrarão? O que ele vai dizer aos pais de Larry?

À meia-noite as comunicações por rádio recomeçam. Um barco da Guarda Costeira avistou alguma coisa sendo arrastada para a praia de uma ilha deserta, 3 km ao sul do Washington Park. Com a água muito agitada para arriscar um pouso, eles enviam um mergulhador para investigar.

Através da tempestade, o mergulhador envia mensagens da praia para o barco da Guarda Costeira situado ao largo. O barco da Guarda Costeira envia mensagens para Seattle que chama Anacortes. Saul pega o telefone. Eles encontraram um caiaque verde.

Saul espera pacientemente enquanto a informação é transmitida por diversos rádios transmissores. Quando descrevem o caiaque, ele confirma que é o caiaque verde que Larry remava. Então, há mais espera enquanto a informação vai e vem.

O remo está no barco. Esse é um bom sinal.

Mais espera.

O saco de dormir não está lá.

Esse é outro bom sinal. Larry deve estar vivo. Ele foi arrastado para o sul e de alguma maneira lutou contra a corrente e as ondas, remando até a ilha. Provavelmente está em algum lugar lá em cima, na floresta, agachado, tentando permanecer aquecido no saco de dormir.

Essas são boas notícias, notícias maravilhosas. Saul precisa ligar para os pais de Larry em Seattle; ele estava adiando o telefonema, sem saber o que dizer.

Quando os pais de Larry atendem ao telefone, Saul conta toda a história. Conta ainda que acabaram de encontrar o barco de Larry em uma praia ao sul do local onde eles se separaram. A equipe de resgate está indo para a ilha. Larry com certeza será encontrado em uma hora.

Quando Saul desliga, o guarda o leva para o aeroporto de Anacortes. Duas equipes de busca estão reunidas ali para o vôo até a ilha. Elas querem saber como é Larry, seus hábitos, e tudo que possa ajudá-las a encontrá-lo o mais rápido possível.

Então, Saul é levado de volta ao escritório da Guarda Costeira, onde espera as notícias por rádio. As vozes vão e vêm. É uma procura difícil no escuro, nas encostas íngremes de uma ilha escarpada. Há muitos esconderijos e frestas onde uma pessoa pode rastejar para buscar abrigo.

Uma hora e meia se passa enquanto a equipe estende a sua rede de busca pela ilha. Saul escuta um comentário descuidado pelo rádio – alguma coisa sobre o remo encontrado com o caiaque. Então ele percebe.

Parece ser o remo de emergência!

Rapidamente liga para a Guarda Costeira em Seattle. Precisa falar com o mergulhador, o sujeito que encontrou o caiaque.

Ele espera a conexão e um medo terrível aperta o seu peito.

Lenta, cuidadosamente, faz perguntas para o mergulhador.

"Quantas escotilhas há no barco?"

"Uma", é a resposta.

"Quantos cockpits?" O tempo passa lentamente.

"Dois."

"Qual a cor do remo?"

"Vermelho."

"Que sacos há no barco? Por favor, tire-os e descreva para mim."

O mergulhador encontra o saco de alimentos, uma lanterna e o saco com os foguetes de sinalização, entre outras coisas.

É como um soco no estômago.

O mergulhador, sem familiaridade com caiaques para água salgada, confundiu a abertura para o compartimento de armazenagem, com a tampa da escotilha faltando, com um segundo cockpit. O remo vermelho é um reserva para ser usado em emergências. O remo branco de fiberglass de Larry não está lá. Mesmo se ele tivesse conseguido chegar à praia sem o remo e sem a tampa da escotilha, teria levado pelo menos a comida, a lanterna e, certamente, os foguetes de sinalização.

São 2 da manhã. Saul telefona para os pais de Larry e os avisa a respeito do filho.

Larry acompanha Saul enquanto mostra o caminho para sair do canal fustigado pelo vento. Quando as ondas começaram a aumentar, tentou entrar nelas de lado como Saul lhe disse para fazer, mas o caiaque parecia pronto para virar a qualquer momento. O vento está atirando água salgada em seu rosto. Algumas das ondas maiores quebravam em cima do seu barco, jogando água dentro do cockpit. Seu caiaque começou a avançar mais devagar, tornando difícil remar e o barco ficou mais instável do que nunca. Ele não podia continuar.

Enquanto Saul se afastava cada vez mais, Larry começou a gritar na crista de cada onda para Saul esperar. Mas suas palavras foram levadas pelo vento. Ele podia ouvir Saul gritando alguma coisa de volta, mas não conseguia entender pois o vento soprava forte em seus ouvidos. Então, Saul desapareceu, remando para o sul em direção da terra.

Sozinho, Larry continua lutando para se dirigir à praia. Com o cockpit quase cheio de água, o barco parece um pouco mais instável. Ele avança um pouco, embora o vento e as ondas nunca diminuam.

Enquanto o tempo passa, a costa rochosa ocidental do Washington Park parece se aproximar. O caiaque, cheio de água, está lento e difícil de ser controlado. Larry avalia que a distância até a terra é menor do que um quilômetro e meio. Ele já nadou essa distância anteriormente em competições. A roupa de neoprene deve mantê-lo aquecido na água, que está a 10 °C. Enquanto pensa em abandonar o caiaque, uma onda vira o barco, tomando a decisão por ele.

Com poderosas braçadas, Larry começa a nadar para a praia, sentindo-se mais confortável e mais à vontade, agora que está fora do caiaque. Logo chega na praia em grande velocidade. A maré baixa o está levando para o sul através do estreito.

Ele nada contra a maré com todas as forças, abrindo caminho pela corrente na direção da terra. No meio da sua luta contra a maré, um barco de turistas passa a 50 metros. Ele pode ver pessoas nas janelas enquanto acena e grita. Eles não dão sinal de estarem ouvindo ou vendo-o.

Rapidamente uma bóia de navegação se aproxima. Talvez ele possa agarrar a escada de manutenção e sair da água. Dando tudo de si, Larry sente a força da correnteza enquanto passa velozmente pela bóia.

A fria realidade o atinge enquanto a bóia desaparece. *Não vou conseguir. Vou me afogar.*

Quando a noite cai, Larry ainda está sendo carregado para o sul pela correnteza. Alguns quilômetros ao norte ele pode ver um helicóptero varrendo a água com um holofote. Ele acena, grita; o helicóptero está muito longe.

Horas se passaram e, mesmo com a roupa de neoprene, está ficando gelado, começando a tremer. Devido ao seu trabalho voluntário no departamento contra incêndios, conhece os estágios da hipotermia.

Ele avista um farol, enquanto a maré o carrega para uma ilha no litoral leste do Rosario Strait. Talvez haja um zelador lá. Com a esperança renovada, nada 90 m, antes da corrente arrastá-lo.

Está totalmente escuro agora. Ele pode ver as luzes de mais equipes de busca o procurando na água e no litoral, ao norte. Tremendo, cansado, Larry faz as pazes com o mundo e se prepara para morrer. Boiando, calmo diante da morte, ouve o som das ondas. Virando na direção do som pode ver o contorno escuro de outra ilha, mais próxima do que a última. Juntando o que lhe sobrou das suas forças, expulsa o frio e nada para a praia.

É uma batalha no meio de ondas e rochas, mas parece que finalmente conseguiu sair da corrente. Entorpecido pelo frio e pela exaustão, Larry chega às praias da Allan Island e agradece a Deus por lhe dar essa chance de viver. Em pé, a céu aberto, nota que o ar parece mais frio que a água. Entra na floresta para sair do vento, encontrando abrigo sob uma árvore; alterna exercícios e descanso, cobrindo-se com galhos de pinheiro para permanecer aquecido.

Durante toda a noite se recusa a dormir. Sempre que um barco ou um helicóptero passam perto, vai até a praia para acenar com o seu colete salva-vidas cor de laranja e gritar. Em determinado momento, um barco de busca passa a 100 metros. Larry faz tudo o que pode para chamar a sua atenção, mas o barco está varrendo a água com suas luzes e nunca focaliza a praia.

Nas primeiras horas da manhã, os barcos e helicópteros deixam a área. Larry tenta descansar; com certeza voltarão quando o sol nascer.

A luz da manhã encontra Larry subindo a ilha escarpada. Quando as equipes voltarem hoje, quer estar o mais próximo possível da área de busca da noite anterior. O caminho é difícil, sobre encostas íngremes, formações rochosas, árvores e vegetação fechada, mas o esforço o aquece.

Chegando à extremidade norte da ilha, senta na praia para descansar e observar o canal para a Burrows Island. Pode ver o farol do qual se desviou na noite passada. Uma hora se passa sem nenhum sinal dos barcos ou helicópteros de busca.

Se as buscas foram encerradas, a única ajuda seria o zelador no farol. Larry caminha com passadas largas até a água para poder estudar o trecho até Burrows. Ele joga um pau dentro da água para avaliar a corrente. Parece tranqüila e, assim entra na água e começa a nadar.

Larry chega e escala os rochedos até o farol: descobre agora que é automático, não tem zelador. Enquanto fica lá, pensando no que fazer a seguir, o som de um helicóptero chama a sua atenção. Virando para o sul, vê um helicóptero da Marinha voando sobre a ilha que ele acabou de deixar. Corre para o gramado na frente do farol, acenando e gritando.

Dessa vez a equipe o avista.

Saul passou uma noite agitada no prédio da Guarda Costeira, atormentado pela tristeza e pela culpa, sem esperança de encontrar Larry. Quando a busca começa pela manhã, a Guarda Costeira está trabalhando sem comunicação pelo rádio. Precisam se concentrar em sua tarefa e manter a mídia afastada para não atrapalhar. Padrões de vôo predeterminados deixarão as equipes de resgate no solo saber o que está acontecendo.

Por volta das 7h, um helicóptero da Marinha voa sobre o prédio da Guarda Costeira onde Saul espera pelas más notícias. O guarda em serviço observa o trajeto do helicóptero.

Ele se vira para Saul: "Eles pegaram o seu amigo. Está vivo e estão levando ele para o hospital".

Quando Saul chega ao pronto-socorro do hospital, em Anacortes, estão tirando de Larry a roupa de neoprene que salvou sua vida. Os dois homens nunca ficaram tão felizes. A atmosfera é alegre; eles riem e brincam um com o outro. Sabem que têm sorte de estar vivos. Então, aquecem Larry e ele sai do hospital algumas horas depois.

No caminho para casa, o vento ainda está soprando entre as árvores e agitando as águas do Rosario Strait.

Quando Saul olha para trás, para aquele dia, tudo o que pode fazer é balançar a cabeça e perguntar: "Exatamente o que eu estava pensando?"

"Uma das primeiras coisas que fiz quando voltei, foi comprar um par de rádios VHF à prova d'água. Comprei foguetes de sinalização menores, que você pode colocar dentro do colete salva-vidas. Coloquei todos os apetrechos, sacos flutuantes e outros equipamentos de segurança no convés e não sob os decks, onde costumava guardá-los."

"Aquele dia me tornou tremendamente cuidadoso como líder em viagens. Uma coisa é matar a si mesmo; outra é matar os seus amigos."

Ele escolhe um lugar na neve para rabiscar sua última vontade, seu testamento.

13. Soterrado vivo

Uma montanha-russa de alta velocidade atravessa uma paisagem de inverno enterrada em uma almofada de neve intacta, descendo as colinas íngremes em queda livre, lançando flocos de neve nas curvas, avançando entre as árvores, deslizando pelos campos abertos. Uma corrida suave, fácil.

Esses são os motivos para Ken e Bill serem os primeiros a parar no estacionamento ao sul de Greenwater, Washington, ao lado da Highway 410, em uma manhã de quarta-feira de fevereiro. A neve se acumulou nas Cascade Mountains e eles sabem que não há melhor maneira para evitar as multidões do que andar de moto-esqui no meio da semana.

Ken e Bill são parceiros em um negócio de construção de casas e há anos andam juntos de moto-esqui. No último inverno percorreram quase 5 mil km em suas máquinas. Este ano, com moto-esquis novos e possantes, construídos para subir montanhas em neve profunda, já acumularam mais de 1.700 km nos odômetros.

Eles sobem a Forest Road 70, abrindo caminho por 60 cm de neve fresca. A manhã é promissora: temperaturas mornas, um céu azul. As poucas vezes que param para conversar, seus moto-esquis afundam na neve.

Logo depois do meio-dia, chegam ao topo das Cascade Mountains, em Government Meadows, logo ao leste do Naches Pass. Atravessando os campos para o leste, descem até uma estreita plataforma na entrada mais alta do local que eles chamam de atoleiro.

Esse barranco se enche de neve nos meses de inverno e se torna uma pista para os moto-esquis que chegam do leste ou do oeste pelas Cascades. O plano para hoje era percorrer as montanhas baixas para o leste, mas como o dia aqueceu, a neve se tornou pesada e os moto-esquis mais difíceis de serem manobrados. Analisam as suas opções e decidem retroceder, esperando encontrar temperaturas mais frias e neve mais leve lá em cima. Primeiro, precisam descer o atoleiro e encontrar espaço suficiente para fazer uma volta em U.

Ken assume a liderança, ficando em pé para se equilibrar melhor, enquanto desce. Bill vai logo atrás dele, seu moto-esqui indo quase sozinho na vala de 60 cm de uma pista que Ken está cavando na neve funda.

Não muito longe do topo, o moto-esqui de Bill começa a mudar de direção, enquanto a neve à direita começa a se movimentar. A vala feita por Ken está estreitando. A princípio é divertido. Bill ri enquanto seu moto-esqui é empurrado para a esquerda, saindo da pista. Então, quando ele olha para cima, para a encosta suave acima deles, uma fenda se abre na neve a 18 m acima. Em um minuto a fenda aumenta, ao lado da sua rota, abrangendo centenas de metros à frente e atrás deles.

Ken pode vê-la agora e acelera sua máquina. O moto-esqui tenta ultrapassar os blocos da avalanche. Enquanto Bill tenta o mesmo, a neve desliza para o barranco, curvando-se como uma onda. Lenta, mas implacavelmente, a avalanche o empurra para fora do seu moto-esqui. Ele agarra uma pequena árvore enquanto a neve é despejada no estreito barranco, chegando à sua cintura e depois no corpo todo. Inicialmente parece areia e depois endurece como concreto. De repente, suas pernas são comprimidas pelo torno gelado. Bill pode escutar Ken subindo a toda velocidade e então outra onda é despejada atrás dele.

Em pânico, Bill começa a sacudir a árvore enquanto a neve cobre sua cabeça. Ele precisa de espaço para respirar, precisa impedir que a neve imobilize a parte superior do seu corpo. Se esforça para permanecer calmo, sabendo que se parar de se mexer, morrerá.

Os pensamentos atravessam a sua mente: *Se eu não sair daqui, meu filho...*

Lutando, lutando, os segundos parecem horas, soterrado na escuridão debaixo de toda aquela neve. A árvore é o seu caminho para fora. Ele continua sacudindo o tronco porque não há nada mais a fazer.

Finalmente, quando está próximo da exaustão, 60 cm de neve acima da sua cabeça desabam, enchendo o buraco de luz e ar.

Pode olhar para cima e para fora. O pânico desaparece.

Eu vou conseguir. Ken vai me tirar daqui.

Grita, pedindo ajuda.

Ken virá correndo e vai me tirar daqui.

Ninguém responde.

Bill grita com todas as forças em direção ao pequeno pedaço de céu. Não há nenhuma resposta, a não ser um silêncio frio e solitário.

Sacudir a árvore realmente manteve livre a parte superior do seu corpo, mas há pouco espaço no buraco. Não consegue abaixar as mãos para tirar as pernas. Uma das suas botas está suficientemente solta e ele consegue movimentar um pouco o pé. Começa, assim, a mexer o pé para trás e para frente, empurrando a neve. Os minutos passam. O suor escorre em sua testa. Ele consegue espaço suficiente para levantar e abaixar uma perna. Continua empurrando, puxando, forçando.

Depois de meia hora lutando para escapar, consegue um pouco de espaço para a outra perna.

Quando seus quadris ficam livres, reúne as suas forças e investe para cima, cravando as unhas no topo do buraco. Com um último impulso, sai da armadilha gelada e cai na superfície, exausto.

Enquanto a sua respiração normaliza, Bill senta. *Ken deve estar em algum lugar por perto. A qualquer minuto surgirá vindo lá de baixo.* Enquanto olha ao redor, para a superfície desordenada causada pela avalanche, cercado por um profundo silêncio, a realidade o atinge como uma bofetada no rosto.

Ken está soterrado. O equipamento de emergência também está soterrado, 2 m abaixo, no baú do seu moto-esqui. Ele lembra que as vítimas de avalanche têm apenas de 15 a 20 minutos antes de sufocar.

Ele fica em pé e procura freneticamente na neve o local onde viu Ken pela última vez. Tropeça, cavando com as mãos, examinando a neve, andando para cima e para baixo do barranco, esperando encontrar alguma coisa, qualquer coisa, que lhe permita salvar a vida do amigo.

Uma hora se passa e não encontra nada.

Com poucas opções, Bill faz uma prece, colocando a vida de Ken nas mãos de Deus. Ele dá as costas para a avalanche e começa a caminhar na direção do seu caminhão, a 25 km de distância no topo da Cascade. É muito difícil subir de volta pelo atoleiro na neve funda. Algumas vezes, engatinha. Outras, afunda até a cintura.

Quando já subiu 264 m, hesita.

Ken não me deixaria. Deve estar lá embaixo em algum lugar.

Começa a descer, fazendo outra prece. *Ok, Deus, a brincadeira acabou, deixe que eu o encontre.*

Percorre novamente o mesmo trecho, procurando entre a confusão de neve, gritando o nome de Ken, cavando aqui e ali, não encontrando nada.

Vai embora novamente, só para retornar mais duas vezes.

Finalmente, com a noite se aproximando e a neve começando a cair, vai embora pela última vez. Ele precisa se salvar, sair dali e encontrar ajuda.

Leva uma hora engatinhando e se esforçando para voltar a Government Meadows. Algumas vezes precisa voltar e começar de novo para avançar com dificuldade e progredir um pouco nos montes de neve que chegam à cintura. A exaustão está cobrando o seu preço. A cada passo se sente como se uma faca estivesse sendo cravada em suas coxas.

Ele chega à cabana do Serviço Florestal. Esse seria um bom lugar para ficar e esperar que alguém suba hoje à noite ou talvez amanhã, mas o pensamento de Ken soterrado não o deixará descansar. Se recusa a desistir enquanto conseguir caminhar.

Percorre mais 1.600 metros. As condições estão um pouco melhores, seguindo a pista compacta feita pelos moto-esquis. Contudo, seu corpo está no limite. Mal consegue erguer os pés para caminhar. As suas pernas estão trêmulas, os músculos parecem feitos de borracha. Aproximando-se da junção da pista que leva para baixo, até a caminhonete, lembra que ainda precisa percorrer 19 km. Cai de joelhos.

Deus, você precisa mandar alguma ajuda porque eu não consigo mais continuar.

Um minuto se passa então e ele ouve um som filtrado pela floresta. Moto-esquis subindo a estrada!

A 90 m de distância a pista se divide. A ramificação da esquerda leva à Naches Trail. A da direita passa por ele no caminho para Government Meadows. Ele não pode se arriscar a perder esses moto-esquis. Com uma súbita explosão de energia, corre, manqueja, se arrasta pela neve, seguindo o som que está cada vez mais próximo e encontra os moto-esquis.

Até esse momento, Bill conseguiu se segurar, mas quando lhe perguntam o que está acontecendo, ele desaba – balbuciando, chorando, contando sobre a avalanche.

"Quando isso aconteceu?"

"Bem, que horas são?"

Eles dizem que são quase 16h30.

"Era mais ou menos meio-dia, meio-dia e meio, cerca de quatro horas atrás."

"Ele ainda está lá embaixo?"

"Sim, nós perdemos nossos... eu o perdi, não consigo encontrá-lo."

Eles o acalmam o suficiente para colocá-lo em uma das máquinas, depois fazem a volta e seguem para o estacionamento abaixo.

A 3 km do estacionamento encontram um segundo grupo com moto-esquis subindo a montanha. Um deles tem um celular. Imediatamente ligam para 911 e são encaminhados ao Pierce County Sheriff's Department.

Bill quer voltar com o grupo que tem o celular, mas o xerife quer que fique lá para encontrar a equipe de busca e resgate que irá ajudá-los a encontrar o local do acidente.

Rapidamente elaboram um plano. O grupo com o celular subirá e tentará seguir a pista de Ken até o local da avalanche. O primeiro grupo continuará lá embaixo com Bill e esperará com ele pela equipe de busca e resgate.

Meia hora tensa se passa enquanto, no estacionamento de Greenwater, o grupo dos moto-esquis espera que a ajuda chegue. Bill se ocupa tirando outro moto-esqui do seu trailer e reunindo o equipamento da caminhonete para não desperdiçar tempo quando o resgate chegar.

A equipe de busca e resgate pára no estacionamento. Bill lhe dá todos os detalhes e eles não estão de bom humor pois têm más notícias. Se Ken ficou soterrado por 5 ou 6 h, não estarão mais fazendo um resgate: é uma operação de recuperação e não faz sentido trazer a equipe de recuperação à noite. Eles montarão uma base e subirão nas primeiras horas da manhã.

A palavra "recuperação" atinge Bill. A realidade começa a se infiltrar por meio do atordoamento e da descrença e ele começa a ficar sufocado. O coordenador das buscas o chama de lado. Querem que telefone para a noiva de Ken. Ela precisa saber que ele morreu.

Troy estava querendo andar de moto-esqui há quase uma semana. Ele não gosta de andar sozinho mas não encontrou ninguém para acompanhá-lo. Na quarta-feira, com os negócios lentos em seu emprego de gerente de um estacionamento, decide subir até Greenwater e se divertir um pouco.

Ele chega ao estacionamento esperando encontrar um parceiro ou dois, mas há apenas algumas máquinas por lá e ninguém à vista. Sobe a Forest Road 70 seguindo o caminho para Government Meadows e pára na cabana do Serviço Florestal para ver se há alguém na área. Quinze minutos passam e ninguém aparece. Troy liga a sua máquina novamente e atravessa o campo na direção leste das muitas pistas que serpenteiam pelas montanhas próximas.

Pára no topo de um barranco fundo. A neve profunda, pesada, traz de volta lembranças do último final de semana, quando passou 9 horas tirando o seu moto-esqui de um monte de neve a oeste do Mount Rainier. Ele pode ver as trilhas de moto-esquis levando para o barranco e marcas de pés subindo.

Alguém soterrou o seu moto-esqui lá embaixo e precisou sair caminhando, pensa.

Isso é o suficiente para convencê-lo. Decide voltar pelo campo, indo para o sul, e subir as encostas acima da cabana. Com sorte, ainda poderá encontrar parceiros.

Depois de meia hora, encontra outras pessoas em seus moto-esquis. Rapidamente, param. Assim que suas máquinas são desligadas, um deles conta a Troy que uma pessoa está soterrada sob uma avalanche e que seu grupo encontrou seu amigo na estrada acima. Ele não tem certeza do local onde ocorreu a avalanche, mas subiu para tentar encontrá-lo.

Troy não hesita: "Eu sei exatamente onde é".

Ambos ligam suas máquinas e Troy se dirige para os barrancos e as trilhas que levam para baixo. O outro homem acha que sua máquina não conseguirá subir de novo se ele descer até lá. Troy tem uma máquina possante e em uma situação de vida ou morte está disposto a apostar que consegue voltar.

Ele fala ao companheiro: "Eu vou dar uma olhada. Se eu não voltar, certifique-se de que alguém saiba que eu desci até lá".

Troy desce, seguindo as trilhas do moto-esqui durante quase 800 m antes delas desaparecem no limite da avalanche. Bolas de neve, do tamanho de bolas de softball e também maiores, despencaram enchendo o barranco com mais de 3 m de neve por uma extensão de pelo menos 90 m encosta abaixo.

Ele desliga a máquina e olha para o cenário do sepultamento.

Cara, se tem alguém lá, ele está com problemas sérios.

Enquanto a montanha volta a ficar silenciosa, Troy sai da sua máquina e começa a caminhar na confusão. A caminhada é difícil, com as pernas afundando até os joelhos a cada passo. É um enorme campo branco, sem sinal de moto-esqui, de algum pedaço de roupa ou equipamento. Ele grita no meio da confusão provocada pela avalanche. Enquanto o som da sua voz desaparece, o silêncio é ensurdecedor. Continua seguindo pelo barranco cheio de neve sabendo que a sua tarefa é sem esperança, mas decidido a não desistir. Mais ou menos na metade do caminho, grita novamente, depois pára e escuta o silêncio.

Subitamente o ar é tomado por um grito de socorro desesperado. Troy ainda não consegue ver nada na superfície. Ele grita de volta, tentando acalmar a voz frenética. "Calma, eu não consigo vê-lo ainda".

Continua andando e escutando cuidadosamente para localizar o ponto de onde veio o grito. A voz está histérica.

Ele avista algo sobre a neve.

"Você tem um capacete preto?"

A voz grita de volta: "Sim, sim, é o meu capacete!"

"Tudo bem, tudo bem, acalme-se. Eu vou demorar um pouco para chegar aí."

Troy avança com dificuldade entre as pilhas caóticas de neve. Quando chega até o local onde está o capacete, pode ver uma pequena abertura na superfície. Se inclina sobre ela para espiar. Alguns metros abaixo, um rosto frenético está olhando para cima.

Quando Ken acelerou seu moto-esqui para escapar da avalanche, as altas rotações da máquina afundaram-na ainda mais.

A primeira massa de neve deslizante veio da direita para a esquerda, caindo ao redor do moto-esqui e cobrindo Ken até a cintura. Seus pés foram empurrados para frente, prendendo suas pernas sob a capota.

Uma segunda onda da avalanche veio por trás como água escorrendo pelo barranco, cobrindo Ken até os ombros. Ele teve um pensamento momentâneo de que devia parecer ridículo estar apenas com a cabeça visível acima da neve. Instintivamente ergueu os braços para proteger o rosto.

Uma terceira carga de neve cobriu-o totalmente, a luz transformando-se num azul escuro. A neve endureceu ao seu redor. Ele lutou para abrir espaço na frente do rosto e respirar enquanto ainda conseguia mexer as mãos. Só havia espaço para respirar profundamente uma última vez antes de a neve endurecer completamente.

Preso, confinado dentro de uma escuridão azul, a neve o pressionava para baixo, impedindo-o de se mexer. Lembra-se de ter lido que a maioria das vítimas de avalanche fica soterrada apenas 30 cm sob a superfície. Com isso em mente, acha que pode não ser difícil escapar. Sabe que o mais importante é permanecer calmo. O pânico mata rapidamente.

Um problema imediato é o moto-esqui que continua funcionando, soltando monóxido de carbono no pouco oxigênio existente na neve ao seu redor, mas não consegue se mexer para alcançar a ignição.

Ken descobre que mal consegue movimentar a mão direita. Mesmo assim começa a mexê-la para frente e para trás, abrindo um espaço na frente do rosto. Com um pouco mais de espaço, ele fecha a mão e começa a socar para cima.

Enquanto o espaço aumenta, consegue dobrar o punho e cavar. Um pouco da neve é fofa, mas o resto é duro, muito duro para cavar com luvas. Finalmente liberta a outra mão e tira as luvas para poder usar as unhas. Há locais em que cavar é tão difícil que os seus dedos parecem que vão quebrar, enquanto arranha o gelo.

Após 20 minutos, o moto-esqui pára de funcionar, mas o cheiro da descarga não desaparece.

Ken continua raspando e arranhando na direção da superfície. Quando sua visão escurece pela primeira vez, não sabe o que é até socar desesperadamente para cima. O oxigênio passa pelo buraco que fez com os punhos e a sua visão clareia. Aprende rapidamente a reconhecer os sintomas da falta de oxigênio e começa a socar um novo buraco, encostar a cabeça nele e respirar profundamente até conseguir cavar novamente.

Quando tem espaço suficiente para arrancar o visor do seu capacete, o transforma em uma ferramenta para cavar. Agora consegue cavar mais, aumentando o espaço acima da cabeça. Quando há uma quantidade grande de neve ao seu redor, a transforma em bolas e atira-as nos buracos feitos pelos punhos.

Ele grita pedindo ajuda a intervalos regulares. O som é totalmente absorvido pela neve circundante.

Soterrado, Ken está na linha entre a vida e a morte sem nenhuma noção do tempo. Em determinado momento sente que o fim está próximo. Ele escolhe um lugar na neve para rabiscar sua última vontade, seu testamento enquanto ainda está consciente. Precisa que seus filhos e sua noiva saibam que ele os ama.

Esse pensamento apenas o deixa zangado. Não vai desistir agora. Faz a promessa de lutar até não ter mais nada e volta a arranhar e raspar para cima.

Lembra de ter visto radiocomunicadores com Bill há pouco tempo. Na época os 200 dólares pareciam um preço caro para um equipamento que transmite sinal para que uma vítima de avalanche possa ser rapidamente localizada. Ele ficaria feliz de preencher um cheque para comprar um agora, enquanto raspa para cima, arranhando o teto do buraco, com neve e gelo caindo nos olhos.

As horas passam e ele começa a ver luz filtrando-se pela neve. Não consegue cavar mais para cima, mesmo com a sua ferramenta improvisada. Seus joelhos continuam presos sob o guidão do moto-esqui. A neve o prende com firmeza.

Suas forças acabaram, devido à falta de oxigênio e ao esforço de cavar. Não há nada a fazer, a não ser rezar.

Tudo o que eu preciso é de um pouco de ar, Deus. O resto, farei.

As palavras mal saíram da sua boca quando a camada de neve de 15 cm que restou acima desmorona. Ar fresco, limpo e luz brilhante inundam o buraco.

A infusão de oxigênio renova as suas energias. Agora pode fazer bolas de neve e atirá-las para fora do buraco, aumentando ainda mais o seu espaço.

A superfície continua fora do seu alcance. Pensa em quebrar uma perna para ajudá-lo a escapar. No ano passado quebrou uma perna e talvez ainda esteja fraca o suficiente para ser quebrada novamente e passar ao redor do guidão do moto-esqui.

Grita freneticamente por ajuda. Ninguém responde.

Tudo o que pode fazer é voltar a cavar. Consegue espaço suficiente para atirar o capacete para fora do buraco e, então, começa a cavar para baixo, para libertar as pernas.

Sempre que pára, grita e ninguém responde, sua esperança diminui. Contudo, não vai parar de tentar se libertar, cavando a neve, empurrando e puxando as pernas.

Mais tempo passa.

Desiste de achar que alguém na superfície poderia escutá-lo. Gritar pedindo ajuda é ridículo. Não há ninguém lá fora para ajudá-lo. Ele se concentra no esforço para libertar as pernas e fugir sozinho dessa armadilha.

No final da tarde, no meio dos seus esforços finais, o som de uma voz ecoa no buraco.

A princípio não consegue acreditar. Ele grita de volta, todos os seus temores e pânico levando o seu grito para fora e para cima.

Durante alguns minutos troca gritos com a voz e, então, um rosto aparece na abertura acima da sua cabeça.

Troy leva 10 minutos para abrir o buraco o suficiente para agarrar a mão estendida e puxar o homem para fora. Na superfície, Ken está confuso e fraco pelo envenenamento por monóxido de carbono e pelas longas horas de esforço cavando. Ele cai pesadamente na neve, sem botas, sem uma das meias e ficando frio naquele local aberto. Contudo, está frenético.

"Nós precisamos encontrar o meu amigo Bill. Ele está soterrado aqui em algum lugar."

Troy lhe diz que Bill está bem. Está lá embaixo no estacionamento com a equipe de busca. Eles sentam e conversam enquanto Troy cobre com a perna da roupa de neve o pé exposto, amarrando-a nele. Explica que precisam sair do barranco. Ken está disposto, mas muito fraco para ficar em pé. Troy o empurra, engatinha com ele, enquanto sobem para sair do atoleiro. Logo eles são encontrados por dois homens que vieram ajudar. Com a noite caindo rapidamente e Ken sem condições para andar de moto-esqui, quanto mais se caminha pelo barranco íngreme, mais a neve dificulta a caminhada, afinal. O barranco é muito íngreme para os dois homens saírem no moto-esqui de Troy. É óbvio que precisam de mais ajuda. Ao chegarem no moto-esqui, eles acomodam Ken.

Troy se volta para os homens.

"Eu vou sair daqui. Se eu conseguir chegar ao topo, não vou parar, vou até lá embaixo conseguir ajuda."

Troy liga seu moto-esqui, faz uma manobra em U e sobe o atoleiro; as lanternas traseiras sumindo na escuridão.

De volta ao estacionamento, Bill se recusa a ligar para a noiva de Ken. Ken não pode estar morto.

"Ele é teimoso como uma mula. Se alguém pode sobreviver, esse alguém é ele."

Eles não vão pressioná-lo. O coordenador da busca e resgate deixa o assunto de lado.

O posto de comando começa a se formar. Geradores são levados para fora e as luzes acesas. Uma mesa é montada. Mapas são abertos. Bill e o coordenador estão inclinados sobre os mapas, determinando o local da avalanche, quando um moto-esqui desce a montanha.

Troy desliga a máquina e grita para os homens reunidos ao redor do trailer: "Nós encontramos o seu homem".

"Ele está vivo?"

"Ele está vivo, mas está muito mal."

Uma hora depois Ken é levado para Government Meadows. Foguetes de sinalização, holofotes e faróis de moto-esquis iluminam uma área de pouso, enquanto um helicóptero Blackhawk, do Fort Lewis, paira na escuridão. Todos ficam atrás dos moto-esquis quando a corrente de ar provocada pelos rotores levanta a neve, formando uma nuvem de gelo. O piloto pousa sem desligar os rotores. Ken é levado para bordo e o helicóptero vai para o Madigan Hospital, em Tacoma, a alguns minutos de distância.

Chegando no pronto-socorro, Ken é rapidamente imobilizado e aquecido. Além do envenenamento por monóxido de carbono, não tem ferimentos.

Senta na cama do hospital em um momento de calma entre os acessos de tosse. Uma enfermeira entra.

"Você está morto?"

"Não", diz.

A enfermeira abre a válvula de um tanque de oxigênio até o fluxo quase arrancar a máscara do rosto de Ken.

"Você deveria estar. Temos cadáveres que entram aqui com contagens de monóxido de carbono mais baixas do que as suas."

Depois de apenas quatro horas no hospital, recebe alta.

Ken diz que, enquanto lutou durante cinco horas para escapar da neve, teve muito tempo para pensar na vida. Fez a promessa de deixar de ser egoísta e passar mais tempo com a noiva e os filhos. No mesmo ano vendeu seus moto-esquis e comprou um barco para passear com a família.

Bill também desistiu de andar de moto-esqui por razões familiares. Mas não desistiu totalmente do esporte.

"Talvez eu volte no ano que vem, especialmente agora que eles têm uma pista nova. Ela deve ser impressionante!"

O céu cinzento acima deles começa a se misturar com a paisagem branca. Detalhes, percepção de profundidade e o horizonte desaparecem na luz fraca da tarde.

14. Queda de helicóptero

A atração de um passeio turístico de helicóptero é inegável. A aeronave é como um tapete mágico oferecendo a qualquer um a oportunidade de ter acesso a regiões distantes normalmente inacessíveis para todos, a não ser os mais ousados. Em Juneau, Alasca, é uma indústria próspera. Turistas de toda parte do mundo saem dos quartos de hotel ou das cabines de navios de cruzeiro e em uma hora estão caminhando na vastidão intacta da paisagem subártica conhecida como Juneau Ice Field.

A experiência de voar de helicóptero é como um sonho; sobrevoando a paisagem de enseadas de água salgada e florestas envoltas na neblina, por vales flanqueados por montanhas e repletos de geleiras e plataformas de gelo elevadas de 1.500 milhas quadradas espalhando-se até onde a vista pode alcançar, salpicadas aqui e ali por pontas de rochas solitárias.

Pilotos habilidosos pousam a aeronave, abrem as portas e deixam os passageiros sair no meio de uma região coberta de neve, cuja beleza é inimaginável. Picos pontiagudos sobem até o céu. Há sempre uma fenda azulada em algum lugar próximo, proporcionando a oportunidade de tirar a fotografia perfeita.

Richard e Rhoneel, marido e mulher, são da região da San Francisco Bay Area, na Califórnia. Eles terminaram a etapa terrestre da viagem pelo Alasca no início de setembro e agora o seu navio está atracado em Juneau para a primeira etapa de uma viagem pelo sudeste do Alasca. Os três outros passageiros do helicóptero – William Junior, sua noiva Deborah e o pai dele, William – também são de lá. Todos optaram por aquilo que é conhecido como a Escolha do Piloto, um passeio de helicóptero a locais afastados das rotas regulares.

Pelas informações que receberam ao contratar o passeio, sabem que devem levar óculos de sol, um suéter quente ou uma jaqueta e uma máquina fotográfica e muito filme. Luvas e gorro são opcionais, sugeridos para pessoas que sentem muito frio. A companhia de turismo oferece botas com grampões para caminhar com segurança nas geleiras. No helicóptero também há capas de chuva com capuz, no caso de chuva e vento.

Eles recebem instruções de segurança e partem, voando sobre geleiras e picos escarpados a poucos minutos do heliporto. O piloto chama a atenção para a vida selvagem na paisagem abaixo.

Depois de 30 minutos de vôo, pousam a meio caminho de uma geleira. O piloto permite que saiam e tirem fotos uns dos outros perto da abertura das fendas.

O seu segundo pouso é mais em cima, no campo de gelo. A plataforma ampla, de um branco ofuscante, se estende à frente deles: um mar congelado inundando uma paisagem montanhosa. Eles descem do helicóptero e caminham pela neve para tirar fotos, esperando captar a imensidão do lugar. Imponente, emocionante, admirável; não querem ir embora.

Logo após o meio-dia, o piloto reúne os cinco passageiros para o vôo de volta. Enquanto o helicóptero desce das alturas pela West Herbert Glacier, todos os passageiros estão esticando o pescoço de um lado para o outro, absorvendo o máximo possível da vista, antes do final do passeio. O céu cinzento acima deles começa a se misturar com a paisagem branca. Detalhes, percepção de profundidade e o horizonte desaparecem na luz fraca da tarde.

Para os passageiros, a mudança é imperceptível enquanto tiram fotografias pelas janelas laterais. Rhoneel tem uma leve sensação de perda de altitude e se inclina para o marido.

"Reserve um pouco do filme, acho que nós vamos pousar mais uma vez."

Então, de repente, a neve atinge o pára-brisa, o mundo gira violentamente e um enorme impacto os atira para frente.

Quando tudo fica quieto, Richard tenta descobrir o que está pressionando a parte de trás da sua cabeça.

É o teto do helicóptero.

Ele está de cabeça para baixo, pendurado no cinto de segurança, os ouvidos zumbindo como se tivesse acabado de levar um soco no rosto. Estendendo os braços, abre a fivela do cinto de segurança, gira sobre os joelhos e engatinha pela abertura onde antes estava a porta.

O corpo do helicóptero está virado, amassado pelo impacto e rachado nas junções. O painel de instrumentos foi arrancado e está caído para um lado. Todas as portas foram arrancadas e estão espalhadas na superfície coberta de neve da geleira, fragmentos escuros sobre um solo branco.

As janelas de plexiglás estouraram. A cauda está quebrada e caída em posição vertical na neve. Os trens de pouso estão esmagados e virados para trás. Os rotores despedaçados estão espalhados pelo local do acidente.

O piloto e os outros passageiros saem lentamente dos destroços, mancando e sangrando. Eles olham para o que sobrou do helicóptero, atordoados, espantados, imaginando o que aconteceu, surpresos por estarem vivos.

Rhoneel mordeu o lábio. O piloto está sangrando, com um profundo corte entre os olhos. Deborah e William, sentados no assento da frente próximo ao piloto, bateram as pernas no impacto inicial. O tornozelo esquerdo de Deborah dói e ela não consegue andar sem ajuda. As pernas de William estão rígidas e doloridas, mas consegue andar sozinho. Richard e William Jr. estão relativamente ilesos.

À medida que o choque e a surpresa diminuem, colocam neve sobre os ferimentos para diminuir o inchaço e fazem o que podem para interromper qualquer sangramento.

O piloto examina o que sobrou da aeronave e pega uma caixa de sobrevivência. Dentro dela há algumas mantas finas e espaciais finas, um pequeno estojo de primeiros socorros e alguns outros itens. Eles colocam ataduras nos cortes. As capas de chuva com capuz são distribuídas, enquanto todos se acalmam na brisa gelada que sopra da geleira.

O rádio foi destruído. As comunicações com a base da companhia de turismo em Juneau estão cortadas. O melhor que o piloto pode fazer é ativar o sinalizador de emergência e assegurar os passageiros de que a companhia de turismo os espera de volta. Assim que perceberem que estão atrasados, alguém virá procurá-los.

Uma voz animada diz: "Hei, alguém tem um celular?"

O piloto tira o celular do bolso, ligando-o. Nenhum sinal. Ele se afasta do helicóptero e se aproxima do vale que desce na direção de Juneau. Nada. Aqui em cima o celular é apenas um pedaço de plástico inútil.

Uma hora passa enquanto esperam no local do acidente, na região mais alta da geleira. Com o vento, a temperatura está caindo. Abatidos, ensangüentados, os cinco passageiros e o piloto se amontoam ao redor dos destroços.

O tornozelo de Deborah agora está latejando de dor. Ela treme no frio. Rhoneel senta-se com ela no abrigo formado pelos destroços, tentando aquecê-la.

Para passar o tempo, Rhoneel menciona os slides que ela e Richard assistiram a apenas alguns dias, em uma tarde chuvosa no Denali National Park. Havia imagens de elaboradas paredes de neve que os alpinistas constroem no alto da montanha para proteger as barracas do vento.

Deborah lembra que construía iglus quando era criança e que eles eram aconchegantes. O assunto faz o resto do grupo entrar na conversa.

Sem rádio para pedir ajuda e nenhuma pista de quando alguém virá procurá-los, construir algum tipo de abrigo seria uma boa idéia.

O contêiner do kit de emergência tem o tamanho certo para formar blocos de neve. Eles retiram o seu conteúdo e formam uma linha de montagem.

Usando um par de janelas de plexiglás como pás, alguns deles cavam enquanto os outros colocam a neve solta dentro do contêiner. Os blocos de neve são então retirados do contêiner e empilhados para formar uma parede. As fendas entre os blocos são preenchidas com neve solta para formar uma firme barreira contra o vento. Eles começam a se aquecer com o esforço físico, enquanto a parede se estende em volta do barlavento da fuselagem do helicóptero.

A tarde passa. As nuvens vão e vem, cobrindo a geleira durante curtos períodos, limitando a visibilidade a algumas centenas de metros e depois sobem e vão embora. Por volta das 15h30, com as nuvens se movimentando, ouvem o ruído de uma aeronave e olham para cima, vendo um helicóptero de uma outra companhia de turismo voando em sua direção, vindo lá de baixo.

Correm para a frente dos destroços, separando-se para que as suas jaquetas amarelas fiquem mais visíveis contra a geleira branca. Alguns deles estão acenando com as mantas metálicas. Outros seguram peças da fuselagem do helicóptero pintadas em cores brilhantes, qualquer coisa que apareça no meio da vastidão branca.

Através da neblina, observam o helicóptero parar na beira da cobertura de nuvens. Ele paira no ar por alguns instantes, então vira e vai embora.

Quando o helicóptero com os cinco passageiros pagantes não retorna logo depois do meio-dia, conforme planejado, a companhia de turismo começa uma busca pelo rádio trocando comunicações com outras companhias de turismo. Rapidamente, todos os pilotos na área estão vasculhando o terreno.

Por volta das 13h, a companhia de turismo envia um segundo helicóptero com um observador para sobrevoar a rota da aeronave desaparecida.

Por volta das 14h, ainda não há sinal do helicóptero desaparecido. E agora o segundo helicóptero relatou estar com dificuldades mecânicas e está pousado no campo de gelo. A companhia de turismo envia um terceiro helicóptero, com um mecânico atuando como observador.

O terceiro helicóptero encontra o segundo virado sobre o gelo. O piloto e o observador estão perto dos destroços, acenando.

Quando o terceiro piloto pousa, o segundo conta que teve problemas com a luz fraca: perdeu o horizonte e não sabia onde estava a superfície de neve, então diminuiu a velocidade, buscando qualquer coisa para se orientar e antes de saber o que estava acontecendo bateu o trem de pouso e virou.

Enquanto o terceiro helicóptero levanta vôo, com o piloto e o observador a bordo da segunda aeronave, os dois homens dizem que receberam uma transmissão de um helicóptero próximo que avistara sobreviventes no local do primeiro acidente.

Esse primeiro local encontra-se logo acima da cordilheira, não muito longe dali. O terceiro helicóptero sobrevoa a montanha e avista o que caiu com suas seis pessoas próximas dos destroços. Enquanto o terceiro helicóptero se dirige para o local, as nuvens se misturam com o campo de gelo. O horizonte desaparece. A percepção de profundidade é nula.

O piloto diminui a velocidade, perdendo altitude enquanto busca um ponto de referência em uma paisagem sempre igual.

Os sobreviventes param de acenar e de gritar, enquanto o helicóptero abaixo deles, na beira da cobertura de nuvens, recua para o vale. Rhoneel tem certeza de que foram avistados. Pela primeira vez no dia todos estão animados.

Enquanto se reúnem nos destroços, um segundo helicóptero surge sobre uma cordilheira atrás deles. Mesmo à distância, reconhecem o logotipo da sua companhia de turismo.

A alegria e o alívio se espalham pelo grupo. "Estamos salvos, estamos salvos", acenam e gritam enquanto o helicóptero voa em sua direção, descendo cada vez mais e lentamente atingindo o chão, virando e batendo no campo de gelo.

Silêncio. Seis pares de olhos incrédulos estão fixados no ponto de gelo onde seus salvadores acabaram de bater.

Richard é o primeiro a agir. No claro ar da montanha o local do acidente parece próximo. Ele caminha pelo gelo para buscar sobreviventes. Algumas centenas de metros à frente, as nuvens começam a se movimentar e ele hesita. Olhando pelo binóculo, pode ver quatro pessoas em pé na neve, perto dos destroços. Então as nuvens descem, ocultando o local.

Ele se vira e descobre que o seu próprio helicóptero caído está quase invisível e à pouca distância. Apressando-se para voltar no meio da neblina, não consegue entender porque um helicóptero para seis passageiros viria resgatá-los com uma equipe de quatro homens.

Para os cinco passageiros e o piloto essa segunda colisão é um tapa coletivo no rosto. De repente, a situação deles fica muito clara: estão presos em uma geleira, com roupas leves e o sol se pondo no horizonte.

Podem estar a apenas alguns minutos de vôo do calor e do conforto da civilização, mas a chance de chegar outro helicóptero antes do anoitecer não parece boa. Quando Richard volta do seu rápido passeio na geleira, redobram os esforços para levantar o abrigo.

O que era o teto da fuselagem de alumínio, é tirado sob os destroços e eles cavam na neve para aumentar o espaço protegido. Então, colocam o teto no fundo, transformando-o em chão.

As almofadas dos assentos são recolhidas do local onde estão espalhadas na geleira. Elas são colocadas sobre o chão de alumínio do abrigo para servir de isolantes. O assento dianteiro para duas pessoas, arrancado de seu encaixe no impacto, é trazido para dentro.

A linha de montagem de blocos de neve recomeça e a parede aumenta, envolvendo totalmente o helicóptero.

As portas do helicóptero são tiradas da neve e endireitadas. Richard coloca as janelas de volta no lugar. As portas são colocadas no topo do abrigo, equilibradas sobre a fuselagem e a parede e presas no lugar com neve para formar um teto.

Por último, porém, não menos importante, uma porta substituta é construída com as grossas lonas de proteção das pás do helicóptero. Elas são tudo o que restou com peso suficiente para permanecer no lugar contra o vento soprando na geleira.

Enquanto a noite cai e o frio torna-se congelante, eles se amontoam dentro do abrigo.

Richard e Rhoneel trouxeram gorros de lã, no caso de precisarem. Os outros colocam os fones de ouvido do helicóptero para manter as orelhas aquecidas. Eles dividem uma pequena garrafa de água e uma maçã que Rhoneel tinha em sua bolsa. O piloto tem uma grande sacola com frutas secas. Ele as distribui. Ninguém está comendo ou falando muito. Todos têm os mesmos pensamentos.

Se o tempo piorar, podemos ficar aqui por algum tempo?

Quanto tempo a comida vai durar?

Quanto tempo nós podemos durar?

Com a noite, o vento fica mais forte e a neve começa a cair. Eles a observam formando pilhas sobre as janelas do seu teto improvisado. O calor dos seus corpos aquece o teto apenas o suficiente para derreter a neve. As finas mantas são cobertas insuficientes, enquanto a água goteja da vedação imperfeita ao redor das janelas. Ficar molhado agora é um convite para a morte.

As horas passam. Mesmo amontoados no abrigo, podem sentir os dedos dos pés e das mãos ficando entorpecidos. Lutam para permanecer acordados e vivos, conversando, cantando, jogando jogos de memória.

Richard faz o que pode para participar, mas os ursos não saem da sua mente. Em Denali lhe disseram que os ursos estão em toda parte. Ele aprendeu que nessa época do ano eles saem para se alimentar e engordar para o período de hibernação.

"Tenham cuidado com os ursos", advertiram os guardas florestais. "Eles são imprevisíveis e perigosos".

É aquela sacola com frutas secas. Richard pode sentir o seu aroma mesmo fechadas dentro do saco plástico. Se o seu nariz, normalmente insensível, consegue sentir o cheiro, então qualquer urso também pode. Ele imagina o aroma doce das frutas secas flutuando e os ursos, a quilômetros de distância, erguendo os focinhos, bufando, os estômagos roncando, enquanto procuram a fonte daquele aroma.

No final da tarde, estão conversando quando um deles escuta um barulho. Richard tem certeza que é um urso, mas se mantém calado. Todos escutam com atenção, enquanto Richard se prepara para enfrentar uma besta selvagem roncando e rosnando, atravessando a parede do abrigo.

Alguns minutos se passam em silêncio.

Eles escutam novamente um barulho.

É alguém dizendo "Olá", à distância. Richard respira aliviado.

Deve ser a equipe do outro helicóptero. Como todos vão caber nesse espaço apertado?

O piloto e Rhoneel estão perto da porta. Eles saem na escuridão para chamá-los.

Como membro voluntário do Juneau Montain Rescue e da equipe da Capital City Fire and Rescue, Doug é sempre convocado quando acontecem coisas ruins em locais distantes. O seu relógio soa por volta das 16h30. O departamento de incêndios está chamando uma equipe de resgate aéreo, médicos e a equipe de resgate com cordas.

Chegando ao departamento de incêndios, é informado de que dez pessoas estão em dificuldades na West Herbert Glacier. Há muita confusão, mas sabe-se que há pelo menos um helicóptero caído; os passageiros foram vistos caminhando. Um segundo helicóptero caiu na geleira, aparentemente devido à falha mecânica, e um terceiro está sem condições de voar e ninguém sabe dizer se devido às condições do tempo ou por problemas mecânicos, nem exatamente onde pode estar.

Quando Doug e sua equipe aparecem no centro criado pela companhia de turismo, o helicóptero da Guarda Costeira está junto de dois helicópteros de outras operadoras de turismo. Um grupo de nove pessoas está reunido, inclusive os membros do Juneau Mountain Rescue, de paramédicos do departamento de incêndio e da equipe de resgate com corda.

As boas notícias são que vão subir até a geleira com os helicópteros. As más notícias: uma tempestade está vindo da costa e poderiam ter de ficar lá por até três dias.

Reúnem fogareiros, barracas, sacos de dormir, cordas, equipamento para escalada e alimentos. A companhia de turismo oferece roupas de sobrevivência normalmente usadas em barcos, mas elas também funcionam como macacões isolantes.

Na geleira, os nove homens se dividem em duas equipes. Os quatro alpinistas mais rápidos saem primeiro. Os cinco homens maiores sairão por último, carregando a maior parte do equipamento.

São quase 20h quando atingem os níveis superiores da geleira e o início do campo de gelo. A noite está caindo, o vento soprando e a neve começando a cair. Pegam as bússolas e verificam os mapas para se orientar até o local de onde os coordenadores acham que vieram as transmissões dos sinalizadores. As lanternas são ligadas e eles avançam na noite.

Dez pessoas estão lá fora em uma extensão tão vasta a ponto de torná-las invisíveis em plena luz do dia. Com a noite e a cobertura de nuvens, essa busca será um trabalho de adivinhação.

Durante algumas horas as equipes de resgate caminham penosamente pelo campo de gelo, sem comunicação com Juneau devido à distância e ao terreno. Orientados pelas bússolas dos líderes da equipe, os nove homens perambulam na luz escassa lançada pelas lanternas. O mundo se tornou a escuridão, os flocos brancos girando e a superfície imutável coberta de neve.

A segunda equipe alcança a primeira quando é atrasada pela neve que chega aos joelhos. No céu escuro, um C-130 da Guarda Costeira juntou-se aos esforços, circulando para criar um elo de comunicação com Juneau. No campo de gelo, os salvadores transmitem a sua posição para a equipe de navegação.

Em alguns minutos recebem uma mensagem. Um dos sinalizadores de emergência está a menos de 1.600 metros.

Eles se dirigem ao local, parando de vez em quando para gritar juntos. Não há resposta.

Preocupados com a possibilidade de passar o local do acidente na escuridão, as duas equipes decidem continuar andando por mais 30 minutos. Se não encontrarem nada, vão montar acampamento e começar a fazer um rodízio de equipes menores para a busca durante a noite.

A meia hora seguinte passa, enquanto eles avançam e continuam gritando "Olá". Assim que começam a procurar um lugar para acampar, escutam um fraco "Olá" como resposta.

Pode ser apenas o eco.

Gritam novamente.

A resposta é a mesma. O tom parece ser o mesmo, apenas um fraco "Olá" vindo da escuridão.

Eles gritam uma terceira vez só para verificar. Dessa vez, o tom alto da voz de uma mulher cruza a noite.

Quando o piloto e Rhoneel saem do abrigo, podem ver luzes brilhando à distância. O piloto grita na escuridão e então Rhoneel faz o mesmo.

À medida que as vozes se aproximam, o piloto sacode uma pequena lanterna. A neblina ao redor brilha como um halo.

Doug é o primeiro a chegar. Ele se aproxima de Rhoneel e lhe dá um grande abraço, dizendo: "Gente, estamos contentes em vê-los!"

"Vocês estão contentes em nos ver?" ela diz. "Não, nós é que estamos contentes em ver vocês!"

Doug olha os destroços, olha de volta para Rhoneel e para o piloto, então olha novamente os destroços iluminados pela sua lanterna.

"Como vocês estão passeando por aqui? Olhe para essa coisa. Está destruída."

Antes que possam responder, um dos paramédicos os examina e faz uma rápida avaliação. Então ele entra no abrigo para examinar os outros sobreviventes.

O tornozelo de Deborah parece estar fraturado e ela ainda sente dores; portanto, colocam uma tala em seu pé. As pernas de William não parecem fraturadas, mas estão bem machucadas.

Rhoneel, Deborah e William vestem os macacões isolantes para se aquecer. Roupas quentes extras são tiradas de mochilas e entregues aos outros passageiros.

Enquanto as equipes trabalham para tranqüilizar os passageiros, Richard conta sobre o outro helicóptero que todos viram cair à tarde e sobre os sobreviventes que viu perto dos destroços.

Essas são boas notícias para a equipe de resgate. Agora as dez pessoas em dificuldades podem ser encontradas em dois locais diferentes.

Quatro homens se dirigem para o local do acidente do outro helicóptero.

Quando os quatro chegam ao local do terceiro acidente descobrem que o helicóptero está em condições bem melhores do que o do primeiro. Os quatro sobreviventes estão dentro da fuselagem e protegidos do tempo. Quando se identificam, os homens olham para fora.

"Ninguém aqui está ferido. Estamos aquecidos e não vamos sair."

Com todas as pessoas encontradas e o trabalho encerrado por aquela noite, os quatro homens cavam uma trincheira para sair do vento, entram em sacos de dormir e se acomodam para dormir algumas horas.

De volta ao local do primeiro acidente, a equipe de resgate montou duas barracas para proteger alguns dos sobreviventes. William Jr., Deborah e William são colocados na primeira barraca. Três dos homens da equipe entram em uma segunda barraca. O restante do grupo volta para o abrigo.

Admirando a sua obra, um dos homens da equipe se volta para Richard e Rhoneel.

"Vocês realmente fizeram um bom trabalho aqui", diz. "Vocês ergueram essa parede de neve, pegaram a porta e colocaram de volta as janelas, vocês são todos da Califórnia. Vocês construíram um iglu californiano com um teto solar".

No abrigo, uma noite longa e desconfortável de conversas, amontoados para obter calor, tentando permanecer secos. Finalmente, são forçados a deixar o abrigo quando a água pingando do teto ameaça ensopar suas roupas.

Oito pessoas amontoadas na segunda barraca, um modelo feito para quatro pessoas. Eles se amontoam sob alguns sacos de dormir. Um dos salvadores senta na porta e prepara chocolate quente em um fogareiro, para ajudar as pessoas a se manterem aquecidas.

O melhor que podem fazer durante o resto da noite é cochilar um pouco quando alguém precisa levantar e sair. Sempre que uma pessoa se vira para alongar músculos com câimbras, todos são cutucados ou empurrados por um joelho ou cotovelo.

Amanhece sem nenhuma melhora no tempo. Uma hora depois, podem ouvir os sons de helicópteros voando em volta, mais embaixo.

Aqui em cima a cobertura de nuvens está mais pesada do que ontem. Com a tempestade se aproximando, a chance de o tempo melhorar é pouca.

Nesse momento, a melhor opção é fazer todo mundo andar, voltando pelo caminho percorrido pela equipe de resgate, e esperar por uma abertura nas regiões mais baixas para que os helicópteros possam transportá-los pelo resto do caminho.

Deborah e William precisam ser carregados. O resto pode caminhar.

Enquanto a equipe de resgate faz um inventário do seu equipamento, esforçando-se para construir duas macas, a Guarda Costeira faz contato pelo rádio. Os pilotos dos helicópteros encontram o local do acidente através das nuvens.

Os minutos seguintes passam rapidamente. Voando quase às cegas, o piloto da Guarda Costeira desce lentamente, centímetro a centímetro, 60 m acima deles. As comunicações por rádio vão e vem entre a equipe e os homens no solo. Na luz fraca o piloto e o co-piloto não têm uma visão clara de onde o ar pára e a neve começa.

A equipe no solo coloca bastões de alpinismo e partes quebradas do helicóptero sobre a neve para dar um pouco de perspectiva à equipe aérea.

Enquanto o rotor começa a levantar um turbilhão de vento e neve, os sobreviventes são alinhados e instruídos a fechar os olhos. Uma cesta presa a um cabo é baixada até o chão. A equipe leva os cinco passageiros e seu piloto, um de cada vez, até a cesta. Cristais de gelo fustigam seus rostos enquanto se agarram. Um após o outro, são içados.

Acima, no helicóptero, a tensão é palpável. O piloto e o co-piloto estão nervosos e cegos no meio da neblina. Rhoneel fica paralisada de medo ao olhar para fora e enxergar as mesmas condições que provocaram o acidente de ontem. Quando todos estão acomodados e seguros, o helicóptero sobe e lentamente se afasta das nuvens.

Um pouco afastado da geleira, saem das nuvens para o céu aberto. No aeroporto de Juneau, uma ambulância espera para levar os feridos para o hospital.

Todos os sobreviventes são tratados e liberados em algumas horas. O ferimento mais sério é o tornozelo quebrado de Deborah.

A equipe de resgate e os quatro empregados da companhia de turismo descem caminhando na geleira, para fora da cobertura de nuvens. Eles são recolhidos pelo helicóptero naquela tarde.

A ausência de ferimentos sérios em um dia de três acidentes é atribuída às reações dos três pilotos. Quando um piloto perdeu o horizonte, permaneceu calmo, não fez movimentos bruscos e diminuiu a velocidade do helicóptero, mantendo-o nivelado. Essa atitude salvou vidas.

A mídia soube da história, atribuindo o acidente à tempestade que se aproximava.

"Não foi nada disso", diz Rhoneel. "A visibilidade era ótima".

As investigações da National Transportation Safety Board (NTSB) revelaram que a luz fraca do meio-dia, a neve localizada e a superfície sem pontos de referência do campo de gelo combinaram-se para criar condições nas quais os pilotos não podiam saber a distância que o helicóptero se encontrava do solo. A tempestade não teve nenhuma participação.

"Nenhum de nós a viu chegando", acrescenta Richard. "Nenhum de nós. Nós não tivemos tempo de ficar assustados".

Ele ri, lembrando que logo depois do acidente na geleira, quando começaram a construir o abrigo, Rhoneel se aproximou do jovem piloto com uma pergunta.

"Você acha que vamos receber metade do dinheiro de volta, já que só fomos até metade do caminho?"

O olhar no rosto daquele jovem não tinha preço.

O guarda florestal, lá no local de partida, disse que poderia haver fumaça sobre o rio: "Não deve ser nada com que se preocupar".

15. Rafting através do fogo

O mês de agosto em um ano seco é uma época difícil para percorrer a Middle Fork do Salmon River atravessando o River of No Return Wilderness de Idaho. Água rasa significa mais trabalho, manobras constantes para encontrar canais mais profundos, empurrando e tirando os botes de perto de rochas quase submersas. Mas não é possível prever o tempo com um ano de antecipação e a loteria da autorização para praticar rafting significa que você vai quando está escalado para ir.

Ninguém no grupo de sete amigos e suas esposas, de Portland, Oregon – Jay, Sue, Brian, Cammie, Dick, Roy e Bob – tem do que se queixar. A recompensa pelos seus esforços até agora? Dias quentes, céu azul, uma sucessão de piscinas transparentes e corredeiras espumantes em cânions rochosos, repletos de folhagens, ao longo da margem do rio. As noites foram passadas mergulhando em fontes naturais de água quente na margem do rio. À noite, o barulho do rio embala o sono sob a proteção dos pinheiros.

Na manhã do quinto dia no rio, na metade do caminho, um leve nevoeiro começa a se formar à distância. Em uma passarela sobre o rio, perto do Middle Fork Lodge, um guarda florestal faz sinal para eles. Suas palavras são um aviso.

O Serviço Florestal está fechando a área. Incêndios florestais estão fora de controle rio abaixo. Provavelmente encontrarão muita fumaça e talvez fogo.

Discutem suas opções com o guarda florestal. Ir embora é uma possibilidade. A estrada mais próxima está a pelo menos dois dias de caminhada. Isso significaria abandonar os botes e a maior parte do equipamento. Essa não é uma escolha que estão prontos para fazer.

O guarda florestal concorda. A melhor estratégia é permanecer no rio e arriscar. Quer apenas que eles saibam que as condições podem ser difíceis.

Naquela tarde, eles param em Cow Creek para passar a noite. O nevoeiro se transformou em uma densa neblina permeada pelo doce aroma da grama queimando. Alguns membros do grupo caminham pela margem até Loon Creek para um mergulho nas fontes. Todos pensam na fumaça.

Cinco dias antes, no local de partida, o guarda florestal disse que poderia haver fumaça sobre o rio: "Não deve ser nada com que se preocupar".

O único problema é que, pela sua descrição, a fumaça estaria mais abaixo no desfiladeiro, a quilômetros de distância de onde eles se encontram.

Nessa noite, ariscas aves de caça, que normalmente voam quando vêem seres humanos, surgem das moitas e ficam pelo acampamento, como se estivessem desorientadas e confusas.

Na quinta-feira pela manhã, quando acordam, uma densa fumaça envolve o acampamento. Não conseguem ver nenhuma labareda, mas os incêndios parecem estar queimando acima e abaixo. Eles lançam os botes na água e continuam.

Após um dia longo, enfumaçado, mas sem incidentes, o Flying B Ranch surge em uma curva do rio. Essa é uma parada popular para quem está praticando rafting nessas regiões distantes. Um pequeno armazém que é abastecido por aviões oferece bebida gelada e outras delícias da civilização.

Eles param e encontram o lugar tumultuado. O barulho de serrotes enche o ar; árvores estão sendo cortadas à direita e à esquerda. Uma equipe trabalha febrilmente para abrir trincheiras em volta das dependências. Outros estão molhando o teto e o chão em volta do armazém. As pessoas correm de um lado para o outro, colocando equipamento em burros de carga.

Jay conversa com um dos trabalhadores. É informado de que já se passaram dez dias sem que o avião conseguisse passar pela fumaça e pousar para deixar os mantimentos. Há um incêndio nas cordilheiras logo acima do armazém. Os trabalhadores estão fazendo uma última tentativa para evacuar todos e tudo que podem em burros de carga.

Jay pergunta sobre as condições rio abaixo. Uma mulher se aproxima. Nessa manhã ela foi a cavalo verificar uma saída segura. O fogo estava queimando na margem do rio a cerca de 5 km abaixo, em Little Pine.

Alguns guias de empresas contratadas encostaram os botes e estão fazendo ligações por satélite, tentando encontrar aviões que possam tirar os clientes dali. Ninguém sabe dizer exatamente o que está acontecendo. As informações sobre o que o incêndio possa estar causando são vagas.

Com o clima de cada um por si, os sete amigos de Portland colocam os botes na água e descem o rio. O som dos serrotes lentamente desaparece.

Eles sabem com certeza que há um incêndio em Little Pine, o local onde planejavam passar a noite. Um fogo rasteiro está descendo pelas encostas do desfiladeiro. O local de acampamento não está queimando, mas enquanto o examinam, as labaredas consomem um pinheiro solitário na encosta acima e a árvore explode em uma fúria de chamas que sobem até o céu. É apenas uma questão de tempo até o fogo começar a arder na grama seca e nas moitas ao redor.

Uma rápida votação os conduz de volta ao rio. Eles examinam o mapa. Grassy Flat está próximo.

Quando o acampamento fica à vista, parece que o fogo acabou o seu trabalho. O solo está queimado e enfumaçado. A construção é uma ruína queimada, fumegante. Os galhos dos velhos pinheiros são bem altos e escapam do fogo, mas os troncos foram queimados. As chamas, alimentadas pela resina dos pinheiros, continuam ardendo aqui e ali. Usando baldes, apagam as chamas com a água do rio.

Eles se reúnem no acampamento queimado; espirais de fumaça saindo do solo, o calor das brasas esquentando as suas sandálias. A tarde se transformou em noite e precisam sair do rio. Decidem se ficam ou partem.

O local de acampamento já queimou uma vez e provavelmente não queimará novamente. Talvez não seja um lugar tão ruim para ficar, embora o solo enfumaçado não pareça bom para armar as barracas.

A maioria concorda que deve haver um local melhor para acampar rio abaixo. Eles se lançam novamente no rio. Com certeza, se continuarem avançando, o incêndio ficará para trás e o ar mais limpo.

A noite está chegando. A fumaça está mais densa do que nunca. Os membros do grupo que conhecem o rio estão pensando nas corredeiras classe 3 e classe 4 rio abaixo. Quando o sol se for, a noite ficará escura como breu. A luz da lua não conseguirá passar por esse nevoeiro. Se não saírem logo do rio, terão de descê-lo às cegas, passando por águas turbulentas.

Logo, chegam a Survey Creek, com sua grande área de acampamento em um banco acima do rio. Os galhos de grandes pinheiros se inclinam sobre locais arenosos para as barracas. Um grupo de árvores menores forma uma proteção que sobe pela encosta do desfiladeiro atrás do acampamento. Normalmente haveria um grande grupo de pessoas ali, praticando rafting com guias contratados. Enquanto examinam o local, um destes guias, acampado do outro lado do rio, vem conversar com eles.

"Eu não quero assustá-los, amigos, mas há um incêndio na cordilheira logo acima desse acampamento, com labaredas de seis metros."

Eles vão para a faixa de cascalho na margem do rio e olham para cima. Lá, o incêndio é claramente visível, queimando no topo do cânion.

Ele diz que o encarregado do acampamento já esteve ali e foi embora; viu quando subiu a encosta para dar uma olhada e depois partiu.

Novamente o grupo precisa decidir se fica ou vai embora. Jay decide fazer um reconhecimento do terreno. Verificará a extensão do incêndio atrás do local de acampamento e voltará. Levando Brian junto, Jay se dirige para o lado da nascente do rio. Os dois homens abrem caminho, subindo entre o grupo de árvores menores.

Mais ou menos a 200 m encosta acima, Jay e Brian chegam a um gramado aberto que percorre mais 500 m até o topo da cordilheira. A 3 m, queimando lentamente para baixo, uma frente de chamas baixas está escurecendo a grama, destruindo pequenas árvores e moitas aqui e ali.

Com as chamas a alguns passos de distância, Jay fala para Brian: "Se pudermos apagar essas chamas e impedi-las de chegar naquela mata lá embaixo, eu acho que podemos ficar por aqui".

Brian hesita: "Jay, nunca combati incêndios antes".

Jay quebra um galho de um pinheiro: "Vamos lá. Pegue um galho".

Sem tempo para avisar os outros ou pedir ajuda, os dois começam a bater nas chamas. Trabalham pela encosta, chutando e jogando terra sobre as áreas com chamas mais intensas. A sua linha de fogo se estende por 180 m e depois por 270 m da encosta.

Na parte mais baixa, chegam a um barranco repleto de árvores. O fogo não está mais queimando o solo. Três metros acima das suas cabeças, podem ver as chamas lentamente pulando entre as copas das árvores e descendo o barranco, bem longe do seu alcance.

Já passou quase uma hora e os dois homens não voltaram ao acampamento. Os cinco membros restantes, observando as chamas acima do local, estão muito preocupados. Mais dois homens sobem a encosta para ver se encontram Jay e Brian.

Seguindo o mesmo caminho, saem das moitas e encontram o fogo rasteiro apagado. A tosca linha de fogo e as pegadas seguem pela encosta. Essa trilha visível termina quando encontram dois homens sujos, com fuligem no rosto, cavando o solo e arrancando moitas em um barranco.

Jay e Brian estão cavando a última das suas linhas de fogo sob as árvores quando Dick e Bob chegam.

"Que diabos vocês estão fazendo?"

Jay faz um rápido resumo dos seus esforços para combater o incêndio, enquanto o seu amigo tira fotografias. Sem fotografias ninguém vai acreditar no trabalho que esses caras fizeram.

Com a linha de fogo terminada, não há motivo para ficar na zona de incêndio. Os quatro homens voltam para o rio. Passando por um grupo de pinheiros avistam uma cobra em pânico devido ao fogo, tentando subir em uma árvore e enfiando-se nos sulcos da casca.

Quando chegam novamente ao local do acampamento, o grupo se reúne para tomar uma decisão. Ainda têm pelo menos mais dois dias de rafting, antes de atingir o local de chegada. A linha de fogo feita por Jay e Brian deve lhes dar mais algum tempo. O guia do outro lado do rio disse que o seu grupo estará fazendo revezamentos durante a noite, buscando fagulhas ou troncos queimados que poderiam iniciar uma queimada perto dali. Se eles acharem que o incêndio está se aproximando muito, mandarão alguém para avisá-los. Com o sol se pondo e o incêndio acima e abaixo deles no rio, vão ter de ficar ali, em Survey Creek, durante a noite.

Todos dormirão ao ar livre. Nada de barracas. Se o fogo descer até o acampamento, irão para a faixa de cascalho. Se as coisas ficarem realmente ruins, os botes e canoas estão bem ali e eles só precisam jogar as coisas dentro deles, verificar se todos estão a bordo e partir.

Depois que a noite cai, com toda a fumaça e o fogo tão perto, ninguém consegue dormir. Durante horas ficam sentados na praia tomando uísques enquanto observam o fogo principal queimar 800 m acima deles

No topo da cordilheira, imensos pinheiros explodem em bolas de fogo, as chamas atingindo 30 m de altura, fagulhas girando ainda mais alto. Os troncos das árvores queimam até desabar com estrondo. O céu está incandescente. A lua tem um brilho apagado pela fumaça.

Um por um, se afastam do espetáculo, vão para o acampamento, deitam e tentam dormir. Tossindo devido ao ar cheio de fuligem, ficam mais despertos do que dormem. Os olhos lacrimejantes estão sempre observando para ver se as labaredas se aproximam.

O ar continua calmo, sem vento. O fogo se concentra nas cordilheiras mais altas, queimando mais rápido para cima do que para baixo, na direção do rio. O trabalho de Jay e de Brian na linha de fogo mantém o grupo seguro durante uma noite longa e agitada.

É difícil dizer quando o sol nasce na sexta-feira pela manhã. A fumaça limitou a visibilidade a algumas centenas de metros. O ar está denso. Cada respiração provoca uma dor no peito.

É um grupo soturno que sai dos sacos de dormir. Definitivamente, o divertimento acabou. Qualquer esperança de poder se afastar da fumaça desapareceu há muito tempo. Enquanto tomam o café da manhã, as chamas finalmente conseguem passar pela linha de fogo e ardem a 30 m do acampamento. Eles decidem fugir em vez de lutar. O pouco equipamento que têm é guardado rapidamente e entram novamente na corrente principal.

O sol aparece no topo do cânion como um disco pálido, cheio de fuligem. A fumaça filtra todo o calor. Pela primeira vez na viagem há uma friagem no ar.

É quase impossível avaliar a distância percorrida ou a sua localização, a não ser pelo passar do tempo nos relógios. O incêndio deve estar muito próximo porque a fumaça está mais densa do que nunca. Contudo, não há labaredas à vista. Durante o dia, passam por uma paisagem mortalmente silenciosa, queimada, enfumaçada, sobrenatural. O ar tem uma coloração amarelada e surrealista. Normalmente a parte mais excitante da viagem, as grandes corredeiras nesse trecho do rio são mais trabalho do que diversão, com os olhos ardendo com a fumaça e os pulmões apertando a cada respiração. Ao meio-dia está escuro, quase como um eclipse solar. Um ar de destruição impregna o dia, como se o final dos tempos tivesse chegado e eles fossem os únicos sobreviventes.

Enquanto a tarde se aproxima, o fogo não deixa que esqueçam de que ainda precisam escapar dali. Cinzas começam a cair do céu. Não se arriscando, param para passar a noite em um banco de areia no meio do rio. Para se proteger do fogo, não poderiam fazer coisa melhor; as cinco barracas estão totalmente cercadas pela água.

No sábado pela manhã a fumaça não diminuiu. É o último dia no rio e todos estão prontos para encerrar essas férias que se transformaram em pesadelo. A parte mais baixa do desfiladeiro, a mais bonita da viagem, foi ocultada pela fumaça.

Quando Cache Bar e o local de chegada ficam à vista, há alívio por sair do rio, mas ainda não há como evitar a fumaça. Eles encontram os carros cobertos de cinzas. Um veículo-guia os conduz até a estrada principal por uma paisagem queimada; rochas que se soltaram com o incêndio, rolam das encostas acima. Param em Salmon, Idaho, para se alimentar. A cidade parece um acampamento militar, formigando com jovens soldados que vieram combater o incêndio. Seus habitantes dizem que a fumaça envolve a cidade há 45 dias.

Eles dirigem durante 160 km antes de conseguir respirar ar limpo, a leste de Stanley, Idaho.

Jay lembra da viagem pelo rio durante uma das estações com os incêndios mais intensos já vistos em décadas.

"Minha esposa acha que foi a pior viagem de todas. Eu não me senti bem durante mais ou menos três meses e fico pensando se os meus pulmões não ficaram danificados para sempre. Fiquei intrigado por tudo aquilo; havia um elemento na experiência muito difícil e surrealista naquelas condições."

Até hoje, quando abre as sacolas impermeáveis do seu bote, sente o cheiro de fumaça daquela viagem pelo Salmon River.

Hoje ele completa 38 anos de idade e se recusa a morrer sozinho na floresta no dia do aniversário.

16. Cinco dias perdido

Nos contrafortes cobertos de floresta acima da cidade de Packwood, Washington, logo ao sul do Mount Rainier, seis caçadores estão reunidos. Um alce de grande porte foi visto deitado bem no topo de Hall Ridge, onde a velha floresta termina e começa uma vegetação bem definida. Três deles percorrem o terreno vindos de cima. Três esperam embaixo com as espingardas prontas para atirar.

A excitação começa quando nada menos do que três alces saem de um esconderijo. Os três homens embaixo miram dois deles. O astuto alce de grande porte vai para a vegetação alta, ficando à vista de um atirador. Quatro espingardas atiram no ar da montanha. Os três homens abaixo erram o alvo. Assim que o caçador aperta o gatilho, escorrega na neve. A bala vai para cima. Tão rápido quanto surgiram, os alces somem na floresta.

Quando os homens se reúnem na estrada secundária abaixo, só há cinco deles. Eles esperam, examinando com binóculos a encosta acima. Não deve ser difícil enxergar o sexto homem, Bill, com 1,8 m e 110 kg, usando macacão cor de laranja brilhante, no fundo verde escuro da floresta salpicada de neve.

O tempo passa e ele não aparece. Eles gritam na direção do topo da montanha, chamando-o pelo nome. Atiram com as espingardas e param para ver se há resposta. Não escutam nada a não ser o vento soprando nas árvores.

Bill liderava os dois outros caçadores em direção ao lado sul de Hall Ridge. Ele lhes mostrou por onde entrar na floresta, a cerca de 90 m de distância. A última vez que o viram, estava se dirigindo para o caminho irregular para começar a sua parte da viagem. Isso foi há uma ou duas horas.

À medida que a tarde passa, os cinco homens procuram sinais do caçador perdido. Outros caçadores com veículos de tração nas quatro rodas são convocados para percorrer a estrada em volta da montanha para procurá-lo no local onde foi visto pela última vez. Todos estão gritando o seu nome, atirando com as espingardas. Ninguém ouve nenhuma resposta.

Com a noite descendo no céu cinzento de novembro, os parceiros de Bill, Wilbur e George, dirigem até Hall Ridge, por uma confusão de sinuosas estradas secundárias, até a cidade de Packwood e o telefone mais próximo.

Quando o auxiliar do xerife de Lewis County chega a Packwood, no final da quinta-feira, tudo o que pode fazer é registrar os fatos. Bill foi visto pela última vez às 11h da manhã indo para a estrada secundária. Já se passaram mais ou menos três horas e meia desde que os outros dois batedores saíram da floresta. A partir daí Bill não foi visto nem ouvido por ninguém.

Seus parceiros o descrevem como caucasiano, 37 anos de idade, cabelos escuros; eles dão a sua altura e peso e descrevem as suas roupas. Sua espingarda é uma British Enfield calibre 303. Sim, ele tinha equipamento de sobrevivência, mas deixou-o na caminhonete porque já fizera antes essa curta travessia pelo terreno e não achava que precisaria dele.

Sua maior preocupação é com o histórico médico de Bill. Há alguns anos teve um ataque cardíaco e, mais recentemente, fez uma cirurgia na coluna para reparar um disco.

Como todos sabem, Hall Ridge é conhecida por fazer os caçadores se perderem. Uma sutil variação na cordilheira, que em grande parte é plana e coberta de florestas, tende a levar os caminhantes na direção errada. A maior parte dos batedores continua descendo porque a estrada deve estar em algum lugar lá embaixo.

Em Hall Ridge, isso é verdade. Para baixo e para o oeste há muitas estradas secundárias.

Entretanto para baixo e para o leste há muitos quilômetros de floresta que se estendem até Cascade Crest por uma série de bacias elevadas sem estradas e com poucas trilhas. Nessa região, conhecida como Goat Rocks Wilderness, um caçador poderia caminhar durante dias procurando a estrada secundária que deve estar lá embaixo em algum lugar.

No final da tarde, quando chega um assistente da equipe de busca e resgate de Lewis County, a escuridão oculta as montanhas. Os parceiros de Bill continuaram procurando nas estradas adjacentes, mas não encontraram sinal do caçador perdido. O terreno é muito acidentado para se arriscarem a caminhar na escuridão.

O auxiliar explica como o terreno tende a afunilar, levando os caçadores para o leste e para baixo. Há quatro dias, um outro caçador se perdeu no mesmo local. No dia seguinte, os parceiros de caça o encontraram, do lado errado de Hall Ridge. Ele teve sorte suficiente para encontrar e seguir a Glacier Lake Trail, fora da área mais selvagem. A melhor coisa que Wilbur e George podem fazer é procurar no Glacier Lake, na manhã seguinte. "Se não encontrarem Bill até as dez horas", diz o assistente, "devem ligar para 911 e a operação de busca e resgate será iniciada".

Cinco dias perdido • 171

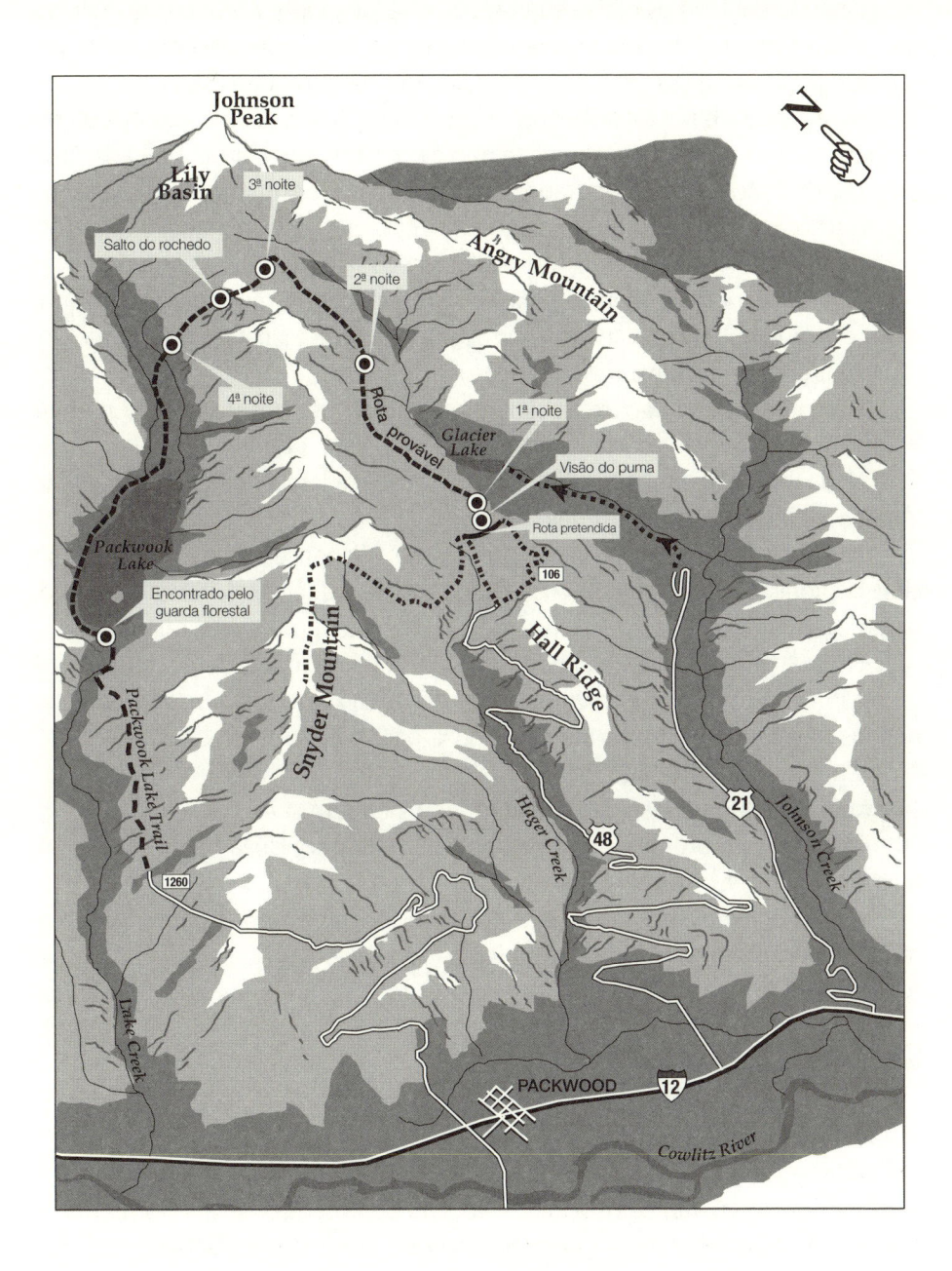

Quando Bill abre os olhos, sua cabeça está latejando. A noite está chegando. Pela cor do céu, acha que já se passaram três horas desde o momento em que se dirigiu para a estrada secundária. Ele pode lembrar que estava caminhando para a floresta e não estava longe da estrada quando, pelo canto dos olhos, percebeu um movimento. Mal teve tempo de se virar para dar uma olhada. Teve uma rápida visão de pêlos dourados em movimento, um puma vindo direto na sua direção. Então, sentiu um impacto na cintura que o atirou ladeira abaixo, a cabeça batendo violentamente contra alguma coisa e, depois, a escuridão.

Agora, desperto e atento, olha ao redor, cuidadosamente examinando a mata e o emaranhado de árvores derrubadas. Nenhum sinal de um puma.

Lentamente, movimenta os braços e as pernas.

Descobre que o seu macacão está rasgado da cintura até as pernas. Porém, abaixo, a maior parte das calças de brim está intacta.

Nada mais parece danificado, mas a sua cabeça lateja muito. Coloca então a mão na cabeça e sente um galo.

Percebe ainda que perdeu a espingarda. Freneticamente, procura-a no chão da floresta até seus dedos tocarem o cabo de madeira e o frio cano de aço. A sensação familiar de ter a espingarda nas mãos tem um efeito calmante.

Ele examina os bolsos e encontra o seu isqueiro Zippo e sete cartuchos de munição. Não consegue encontrar a bússola, a caixa de fósforos impermeável nem as três barras de chocolate que trouxe para o caso de precisar.

Grita por ajuda, esperando que alguém esteja por perto. A floresta está silenciosa – nenhuma resposta, nenhum eco, nenhum som.

Dá tiros com a espingarda, parando para escutar. Novamente, nenhuma resposta pode ser ouvida na floresta escura.

Sem problemas, pensa. *Eu já estive antes nessas florestas. Caminhar diretamente para frente me levará até o Packwood Lake. Para baixo, à direita, está a Lily Basin. Para baixo, à esquerda, está a estrada secundária onde a caminhonete está estacionada. Se eu perder a estrada na escuridão, o que é improvável, sairei na parte de trás de Packwood Mill, lá embaixo, no vale.*

Confiante quanto à sua localização, caminha pela floresta, indo para a estrada secundária, à esquerda.

Não anda muito, pois a escuridão toma conta da floresta. Na floresta, a escuridão pode ser tão completa que você não consegue ver a mão na frente do rosto. Lembrando o que aprendeu quando era escoteiro, Bill decide encontrar um abrigo em vez de se arriscar a caminhar cegamente durante a noite. Ele quebra alguns galhos de pinheiro para fazer uma camada de isolamento da neve profunda, colocando-os em um buraco sob uma árvore caída e nele entra para passar a noite.

Na sexta-feira pela manhã, Wilbur e George percorrem a trilha de 3 km de extensão até o Glacier Lake, suando dentro das pesadas roupas de caça, enquanto a chuva cai. Durante todo o percurso, até chegar ao lago, gritam o nome de Bill e atiram de vez em quando. O som se propaga na bacia elevada, para o sul até a Angry Mountain, para o leste até as margens da Lily Basin e para o norte até os rochedos escarpados que se elevam diretamente acima da trilha para Hall Ridge. Não ouvem nenhuma resposta: tudo o que escutam é o som da chuva caindo entre as árvores.

Naquela tarde chegam os primeiros voluntários. No jargão da equipe de busca e resgate, essa é a fase apressada de buscas. Vinte e quatro homens experientes e conhecedores do terreno começam a busca, a partir do local onde Bill foi visto pela última vez, e vasculham a área o mais rapidamente possível. Com sorte irão encontrá-lo bem antes que o tempo ou os ferimentos cobrem o seu preço.

A sexta-feira feira está nublada, como um sonho para Bill, como se ele não estivesse totalmente em seu corpo.

Deixa o abrigo pela manhã. A chuva cai entre as árvores da floresta, encharcando tudo. Segue pela floresta, algumas vezes caminhando, outras escalando, subindo, descendo, o tempo todo pensando que deve encontrar uma estrada em algum lugar por ali.

Ele não está sozinho. Algumas vezes mantém conversas lúcidas com um dos seus parceiros de caçada, embora saiba que não está em Wilbur. Outras vezes, conversa com os filhos adolescentes, enquanto se juntam a ele na floresta. O aroma de café também parece estar no ar, sendo feito em algum lugar longe, trazido pelo vento.

As horas passam confusamente. Com a noite se aproximando e sem nenhuma estrada ou trilha à vista, encontra outra árvore caída para se abrigar. Antes da luz desaparecer completamente, pega sua carteira e tira a fotografia da filha e do filho, de 17 e 15 anos, respectivamente.

Eu não posso morrer por causa dessas crianças; preciso cuidar delas.

A busca apressada por Hall Ridge continua no meio da chuva e do vento, da noite de sexta-feira até as primeiras horas da manhã de sábado, sem nenhum sucesso.

Pela manhã, chegam mais voluntários.

Agora 68 pessoas se juntaram aos esforços, enquanto a busca se expande até as áreas ao redor da cordilheira. Pessoas de carro verificam as entradas das trilhas e patrulham as estradas, incluindo-as na área de buscas. Outras equipes são enviadas a pé e a cavalo pelas trilhas que se espalham para as regiões mais remotas a leste.

Um dos homens é enviado para atravessar o caminho seguido pela maioria dos caçadores, sobre a cordilheira e para baixo, saindo da floresta, em direção ao Glacier Lake. Ele grita o nome de Bill enquanto percorre a trilha. A cerca de 5 km, finalmente uma voz responde aos chamados. Com o vento soprando, é difícil saber de onde vem a voz na densa floresta. Enquanto o homem se aproxima da voz, à distância, as palavras ficam claras. É Bill, pedindo ajuda.

A voz do homem perdido corta o silêncio das montanhas. O homem segue o som por mais 2,5 km, bem acima do Glacier Lake, até as regiões mais altas da Lily Basin, antes de encontrar o homem perdido – o único problema é que são dois homens. Estão sentados embaixo de uma árvore em seu acampamento de caça, bebendo, ficando um pouco embriagados e se divertindo em responder aos chamados. Acharam que alguém estava vagabundeando por ali e o mínimo que podiam fazer era entrar na brincadeira.

Bill acorda muito cedo no sábado com uma nova determinação. Hoje ele completa 38 anos e se recusa a morrer sozinho na floresta no dia do aniversário.

Mas sua mente ainda está pregando peças nele. O que parece ser o som de um caminhão, ou talvez de um carro, faz com que se afaste do caminho, entre as árvores, durante a maior parte da manhã.

Então, em um raro momento de lucidez, decide subir, sair da floresta, à procura de um local de observação. Talvez possa avistar um ponto de referência e descobrir onde se encontra.

É uma subida longa, íngreme e exaustiva para sair da bacia – empurrando moitas ensopadas pela chuva, os pés escorregando no solo solto e no musgo, puxando o corpo pesado para cima, sobre árvores caídas. Finalmente, chega a uma clareira com vista para as regiões rurais ao redor.

Faminto, sem dormir, molhado e com frio, ele luta para entender o terreno onde está. Há pouco tempo, um dos seus parceiros de caçada lhe mostrou um mapa de relevo topográfico da área. As peças do quebra-cabeça lentamente se encaixam e a paisagem aos poucos começa a parecer familiar. Bill percebe que esteve caminhando exatamente na direção oposta durante os dois últimos dias.

Daquilo que consegue lembrar, se subir ao topo da cordilheira na qual se encontra, o Packwood Lake deve estar do outro lado. Se conseguir chegar lá, poderá encontrar uma trilha que o tirará dessas regiões remotas.

Novamente o dia passou e a luz está desaparecendo. Ele encontra duas árvores que caíram juntas, formando uma espécie de telhado e engatinha para baixo dos galhos pendurados. Cada pedacinho da sua roupa está ensopado pelos dois dias de caminhada pela densa floresta, encharcada pela chuva. Ele tira as botas e torce as meias e o forro das botas para aquecer os pés. Mesmo assim, treme de frio enquanto a noite cai.

O pensamento de fazer uma fogueira para ter luz e calor não o abandona. Seu isqueiro está inutilizado. Na incessante umidade ele não acende.

Então, um raio de esperança. Talvez possa fazer fogo usando a pólvora de uma das balas. A faísca do seu isqueiro poderia incendiar a pólvora.

Ele junta os gravetos mais secos que consegue encontrar e constrói uma pequena pirâmide na frente do abrigo. Retirando uma bala da cápsula, cuidadosamente salpica os pequenos grãos pretos sobre os gravetos. Então, salpica o resto da pólvora em volta do striker do seu isqueiro. Inclinando-se sobre os gravetos, tenta acender o isqueiro. Nada acontece. Por mais que tente, não consegue uma faísca. A umidade penetrou na pedra do isqueiro.

Derrotado, entra sob as árvores caídas para passar a sua terceira noite na floresta. As horas escuras, úmidas e frias passam lentamente. Tonto de exaustão, mas incapaz de adormecer, sons selvagens e pensamentos atravessam a mente semiconsciente de Bill.

Espere um instante. Eu acabo de ouvir um caminhão passar? Será que estou perto de uma estrada e não vi?

Uma luz fraca fica visível na escuridão. *É uma casa? Não é possível que eu esteja perto de uma casa.*

Ele se levanta para investigar, apenas para encontrar fungo fosforescente em um tronco próximo.

A imagem daquele puma vindo na sua direção está gravada em sua mente. Hoje passou por algumas carcaças, na verdade apenas ossos espalhados pelo chão da floresta. Um cervo ou um alce foi morto e comido. Talvez o felino o tenha seguido e esteja lá fora escondido na escuridão, esperando para atacar.

Tarde da noite, a chuva se transforma em neve. Desesperado por calor, ele tira os braços das mangas, colocando-os próximos ao corpo, e fecha o zíper do macacão como se fosse um saco de dormir improvisado.

A busca de sábado abrange as trilhas elevadas ao redor de Hall Ridge, bem como os caminhos mais abaixo, nas bacias circundantes. Os rochedos escarpados nos lados norte e sul de Hall Ridge são muito perigosos para ser atravessados por equipes a pé, mas essas áreas são examinadas por gritos, acima e abaixo. Apesar do tempo chuvoso e nublado, as equipes têm certeza de que se o caçador perdido pudesse pedir ajuda o teriam encontrado.

No encerramento das operações sábado à noite, a busca torna-se um exercício dedutivo. Os líderes da busca consideram diversas possibilidades: Bill está prostrado e inconsciente desde o início; ou Bill está em uma das duas áreas de rochedos e eles não conseguem ouvi-lo; ou Bill deixou a área e não contou para ninguém.

Levando em consideração o que sabem do seu histórico médico – ataque cardíaco e problemas de coluna –, o mais provável é que Bill esteja prostrado e não pode reagir.

Na manhã de sábado chegam mais voluntários. Quase cem pessoas se reúnem para a tarefa desagradável de uma busca organizada: eles caminharão, quase ombro a ombro, por Hall Ridge. O objetivo desse esforço é encontrar um corpo oculto em algum lugar fora de vista, sob um tronco ou dentro de um buraco.

Bill caminha sobre alguns centímetros de neve fresca no sábado de manhã. Seguindo o seu plano, continua subindo. Quando chega ao topo, luta contra a neve fresca que chega até a cintura. Exatamente como lembrava a partir do mapa mostrado pelo companheiro de caçada, o Packwood Lake surge lá embaixo na bacia.

Observando o lago, Bill começa a descer do topo, avançando pela densa floresta e neve profunda. Não muito longe do topo, uma faixa de rochedos interrompe a descida. Olhando para a direita e depois para a esquerda, não consegue ver nenhum caminho para baixo.

Ele volta e sobe novamente. A cada passo para cima, escorrega dois para baixo. A neve está muito funda, a encosta é muito íngreme. Tenta novamente, tropeçando na neve, mas não consegue avançar.

Exausto e sozinho, Bill está preso muito acima do Packwood Lake. Em sua opinião, tem apenas duas opções: congelar até a morte lá em cima, onde ninguém nunca o encontrará, ou se arriscar e pular.

Ele dá uma outra olhada sobre a borda. A queda não parece ter mais do que 6 ou 9 m até a encosta abaixo. Anos atrás, na Marinha, ele observou um grupo de guardas florestais pularem de um avião a 150 m do solo. Cinco dos pára-quedas não abriram completamente. Eles conseguiram escapar com apenas alguns ossos quebrados. Se puderam sobreviver a uma queda tão grande, então o seu pequeno salto deve ser fácil.

Ele caminha pesadamente de um lado para o outro ao longo da borda, procurando um ponto com uma rota de queda visível. Então, comprime neve em volta das pernas, pensando que isso pode amortecer o impacto. Segurando a espingarda contra o peito, Bill se acalma e escorrega para fora da borda.

Alguns minutos de queda livre, olhos fechados, e ele bate violentamente: está rolando, a neve voando e o mundo girando. Finalmente, seu corpo pára em uma pilha abaixo dos rochedos.

O seu peito dói no local onde a espingarda atingiu as costelas. Ele mexe os dedos, flexiona os braços, para ver se sente alguma dor. Tudo parece estar funcionando.

Então, fica em pé cuidadosamente, limpa a neve do corpo e se refaz do impacto. Lembrando da olhada que deu para o lago abaixo, fica de costas para a face do rochedo e começa a descer a encosta entre as árvores.

O resto do dia é um percurso cheio de obstáculos e exaustão. Rochedos e barrancos escarpados bloqueiam o seu caminho, oferecendo apenas um ocasional regato onde ele pode saciar a sede. Tropeça duas vezes em saliências rochosas, recompondo-se logo antes de despencar de cabeça para baixo sobre a borda.

Finalmente, descendo das regiões mais altas, entra na floresta e encontra um emaranhado de gigantes árvores caídas. Sua energia desaparece, pois é forçado a engatinhar sob enormes troncos ou caminhar sobre eles para encontrar uma saída. Três dias usando calças de brim ensopadas esfolaram a pele da parte interna das suas coxas. Seus pés estão molhados, com bolhas e em carne viva. Sente uma dor violenta nos pés e nas pernas a cada passo.

Quando o quarto dia termina, Bill se arrasta para dentro de outro abrigo, próximo de um córrego, em algum lugar perto do fundo da bacia.

Naquela noite, uma forte tempestade desce das montanhas. A chuva cai dentro do seu abrigo. Os antigos pinheiros balançam de um lado para o outro, violentamente. Na escuridão, o solo vibra como se grandes árvores estivessem caindo. Molhado, com frio e paralisado de medo, olha para a escuridão com os olhos arregalados.

A busca organizada no sábado é inútil. Tudo o que encontraram foi uma faca. Os familiares não conseguem identificá-la como pertencente ao caçador perdido. As equipes são afastadas do campo no sábado à noite, ensopados até os ossos e gelados devido à chuva pesada.

Uma melhora no tempo está prevista para a manhã de segunda-feira. A busca continuará por mais um dia. Se as nuvens subirem, helicópteros serão usados para examinar as áreas inacessíveis dos rochedos. Com uma segunda tempestade prevista para chegar na terça-feira e o nível da neve diminuindo bem abaixo da elevação de Hall Ridge, essa pode ser a última oportunidade.

Quando as primeiras luzes do dia se infiltram pelas árvores na segunda-feira, Bill sai do abrigo e vai até a beira do regato. Ele deita no solo úmido para beber água, saboreando o líquido fresco. Precisa de todas as suas forças para ficar em pé. Em pé, no fundo da floresta, tremendo de frio, as pernas e os pés queimando, a voz da sua mãe chega até ele, vinda da sua infância.

Você não é um covarde. Seja lá o que faça, nunca desista.

Outra noite ao relento o matará. Ele precisa encontrar ajuda hoje.

Ele arrasta os pés pela floresta, seguindo o fluxo da corrente de água na direção do Packwood Lake. Para não se arriscar a perder de vista o regato, se mantém próximo da margem através da vegetação densa.

A floresta se transforma em pântano e a lama é tão grossa que arranca as suas botas. Precisa parar e cavar na lama para tirá-las de lá.

Um aglomerado de troncos bloqueia o seu caminho. Bill cruza o regato sobre árvores caídas ou apenas saltando. Cai na água diversas vezes, nunca parando. Não pode desperdiçar energia agora. Ele continua, os pés chapinhando nas botas cheias de água.

Finalmente sai da floresta e vê que está em um acampamento na margem leste do Packwood Lake. Está muito cansado para comemorar.

Enquanto lutava para caminhar pela floresta e pelo pântano, nessa manhã, Bill elaborou um plano. Na extremidade mais distante do lago, sabe que há uma represa que controla o fornecimento de água para a cidade de

Packwood. Se conseguir chegar lá, poderia mexer no sistema de distribuição e alguém teria de ir verificar o que está acontecendo.

Mas a represa ainda está a 2,5 km e o seu corpo está entorpecido pela exaustão. Enquanto examina o acampamento, alguma coisa no chão chama a atenção. Abaixando para pegá-la, seus olhos arregalam. É uma lata fechada com balas de goma! Ele abre a tampa e enche a boca.

A guloseima lhe dá energia suficiente para continuar descendo a trilha pela margem do lago.

Na metade do caminho para a represa, o som de um avião se espalha pela bacia. Bill tenta chamar a atenção. A oeste do lago um helicóptero está voando baixo sobre a alta cordilheira. Ele corre para a margem do lago o mais rápido que suas pernas e pés feridos conseguem.

Quando o helicóptero desaparece atrás da cordilheira, fica em silêncio. Volta para a trilha, obrigando os pés a se movimentarem um passo de cada vez na direção da represa. Ele escuta atentamente, esperando que o helicóptero volte, olhando de vez em quando para a alta cordilheira. O único som é o arrastar das suas botas a cada passo cansado.

Chegando à extremidade do lago, Bill encontra uma cabine do Serviço Florestal fechada para o inverno. Enquanto está em pé, em frente da cabine, o som de um motor se aproximando é abafado pelas árvores.

O guarda florestal esperou até o final da temporada de caça ao alce para se dirigir à Packwood Basin. Ele foi convocado para ajudar a recuperar equipamentos de monitoração aérea para a EPA antes de o inverno chegar. Apenas um dia de viagem e hoje é o primeiro que pode entrar na floresta sem se preocupar em ser confundido com um animal.

Passeia até a estrada de acesso, puxando um trailer com seu carro de tração nas quatro rodas. Enquanto se aproxima o final do caminho habitual para o Parkwood Lake, pode ouvir alguém pedindo socorro. Ele desliga o motor e corre na direção da voz. Um homem está acenando na frente da cabana do Serviço Florestal.

Quando Bill encontra o primeiro ser humano, passados diversos dias, as palavras saem como uma avalanche da sua boca.

"Oh, meu Deus, estou tão contente em vê-lo. Eu estou perdido há cinco dias, sei que estou com hipotermia, desidratado, com o pé machucado, minhas pernas estão me matando, eu preciso de ajuda."

O guarda florestal ouviu falar de uma busca em andamento. Havia helicópteros voando no padrão de busca essa manhã, mas lá em cima da cordilheira, a quilômetros de distância. Ele oferece a Bill o pouco de comida e água que trouxe.

Enquanto Bill devora o lanche, o guarda florestal fala pelo rádio com o escritório do Serviço Florestal em Packwood para informá-los que encontrou o caçador perdido. As comunicações estão um pouco difíceis, com o Serviço Florestal e as equipes de busca em freqüências diferentes. As mensagens são transmitidas de um lado para o outro.

Uma voz fala pelo rádio: "Eles querem saber se o nome do caçador perdido é Bill White".

O guarda florestal olha para o homem sujo e desgrenhado a sua frente.

"Você é Bill White?"

"Sim", responde um pouco surpreso.

"Sim, eu estou com Bill White", o guarda florestal repete pelo rádio.

Novamente, há uma pausa enquanto a mensagem é repassada e então a voz volta. As equipes não querem se arriscar dessa vez e precisam saber se é o homem certo.

"O departamento do xerife quer uma identificação cem por cento positiva. Repito: cem por cento positiva, que você está com Bill White a sua frente."

O guarda florestal vira e olha para Bill.

Bill, que estava escutando, pára entre duas mordidas e fica imaginando quantas pessoas perdidas parecidas com ele estão por ali. Então, lembra da sua carteira. Ele a tira do bolso, pega a carteira de motorista e a entrega ao guarda florestal.

Quando Bill chega de ambulância no Morton General Hospital, é cumprimentado pela enfermeira-chefe.

"Estamos contentes em ver você!"

Ele fica um pouco surpreso: "Bem, eu também estou contente".

"Não, nós realmente estamos contentes em ver você porque o departamento do xerife ligou hoje e disse para esperarmos um corpo. Ele disse: 'Temos um caçador perdido há cinco dias. Ou ele entrará em um saco quando chegar até vocês ou quando conseguirem estabilizá-lo para um vôo até Seattle, morrerá'. Você não imagina como estamos contentes."

Os dias de caminhada vestindo calças de brim ensopadas arranharam tanto a sua pele entre as pernas que Bill é tratado como um paciente de queimaduras. Os seus pés incharam tanto, ficando dois tamanhos acima do normal, devido aos ferimentos. Levará um mês para conseguir caminhar normalmente.

Até hoje Bill não sabe porque o puma o atacou. A maior parte do que ele lembra daqueles cinco dias confusos lá em Packwood continua incompleta e perturbadora.

"Há uma lacuna em minha vida que não consigo explicar."

Ele desce sem enxergar nada, em uma tempestade branca de neve girando, mas, de algum modo, consegue permanecer sobre a prancha.

17. Descendo com a avalanche

Quando se fala em construir uma carreira como snowborder em regiões distantes, o jogo é ser filmado fazendo alguma coisa louca, ser notado, ser patrocinado e quem sabe o que pode acontecer depois? Talvez um estilo de vida "com-todas-as-despesas-pagas" é aquilo que faz você cravar curvas fechadas para ganhar dinheiro. É um jogo que possui certo encanto.

Não confunda: praticar snowboarding em regiões isoladas não é um esporte para irresponsáveis. Nel, seu irmão C. L., Chris e Annie são experientes e preparados. A maioria deles assistiu às aulas oferecidas pelo de Gallatin National Forest Avalanche Center. Sempre levam rádios transmissores e outros equipamentos de resgate. Na noite passada, ligaram para o Avalanche Center embora não esteja caindo neve há alguns dias. Recebem sinal verde, com o perigo de avalanche sendo apenas "moderado em todas as encostas com inclinação maior do que trinta e cinco graus".

Nessa manhã de quinta-feira de março estão se dirigindo de moto-esqui por uma confusão de estradas secundárias na Gallatin National Forest, ao norte de Bozeman, Montana. O destino de hoje: o local favorito no lado leste das Bridger Mountains. A missão oficial: filmar snowboarding radical para algumas produtoras. Jeff está com sua câmera 16 mm para filmar a ação do dia.

Por volta de 9h eles já chegaram a um platô acima da linha das árvores. O platô desce até um profundo anfiteatro com um lago congelado no fundo. No anfiteatro, a escarpa principal de Bridger Range se eleva até o tipo de céu que faz as pessoas sonharem em morar em Montana.

Enquanto desligam as máquinas, o silêncio da montanha os envolve e eles olham para as pistas que planejam descer hoje. O que vêem é perfeito para o que desejam – 300 m de terreno quase vertical que parece insano quando filmado. As pistas têm o formato de uma ampulheta: pequenas tigelas arredondadas no topo descendo até valas estreitas cercadas de neve que se espalham no fundo, transformando-se em encostas abertas. As corridas serão mais como quedas controladas, exigindo movimentos precisos e reflexos rápidos.

Eles já estiveram ali muitas vezes. As pistas são íngremes, mas definitivamente possíveis, até divertidas. Hoje estão muito excitados para percorrer as primeiras pistas na neve, que serão tão suaves como cream-cheese congelado.

Uma sessão de estratégias decide quem irá esquiar em que pista e em que ordem. Então, rapidamente, pegam o equipamento, descem de snowboard até o lago congelado e começam a subir até a escarpa principal.

Logo se espalham sobre o topo dos pontos de entrada das pistas escolhidas. Chris irá primeiro, depois Nel e em terceiro Annie. C. L. está no topo com sua câmera fotográfica de 35 mm para capturar imagens fixas dos seus esforços.

Todos os olhos estão sobre Chris enquanto desce pela borda, inclina-se em algumas curvas fechadas, e vai direto para a vala estreita de neve que leva para baixo. A entrada é precisa e ele desce com perfeição, acelerando em queda livre, levantando um fio branco de cristais de gelo atrás dele.

Então, está no estreito, além da faixa de rochedos e cravando a borda da prancha, fazendo grandes curvas em S nas encostas abertas 300 m abaixo. Ele pára e a conversa pelo rádio é cheia de excitação, falando sobre as excelentes condições, a neve ótima, a pista impressionante.

Enquanto esperam o sol sair de trás de uma nuvem, Nel pára um instante para se concentrar, traçando mentalmente a rota, visualizando os seus movimentos. Ele já desceu a pista inclinada na qual se encontra, mas a neve pouco profunda desse ano deixou exposta a parte central com cerca de 15 m de rochedos. Hoje vai descer, virar para a direita e fazer uma rápida corrida pelo percurso de Chris, e depois continuar até uma terceira pista inclinada sobre uma neve intacta até onde Chris espera lá embaixo.

Com um "Ok" do cinegrafista, Nel respira fundo e entra na pista.

Annie encontrou o local perfeito para observar a descida: do topo de uma rocha que se projeta logo à esquerda da pista, pode ver todo o caminho.

Enquanto Nel se inclina para frente em sua primeira curva, Annie olha para cima, para o topo da pista, e vê uma marca na neve que não estava lá.

Será que é o rastro de um snowboard no topo? Será que alguém cruzou o topo quando Nel desceu?

Enquanto Nel crava a borda da prancha e se dirige ao ponto de saída, de repente o ponto de saída passa por ele, apontado para a parte de cima da montanha.

Enquanto Annie tenta entender o que vê, a marca torna-se uma fenda e um bloco de neve soprado pelo vento, com 14 m de largura, começa a descer silenciosamente em direção à pista.

Nel se movimenta fazendo uma curva com o calcanhar, enquanto imagina como pôde perder o ponto de saída. De repente, a situação fica assustadoramente clara quando olha para cima e vê uma fenda se abrindo no topo da encosta. Ele pensa rapidamente: *Sem problemas, eu já desci essa pista antes. Conheço a linha de queda. Sei qual é o seu comprimento. Se tudo der certo, vou sair daqui.*

Enquanto Annie observa de cima, o bloco, com Nel no meio, acelera com incrível velocidade e atinge o ponto estreito. Uma nuvem branca surge no ar e ele desaparece de vista.

Dentro da nuvem, os óculos de proteção de Nel são arrancados pela explosão. Cristais de gelo explodem em sua boca e nariz, envolvendo-o numa névoa sufocante. A neve entra em cada abertura da sua roupa, congelando-o instantaneamente. Ele desce totalmente cego em uma tempestade de neve girando. De algum modo, consegue permanecer em pé.

Enquanto as primeiras rochas atingem a sua prancha, Nel pode sentir os golpes como socos rápidos, violentos, reverberando em sua coluna. Tudo o que pode fazer é tentar agüentar e manter o controle.

Eu posso lidar com isso, pensa e uma rocha, oculta na neve em movimento, atinge o seu quadril. O golpe o atira para o ar.

Ele entra em queda livre em meio a uma confusão claustrofóbica, neve pesada pressionando à sua volta, cristais de gelo sufocando-o, um grande barulho em seus ouvidos. O tempo parece parar.

Em sua mente há um mapa da pista. No passado, enquanto saía da pista, precisava cravar forte a borda da prancha para não atingir o contraforte de rocha que cobre a linha de queda. Tudo o que consegue imaginar agora é que está voando pelos ares, sem capacete, na direção de um impacto mortal de cabeça com esse contraforte de rochas. De algum modo, enquanto cai, faz um giro completo. Na base da faixa de rochedos, Nel aterrissa sentado, ainda sobre a prancha, em uma almofada de neve.

O corpo principal da avalanche continua, atingindo-o por trás. Ele luta para recuperar o controle, mas não consegue levantar. Novamente é carregado pela linha de queda, empurrado e agredido por uma enchente de neve.

Nel estava no meio da primeira curva quando, de baixo, Chris viu o bloco se soltar lá em cima. Ele observa, paralisado de terror, enquanto Nel é arrastado pela pista, descendo na avalanche e sobre os rochedos. A nuvem branca explode e o bloco se desmancha na parte estreita: Nel desaparece.

Chris percebe que a avalanche está vindo em sua direção. Ele se movimenta apressadamente pela encosta para escapar. Olhando para trás, mal consegue discernir uma pessoa sendo arrastada pela encosta em meio a uma nuvem de neve e gelo.

Sem ter idéia da quantidade de neve que pode estar se acumulando acima, Nel usa o resto das suas forças para sair do caminho da avalanche, afastando-se do contraforte rochoso na base da encosta.

Finalmente, é atingido por uma ponta de rocha e a prancha o atira para fora da avalanche e para o ar. Nel cai batendo na encosta, seu corpo sendo arrastado pela prancha. Ele pára aos pés de Chris, tossindo, tirando neve dos olhos. Sua prancha está partida ao meio, os dois lados presos apenas pelo plástico fino que a reveste.

Chris ordena a Nel para ficar deitado enquanto tira os bindings da sua prancha. Temendo o pior, imobiliza o seu pescoço, rezando para que a coluna vertebral não esteja fraturada. Um rápido exame não revela ferimentos ou sangramentos visíveis.

Nel sente que está muito machucado. A parte inferior das suas costas recebeu o impacto. Ele sente dor no corpo. Espasmos musculares em um dos quadris fazem as suas pernas tremerem. Pode estar sangrando internamente.

Chris usa as duas pranchas para improvisar uma plataforma sobre a encosta da montanha. Ele as envolve com o seu casaco para isolá-las da neve. Colocando Nel cuidadosamente sobre a plataforma, tenta deixá-lo o mais confortável possível.

Minutos depois, Annie e C. L. chegam, vindos pelo caminho por onde subiram. Após observar o corpo de Nel sendo carregado por 300 m no meio da neve e sobre rochas, estão surpresos por encontrá-lo vivo e falando.

A comemoração é breve. Mesmo em três, a sua habilidade para tirar Nel do anfiteatro profundo, até os moto-esquis, descendo muitos quilômetros de trilha acidentada, é questionável, na melhor das hipóteses. Um helicóptero é a única maneira de tirá-lo dali.

Eles chamam Jeff pelo rádio, que espera no platô acima. Logo após fazer contato, escutam o motor de um dos moto-esquis ser ligado e sair.

Depois de alguns minutos, todos decidem que Chris também deve ir buscar ajuda, pois Jeff pode ter algum problema com o moto-esqui. C. L. e Annie ficarão com Nel.

Antes de partir, Chris se vira para Nel mais uma vez.

"Estou preocupado com as suas costas. Não se mexa."

Com essas palavras, atravessa o lago e sobe a encosta, escalando até a plataforma e desaparecendo. Annie, C. L. e Nel ouvem o segundo moto-esqui sendo ligado e o ruído do motor se afastando na direção do local onde os carros estão estacionados ao lado da estrada, a 11 km voltando pela floresta.

Enquanto o tempo passa, Nel não está se aquecendo, mesmo com Annie deitada perto dele e compartilhando o calor do seu corpo. Não se sente confortável deitado. Não há posição que alivie a dor em suas costas.

Nel lembra da previsão do tempo. Uma tempestade de inverno deve chegar em algum momento essa noite. As nuvens estão começando a escurecer o céu azul. As coisas ficarão feias se não saírem logo dali. Nel quer que Annie e C. L. lhe emprestem os seus bastões de esqui.

Apesar dos seus protestos, Neil se esforça para ficar em pé. Nessa posição, a dor parece diminuir um pouco. Com um pouco de sangue circulando, começa a se aquecer. Annie e C. L. o sustentam, apoiando-o em seus ombros, fazendo o melhor que podem para mantê-lo na posição vertical.

Nel se solta deles e caminha com dificuldade. O seu corpo está realmente rígido. Ele pode se movimentar, mas só muito devagar.

"Vamos sair daqui."

Annie e C. L. não vão aceitar isso. Mesmo se ele pudesse subir até os moto-esquis, como conseguiria agüentar os 11 km de estrada acidentada? Eles convencem Nel a se acalmar e esperar o resgate. Jeff e Chris sabem o que estão fazendo. Eles devem voltar a qualquer momento.

Duas horas passam com Nel se alternando entre tentativas de deitar e caminhar. As nuvens ameaçadoras ficaram maiores. O vento está aumentando.

Ninguém fala no assunto, mas todos sabem o suficiente sobre as montanhas e os limites do vôo de um helicóptero. Nenhum dos três quer pensar na possibilidade de passar a noite ao relento. Eles trouxeram coisas para uma tarde quente, não para um acampamento em uma tempestade de inverno.

Finalmente, o rádio dá sinal de vida.

Chris está próximo e com ele, Scott, o primeiro a responder ao chamado na Gallatin County Search and Rescue Team.

Um helicóptero está a caminho, vindo de Butte, Montana, voando à frente da tempestade. Se o helicóptero não conseguir chegar até Nel em uma hora, todos vão passar uma longa noite.

Em pouco tempo avistam Chris e Scott descendo até o anfiteatro. Os dois homens chegam e rapidamente assumem o controle da situação.

Scott veio equipado para o que lhe foi descrito como um dano potencialmente sério nas costas. Ele examina Nel e encontra uma grande protuberância no meio da sua coluna, mas o paciente parece estar resistindo bem aos ferimentos. Nel continua em pé e, assim, prepará-lo para o resgate é rápido. Eles o envolvem com cobertores e depois com uma roupa a vácuo. A roupa é inflada e Nel fica totalmente imobilizado para proteger a coluna.

Em minutos o helicóptero sai do céu cinzento e desce no anfiteatro congelado. Um pequeno monte arredondado de neve a alguns passos de distância é um local perfeito para o pouso. São precisos apenas alguns minutos para levar Nel a bordo e o helicóptero parte.

Quarenta e cinco minutos depois, a neve caindo oculta a paisagem enquanto Chris, C. L., Annie, Scott e o resto do grupo de resgate voltam de moto-esquis para o início da trilha.

O hospital em Bozeman está a apenas 11 minutos de distância, de helicóptero. Após um exame completo, inclusive Raios X, Nel recebe o diagnóstico. Anos observando o trabalho do pai como quiroprático lhe ensinaram essa ciência. A parte da frente da sua primeira vértebra lombar foi 20% comprimida e uma fratura fina que vai da frente para trás é nitidamente visível. "Ela parece estável", diz o médico, "mas se não forem tomadas as precauções corretas ela pode aumentar e danificar a coluna vertebral".

"Uau!", Nel exclama. "Eu fiquei andando".

A crista ilíaca no seu quadril esquerdo também está lascada. O primeiro impacto provavelmente causou o dano. Por qual motivo as vértebras fraturadas não se movimentaram e não cortaram a sua medula espinhal quando a avalanche o arrastou pelo resto do caminho na encosta é um mistério.

Ele é um homem com muita sorte.

Nel precisou desistir de uma viagem para praticar snowboarding no Alasca, mas depois de mais ou menos dois meses de recuperação, incluindo seis semanas com um colete, já estava surfando na Costa Rica sem nenhum efeito colateral visível.

Um ano depois, estava melhor do que nunca. Uma dor crônica nas costas o incomodava desde um acidente na infância, mas após esse período usando colete, a dor desapareceu. Quando as condições da neve estiverem favoráveis, Nel promete voltar e completar a descida que deveria tê-lo matado.

Os dias de luta contra o medo e o pânico são extravasados enquanto ela começa a chorar, gritar e acenar, tudo ao mesmo tempo.

18. Má sorte

A Selway-Bitterroot Wilderness encontra-se em uma região alta, num canto esquecido de Idaho, estendendo-se por um milhão de acres de paisagem acidentada a partir do topo das Bitterroot Mountains, ao longo da divisa ocidental com Montana. Há poucos lugares nos estados contíguos menos amigáveis. Essas são as montanhas que quase determinaram o fim da expedição de Lewis e Clark na travessia da costa do Pacífico em 1805. O tempo não suavizou a sua natureza.

Durante o verão é um lugar de densa floresta, solitário, quente, seco, infestado de insetos e de picos de granito que só atraem exploradores ocasionais. Shelley, uma ex-guarda florestal, se encaixa nessa categoria. A vida lhe ensinou a ser independente e ela prefere assim. Uma viagem de muitos dias com seus dois cães – o companheiro de muito tempo, Kilgore, um Terrier, e sua mais recente parceira de caminhadas, Trekker, uma Golden Retriever de oito meses – não é fora do comum.

Em uma viagem anterior, um guarda florestal falou empolgado sobre a paisagem impressionante ao redor da Diablo Mountain e do Duck Lake, ao sul do Lochsa River, próximo do posto da Guarda Florestal de Elk Summit. Sempre pronta para conhecer novos territórios, ela memorizou o local. É por isso que, nessa quarta-feira refrescante de agosto, está percorrendo o topo da Diablo Mountain, no trecho ocidental da Selway-Bitterroot Wilderness.

A leste, ela pode ver a crista da Boterroot Range, ao sul, os Goat Heaven Peaks. Aqui e ali, à distância, colunas de fumaça provocadas pelos muitos incêndios florestais desse verão sobem pelo ar.

Em escala ocidental, os incêndios estão queimando pequenas áreas, principalmente em locais remotos, mas as informações da mídia afastaram muitos visitantes de verão, esvaziando essas regiões mais do que o habitual. Naturalmente, isso só aumenta o potencial para o sucesso em um critério de perfeição pelo qual são avaliadas as viagens a regiões remotas. Shelley tem agora uma oportunidade ainda melhor de não encontrar uma única alma viva durante todo o passeio.

A caminhada de 8 km do dia anterior, a partir do início da trilha, foi uma experiência típica de Selway-Bitterroot: moscas zumbindo, calor sufocante, pouca água. Depois de uma boa noite de descanso, Shelley e os garotos, Kilgore e Trekker, deixam a trilha da Diablo Mountain. Durante os próximos cinco dias abrirão o próprio caminho pelas regiões mais remotas.

Shelley observa os seus companheiros, enquanto eles abrem caminho para leste pela parte mais plana da montanha. A apenas alguns passos, a face norte de Diablo desce 240 m diretamente para baixo até a bacia do Duck Lake, seu destino nesse dia. Ela conhece a história da montanha. Pessoas morreram lá em cima quando se desequilibraram próximo da borda. Há poucas segundas chances nessas regiões.

Finalmente, chegam a uma depressão que parece ser um caminho seguro até o lago. Sempre cuidadosa, Shelley avalia a inclinação e procura potenciais obstáculos. Pode ver apoios sólidos para os pés e muita vegetação para se segurar; portanto, ela deixa Trekker e Kilgore irem na frente.

Eles descem devagar, desviando quando o caminho fica muito íngreme. O lago brilha no vale abaixo, aproximando-se a cada passo.

Com a pior parte do terreno ficando para trás, Shelley apóia o pé em uma placa de granito ligeiramente inclinada. Seu pé escorrega. Um estalo alto, como um tiro de espingarda, soa em seus ouvidos.

Ela se apóia no pé esquerdo, olhando totalmente incrédula. O seu pé direito está em um ângulo estranho, como se não estivesse mais adequadamente preso à perna. Um estranho inchaço sobe pelo lado de dentro da sua panturrilha, logo acima do pé.

Então, a dor irradia pela perna como um choque elétrico.

Oh, Deus! Não, não aqui, não agora!

Ela luta para permanecer calma, o latejar parecendo estática em sua mente.

Pense. Respire. Você não pode entrar em choque. Controle-se.

Ela tira e abre a mochila; a adrenalina torna os seus movimentos rápidos e frenéticos. Pega o estojo de primeiros socorros, suas mãos procuram dentro da mochila alguma coisa para imobilizar a perna. A grelha do fogareiro! Ela a puxa, praguejando porque não quer sair. Um outro puxão e ela sai. Tirar da embalagem; deixar de lado as varetas de acender o fogo.

Espere, posso usar também as varetas.

Quando olha o pé, os ossos parecem ter se realinhado sozinhos. Agora a dor é apenas um fraco latejo. Ela tira a bota e cuidadosamente puxa a pesada meia de lã o mais rápido possível. Usando gaze e um rolo de esparadrapo, envolve com cuidado a parte inferior da perna. A grelha é colocada no lado de dentro da panturrilha. As varetas, embrulhadas na espuma da sua almofada de dormir, vão para o lado de fora da panturrilha. Uma segunda camada de esparadrapo prende a tala.

Os pensamentos atravessam a sua mente a quilômetros por minuto. *Eu nunca confiei nos grampões rasos das minhas botas. Por que não comprei solas melhores? Por que sempre encho demais a minha mochila? Por que isso está acontecendo?*

Sua bota está inutilizada. Ela pega uma sandália e coloca o pé, prendendo a tira de cima para fixar a tala.

Com a perna tratada, de repente ela está morrendo de sede. Na noite passada o local de acampamento no topo estava seco. Sem água em sua mochila, precisa descer até o lago. O terreno é íngreme e acidentado, com saliências rochosas e moitas fechadas. Lutando contra o pânico, anda meio de lado como um caranguejo e meio sentada, enquanto arrasta a mochila atrás de si. Kilgore e Trekker estão por ali, nunca se afastando muito.

A mochila está muito pesada. A sede aumenta a sua ansiedade. Ela não pode ficar ali. Precisa chegar até a água.

Tirando algumas sacolas de plástico da mochila, junta algumas coisas: uma garrafa de água, o estojo de primeiros socorros, um pouco de comida, roupas extras e um saco de dormir.

Deixando a mochila para trás, começa a ir para o lago, jogando as sacolas para baixo. Então, meio sentada e de lado, ela desce pelas rochas e pelo mato pegando as sacolas e jogando-as novamente para baixo. O que parecia tão perto a pé, agora parece impossivelmente distante. A viagem rapidamente se transforma em uma série de pequenos objetivos. Chegar até a próxima rocha. Chegar até aquele local com sombra.

Está muito calor. Moscas zumbem ao redor. Kilgore e Trekker ficam por perto, línguas para fora. A terra e o cascalho raspam nas palmas das suas mãos enquanto ela se apressa, o suor escorrendo pelo rosto. Jogando as sacolas, descendo, jogando, descendo. Ela só para quando os ombros suplicam por um descanso.

Quatro horas descendo a montanha, desviando de saliências rochosas e abrindo caminho no meio do mato passam antes de Shelley e os garotos saírem da floresta e chegarem à margem do lago.

Agarrando a garrafa de água, ela larga as sacolas e se arrasta os últimos metros até o lago. Deitada no raso, toma grandes goles d'água. O frescor afasta o pânico e a preocupação durante aqueles minutos de tranquilidade.

Reidratada, ela se arrasta para longe do lago. A sombra e a grama onde estão as sacolas serão uma cama tão boa quanto outra qualquer. O saco com as coisas de Trekker torna-se um apoio para a perna ferida. Sentando para um minuto de descanso, ela respira aliviada; feliz por parar um pouco depois da maratona de descer a montanha.

Então começa a pensar que é quarta-feira e que disse à sua vizinha que voltaria no domingo. Ninguém a imaginará o que lhe aconteceu até a noite de domingo ou talvez até mesmo segunda-feira. São mais de quatro dias!

A sua filosofia como guarda florestal assume o controle. *Eu vim até aqui, eu vou sair daqui.*

Olhando o mapa, ela traça uma rota para oeste, por Duck Creek, até uma trilha que sobe por um desfiladeiro e faz a volta até o local onde sua caminhonete está estacionada, no posto da Guarda Florestal de Elk Summit. Parece ser uma engatinhada de 8 km, sem trilha nos primeiros dois ou três quilômetros. De acordo com a experiência de hoje, provavelmente levaria três dias ou mais. Melhor partir imediatamente do que esperar.

Uma segunda voz se intromete, ainda descrente e assustada. *Como isso aconteceu? E se você cair novamente quando estiver saindo daqui? E se você ficar presa e morrer? Melhor ficar e esperar ajuda.*

O dia passa devagar. A indecisão aumenta em sua mente. *Ficar ou partir? O que devo fazer? Vou morrer? Não quero morrer. E os garotos? Esse é um bom lugar para morrer. Eu não vou morrer aqui!*

A noite chega. O medo eliminou a fome, mas se obriga a comer alguns biscoitos, uma fatia de queijo e salame. As sobras vão para os cães, junto com a ração habitual. Enquanto ela os observa devorar a comida, é tomada pela ansiedade e começa a fazer cálculos de novo. *Quanto tempo a nossa comida vai durar?*

Quando a escuridão toma conta de tudo, percebe que deixou a lanterna lá em cima na montanha, junto com a mochila. Novamente é tomada pela ansiedade. O que mais terá deixado lá em cima e que poderia significar a diferença entre viver e morrer? Procurando as sacolas de plástico, tira o saco de dormir, usa as roupas extras como um colchão improvisado, toma um ibuprofeno e tenta ficar confortável. Os cães dormem ao seu lado.

Durante a noite, sempre que acorda, o zumbido de mosquitos é um constante lembrete de que isso não é apenas um pesadelo.

É quinta-feira. Amanhece. Shelley acorda e encontra muitas picadas de insetos no local onde o pescoço ficou exposto enquanto dormia.

Ela se arrasta até a água e enche a garrafa. Quando consegue voltar para o saco de dormir, está exausta.

Ainda incapaz de decidir se fica ou se vai embora, preenche o dia com uma lista de tarefas.

Ela rasgou a parte de trás dos shorts enquanto se arrastava pela montanha e uma das tarefas é rasgar a bainha das calças de brim para que a tala da perna direita consiga ser encaixada.

Procura alguma coisa que possa servir de muleta. É uma batalha. Tenta arrancar um galho caído entre duas árvores, depois conseguir impulso suficiente para puxá-lo, com apenas um pé e quebrá-lo. Feito isso feito, rapidamente descobre que um só não basta. A batalha para conseguir uma segunda muleta recomeça.

Outras pequenas tarefas distraem a sua mente. Quando o calor do dia diminui, está exausta. Construir um abrigo constava na sua lista de tarefas, mas não sente nenhuma motivação.

A indecisão de partir ou ficar continua, irritando-a. Além disso tudo, a realidade se instalou. Com um pequeno passo em falso, passou de uma independente exploradora de regiões remotas a uma mulher vagando por aí com tudo o que tem no mundo enfiado dentro de duas sacolas de plástico.

Não tem vontade de jantar. Ela tenta comer, mas não tem fome. Novamente, os cães comem ansiosos o resto do salame e do queijo.

A noite chega. Enquanto tenta dormir, relâmpagos brilham na escuridão. Um trovão ressoa. Grandes pingos de chuva começam a cair sobre o saco de dormir. Lutando para sair de dentro dele, ela se amaldiçoa por não ter construído um abrigo. A única coisa a fazer agora é ir para baixo das árvores antes que a chuva se transforme em tempestade.

Antes de se acomodar para a noite, tirou as roupas. Agora, quase nua, agarra freneticamente tudo o que pode encontrar e enfia dentro das sacolas. Com gravetos, mato e pedras batendo nela, procura cegamente na escuridão um pequeno bosque de sempre-vivas, esperando se abrigar sob seus galhos.

A tempestade passa rapidamente e Shelley volta para o acampamento na margem do lago. Ela teve sorte dessa vez. O equipamento abandonado lá em cima poderia ter feito uma grande diferença em sua luta para sobreviver. A mochila precisa ser recuperada.

A sexta-feira amanhece e Shelley acorda cedo para aproveitar as temperaturas frescas da manhã. Os cães estão ansiosos para sair. Trekker leva a sua sacola vazia para ajudar na recuperação. Shelley enche a garrafa de água, amarra-a em um suéter e o coloca em volta da cintura.

Ela começa a subir à "moda caranguejo" durante algum tempo, pensando nas quatro horas que levou para descer da montanha. Então, enquanto desvia de um obstáculo, descobre que pode engatinhar sem sentir dor. É um grande avanço na sua mobilidade, como passar da caminhada para a corrida. A esperança volta pela primeira vez em dias.

Duas horas depois, está no Diablo Peak, perto do local do acidente. O pânico por ter quebrado a perna não permite que se lembre do local. Tudo começa a parecer igual nessa montanha de rochas partidas e mato denso.

Subindo sobre saliências de rocha, dando impulso com a perna boa, engatinhando na terra e sobre a folhagem seca, sobe cada vez mais, sabendo que deve estar perto da mochila. O medo nunca a abandona. Uma pequena mochila nas encostas de uma grande montanha. Os suprimentos que podem significar a diferença entre a vida e a morte. Isso foi há dois dias. Ela engatinha ao redor de uma moita e finalmente vê a mochila.

Chamando Trekker, enche as sacolas para diminuir o peso e deixa que ele vá. Colocando a mochila mais leve nas costas, começa a longa descida.

Mochilas não foram inventadas para se engatinhar com elas. Ela fica batendo na cabeça da gente. Shelley improvisa uma roupa de proteção com corda de pára-quedas do bolso lateral e começa a arrastar a mochila.

Passam duas horas antes de chegar ao acampamento. A mulher das sacolas sumiu. Agora estão vivendo com estilo, totalmente equipados com uma cama, panelas, mais comida e uma barraca. Shelley comemora fazendo o jantar para ela e para os dois fiéis companheiros. Novamente, os cães ficam com a maior parte.

Na manhã do sábado, ela acorda com fumaça no ar. Como guarda florestal, já enfrentou incêndios. Daquilo que ela consegue ver, as chamas ainda estão distantes. Se o fogo se aproximar, será fácil sair para uma das penínsulas rochosas projetando-se no lago.

A fumaça pode ser uma coisa boa. Com o fogo na área, haverá aviões e helicópteros. Uma aeronave passando por ali pode ver o seu acampamento na margem do lago.

A recuperação da mochila no dia anterior foi a semente para o desenvolvimento de uma estratégia de sobrevivência. Cada dia deve ser usado para a realização de alguma pequena tarefa. Hoje, porque tem apetrechos de cozinha e alimento, vai juntar madeira.

Com a resolução tomando o lugar do medo e do pânico, ela considera algumas saídas. A ausência de acampamentos ou de qualquer traço de trilha, indica que poucas pessoas visitam o Duck Lake. Alguém pode vir pescar no final de semana. Se ninguém aparecer até lá, há comida suficiente para esperar mais quatro dias. Se até quinta-feira pela manhã o resgate não parecer iminente, não há escolha a não ser começar a engatinhar durante dias até Duck Creek.

Na tarde de sábado, pede ajuda achando que alguém pode estar por perto. O eco da sua voz ressoa na bacia do lago, voltando como única resposta.

Ela luta contra pensamentos horripilantes, visualizando a volta para casa, há apenas algumas horas, em Grangeville, Idaho, do tratamento no hospital e das reuniões que fará em sua casa pelo resto do verão. Ela cria personagens de romance para lhe fazer companhia nessa região remota, alta e solitária.

Na manhã de domingo, acorda com uma fêmea de alce procurando plantas d'água no lago.

O fogo deve estar perto porque há movimentação no ar. Enquanto as primeiras horas passam, um helicóptero voa sobre a linha das árvores a cerca de 1,5 km, do outro lado do lago. Alguns aviões também passam. Sempre que escuta o som de um avião se aproximando, Shelley começa a acenar com sua manta brilhante, esperando que chame a atenção do piloto. Nenhuma aeronave se aproxima para dar outra olhada.

Ela não deixa que as distrações lá do alto interrompam o projeto do dia. Pegando o equipamento de pesca, vai para a margem do lago e sobe em um dos promontórios de rocha. Algumas horas pescando no lago rendem três maravilhosas trutas para melhorar a refeição noturna. Ela serve esse prêmio com cuscuz. Os cães não ficam tão empolgados quanto ela com relação aos peixes.

A luz diminui no domingo, junto com as suas esperanças de encontrar visitantes de final de semana.

Pat e Bill moram e trabalham em Michigan, mas quando se trata de arrumar a mochila, ambos gostam de ir para o oeste.

Quando chegou a hora de escolher o próximo local para a sua aventura anual, um dos interesses de Pat ajudou a tomar a decisão. Ele leu todos os livros de Louis L'Amour. A Selway-Biterroot foi o cenário de um desses westerns populares. Bill é o seu parceiro de caminhada, a mente cheia de visões de trutas esperando em locais desconhecidos.

O seu avião pousa em Missoula, Montana, em um sábado de agosto. Eles alugam um carro e rumam para o oeste. Um incêndio florestal os atrasou, carros organizando uma pista de tráfego através de uma fumaça densa. Na fronteira com Idaho, seguem o Lochsa River, na Highway 12, pelo assentamento de Powell. Eles passam a primeira noite em uma cabana ao lado do rio.

Na manhã seguinte, após um último café da manhã na civilização, deixam o asfalto e dirigem para o sul durante meia hora, por uma estrada de terra. Montanhas altas e escarpadas, com florestas densas, surgem acima deles. No início da trilha adjacente ao posto da Guarda Florestal de Elk Summit há apenas um carro estacionado, uma pequena picape. Eles entram no posto para se registrar e informar seus planos ao guarda florestal.

Normalmente se limitariam a ficar nas trilhas, mas a pesquisa de Bill com o departamento local de caça e pesca indicou que o Duck Lake era um local perfeito para a pesca na área que planejam explorar. Perguntam ao guarda florestal sobre o melhor caminho para baixo, a partir do final da trilha, no topo da Diablo Mountain.

Com mochilas pesadas, lotadas para passarem uma semana em regiões remotas, começam a subir a Diablo Mountain. É um dia longo e quente de caminhada. Planejaram reabastecer o seu estoque de água em uma nascente mostrada no mapa, mas não conseguiram encontrá-la. No topo, ambos estão sedentos. Com as garrafas de água vazias em suas mochilas, podem ver a superfície do Duck Lake na bacia abaixo, brilhando como uma miragem no meio de uma floresta extremamente quente.

Depois de apreciar a vista, colocam as mochilas nos ombros e começam a descida, cuidadosamente ficando no topo e descendo para o leste, como instruiu o guarda florestal. Logo depois estão no fundo da floresta. Naquele dia, a exaustão e a sede os faz parar na primeira nascente de água que encontram, um grupo de lagos pequenos, enlameados, na base do lado oriental da Diablo Mountain.

Shelley acorda na segunda-feira pela manhã. Cinco dias passaram desde o acidente. Alguém já deve estar procurando por ela, mas como não é uma pessoa de seguir um plano rígido, não contou a ninguém exatamente onde estaria caminhando. Pode levar algum tempo até encontrarem a sua picape no início da trilha. Ela espera passar mais três dias longos e solitários, aguardando até o prazo que ela estabeleceu para partir, na quinta-feira de manhã.

O seu projeto para o dia, um sinal com fogo, é adiado. Se estiverem procurando por ela, podem estar mais perto amanhã. Por volta do meio-dia entra na barraca para descansar e ler.

Segunda-feira de manhã. Pat e Bill desmontam o acampamento e consultam a bússola, olhando o mapa. O Duck Lake está a oeste da sua atual posição. Eles partem, abrindo caminho pela floresta virgem.

Logo depois, surgem através das árvores as águas azuis do Duck. Eles hesitam na beira da floresta, examinando o cenário diante deles. Podem ver o que parece ser uma barraca azul sob as sempre-verdes, do outro lado do lago.

Lá de cima, na montanha, não havia sinal de alguém acampado no lago. Ficam desapontados. Não vieram até tão longe para ficar em um acampamento.

Os dois homens decidem continuar caminhando, descendo na direção da extremidade oeste do lago e fora da vista. Não há motivo para perturbar a privacidade desse outro grupo. Amanhã de manhã os dois irão para locais mais remotos.

Enquanto se viram para ir embora, Bill decide que deveria pelo menos tirar uma foto. A face escarpada da Diablo Mountain se projeta no céu, logo do outro lado do lago. A água, em primeiro plano, é de uma cor inacreditavelmente azul esverdeada. Ele sai das árvores e vai até a margem para tirar a fotografia.

Bem no momento em que Shelley está acomodada na sombra para um outro longo dia de espera e leitura, Kilgore começa a latir. Um minuto passa e então ela lembra que Kilgore não late para nada a não ser para pessoas. Saindo freneticamente para o céu aberto, avista duas pessoas com mochilas do outro lado do lago.

Todos os dias de luta contra o medo e o pânico são extravasados enquanto ela começa a chorar, gritar e acenar, tudo ao mesmo tempo, para as duas figuras em pé do outro lado da margem.

Enquanto Bill fotografa a Diablo Mountain, um cão começa a latir no acampamento do outro lado do lago. Logo depois, uma voz humana se junta ao barulho. É difícil compreender as palavras, mas parece um pedido de ajuda.

Quinze minutos depois, chegam ao outro lado. Shelley está chorando de alívio, enquanto Kilgore e Trekker latem e rosnam, mantendo Pat e Bill à distância. Ela tenta acalmar os cães, mas só depois que os homens tiram carne seca das suas mochilas, como uma oferenda de paz, os cães se acalmam, pegando as suas guloseimas e deixando-os se aproximar.

Eles estão surpresos por encontrá-la sozinha nessa região.

Shelley nunca ficou tão feliz de ver pessoas em toda a sua vida. Ela conta a sua história enquanto os homens escutam, olham para a sua perna entalada e decidem o que fazer a seguir.

Pat tem um celular, mas não há sinal nesse local tão distante. Os rádios transmissores também não funcionam.

Rapidamente, ele arruma uma mochila com algumas coisas essenciais: comida, água, um saco de dormir. Pega um mapa, bússola e a unidade GPS. Precisa da luz do dia para encontrar o caminho para fora desse terreno desconhecido.

Voltar pela montanha está fora de questão. A distância é muito grande e há muitas oportunidades para errar o caminho. Ele vai viajar pela mata seguindo a mesma rota ao longo de Duck Creek, que Shelley planejara percorrer engatinhando. De acordo com o mapa, a cerca de 4 ou 5 km ele pode interceptar uma trilha que o levará de volta ao posto da Guarda Florestal de Elk Summit.

Ainda não passou nem meia hora no lago quando Pat deixa Bill para cuidar de Shelley e vai para o oeste pela margem do lago. Ele some de vista.

Com a esperança renovada, Shelley está delirantemente feliz. Outro ser humano está lá e ela não consegue parar de rir e de tagarelar depois de tantos dias sozinha.

A tarde passa e com a aproximação da noite Bill começa a preparar o jantar. Ele diz a Shelley que levaram cinco horas para chegar ontem; portanto, Pat provavelmente está chegando agora no posto da Guarda Florestal.

"Não se preocupe, amanhã de manhã alguém virá com cavalos ou seja lá o que for para tirá-la daqui. Eu não esperaria nada esta noite."

Com as palavras ainda soando no ar, o som de rotores chega até eles. Em minutos um helicóptero sobrevoa a montanha e paira sobre as suas cabeças.

Bill se movimenta rapidamente para tirar a barraca da única clareira próxima. O helicóptero desce, os trens de pouso sobre a urze. Um homem salta dele e o helicóptero sai, voando para a montanha.

Nick, um paramédico com o helicóptero da equipe de resgate de Orofino, Idaho, faz uma rápida avaliação do estado de Shelley enquanto explica o que vai acontecer. O helicóptero voltará rapidamente com um guarda florestal que se ofereceu para sair dali com os cães.

Enquanto ela tenta falar, ele a interrompe. Com o calor e os ventos da tarde, o piloto não quer se arriscar levando peso extra.

"Não se preocupe", diz Nick, "o guarda florestal gosta de cães".

O helicóptero pousa uma segunda vez e, enquanto embarcam Shelley, Kilgore tenta subir pelo trem de pouso. Ela implora ao piloto. Trekker ficará bem, mas ela nunca se separou de Kilgore. O piloto concorda em tentar: Kilgore é colocado no colo de Shelley. Nick é o próximo, sentando no terceiro banco.

Enquanto o helicóptero voa acima do Duck Lake, Bill e o guarda florestal estão segurando Trekker em meio à turbulência provocada pelos rotores. Shelley acena, enquanto o helicóptero faz uma grande curva sobre a água. Uma última olhada para o topo rochoso da Diablo Mountain à luz do sol da tarde, e o helicóptero vira para o oeste, para fora da solidão da Selway-Bitterroot Wilderness.

No hospital em Grangeville, os médicos encontram uma fratura na parte superior da fíbula e na parte inferior da tíbia da perna direita de Shelley. Após a cirurgia na terça-feira, Shelley vai para casa na quarta-feira.

Amigos e parentes ajudaram a transportar Trekker, o equipamento e a sua picape de volta para casa em Grangeville.

O que ficou com ela foi a incredulidade.

"Eu tenho a história e algumas vezes partes dela voltam, mas ainda não consigo acreditar que realmente aconteceu. Porém, tenho os pinos em minha perna para provar."

A neve além da fenda parece sólida e, com certeza, segura. Rick grita de volta para John que ele vai seguir em frente.

19. Prisão de gelo

O Rainier Mount engole os alpinistas. Eles tropeçam em gelo íngreme, vagueiam fora da rota em neve profunda ou apenas pegam o caminho errado e desaparecem. Ao serem encontrados após dias, semanas, meses ou até anos em uma das milhares de fendas, estão mortos devido aos ferimentos ou à exposição ao frio, o que vier primeiro, pois caíram no coração gelado de uma geleira.

Essa montanha, o orgulho do Mount Rainier National Park, domina o horizonte sul de Seattle, Washington. Há poucos lugares iguais no mundo. Apenas duas horas de carro e algumas horas de escalada separam o conforto e a conveniência de uma cidade moderna de clima temperado, de condições que podem competir com os picos altos, gelados, varridos pelo ventos, do Himalaia.

Os guardas florestais do Mount Rainier têm muitas funções: caminhar pelas regiões distantes; trabalhar no estacionamento, no centro de visitantes de Paradise; patrulhar as rotas de alpinismo de Camp Muir a 10 mil pés de altura. Após observar a enorme abóbada de gelo e rocha durante toda a semana, é comum os guardas florestais formarem um grupo nas horas de folga e passar alguns dias escalando até o topo a 14.411 pés.

Rick e John são jovens guardas florestais sazonais, preparados para escalar devido aos diversos meses caminhando pelas trilhas e caminhos elevados do parque. No final de julho, com dois dias de folga, fazem planos para subir até o topo, por Fuhrer Finger. Esse desfiladeiro íngreme, estreito, de rochas diversas e gelo, leva ao topo pelo lado oeste da Nisqually Glacier.

Na noite de quarta-feira, depois de encerrarem o seu turno, vão do posto da Guarda Florestal, em Camp Muir, até o nível de 9.500 pés da Nisqually Glacier. O acampamento essa noite é na base do caminho, em um pequeno campo de gelo.

Eles acordam na quinta-feira de manhã, razoavelmente cedo. Não há nenhuma pressa. Os seus planos são acampar no topo essa noite. Amanhã, sexta-feira, voltarão a Camp Muir pelas principais rotas de alpinismo, descendo a Ingraham Glacier. Sábado de manhã, precisam estar de volta ao serviço e patrulhar o parque, mas essa é a última coisa em que pensam enquanto partem.

Às 7h, com grampões nas botas e machadinhas de gelo nas mãos, prendem a corda e a subida começa. O dia se transforma em uma longa subida, carregando mochilas cheias, colocando um pé na frente do outro. Os homens se desviam das muitas fendas em seu caminho. Os ânimos estão ótimos com o tempo claro e o ar morno, mesmo lá em cima na montanha. As Southern Cascades estão aos seus pés, com o Mount St. Helens e o Mount Adams ao sul. A oportunidade de acampar no topo nessa temperatura tão gostosa os faz prosseguir.

Mais ou menos às 14h eles chegam a 13.800 pés e o ângulo da inclinação diminui. O último obstáculo da subida está diretamente no seu caminho. Com 5 m de largura, a fenda é muito larga para ser pulada. Olhando sobre a borda, não conseguem enxergar o fundo. Essa enorme abertura na superfície da geleira se estende por pelo menos 30 m para cada lado. Rick vai para oeste, andando paralelo à fenda, para encontrar um caminho. John segue atrás e ambos caminham pela borda, separados por 23 m de corda.

Finalmente, as duas paredes da fenda se unem e fecham a abertura. Rick continua andando – 3, 6, 9 metros além – até onde um bastão cravado na neve marca o caminho de um grupo anterior. Pegadas relativamente frescas vão para cima na direção da depressão entre Point Success e o topo.

Rick cutuca a superfície com a machadinha. A neve parece sólida e, com certeza, parece segura com as pegadas impressas nela. Ele grita de volta para John que vai seguir em frente e dá um passo e depois outro. De repente, a neve ao seu redor cede, partindo em todas as direções e ele cai no meio da neve e do gelo.

John tem apenas um minuto para reagir, enquanto a cobertura de neve sobre a fenda desmorona e o seu parceiro afunda abaixo da superfície. John se joga na neve, calcando a machadinha e os grampões na superfície gelada, lutando para interromper a queda de Rick.

A fricção da corda contra a lateral da fenda retarda a queda de Rick. Ele balança de um lado para o outro, retesando a corda e puxando John para fora da superfície. Em um instante, a sua agradável subida sob o sol se transforma em uma queda surrealista através da luz e da escuridão, enquanto ambos caem em queda livre pelo abismo. Rick é o primeiro a atingir o fundo, batendo na neve, a cabeça zumbindo, a mente confusa. O mundo entra em foco lentamente. A primeira coisa que pode ver é sangue na neve.

"Oh, não!"

Ele não se mexe. Aos poucos começa a flexionar os dedos das mãos e dos pés, os braços, as pernas, procurando alguma dor ou, pior, paralisia. Tudo parece estar bem. Enquanto sua mente começa a clarear, ele coloca a mão no rosto. Seus dedos encontram a pele esfolada e sangue quente de um pequeno corte no alto do nariz, onde os óculos foram arrancados na queda.

Ele olha ao redor da zona de impacto. A luz da tarde reflete 30 m acima. As paredes da fenda têm um espaço de 6 m entre elas. Há neve empilhada entre as paredes, formando um chão relativamente plano. O espaço é como uma caverna aberta para o céu. Seu parceiro não pode ser visto.

"John! John! Onde está você? Você está bem?"

Uma voz responde à distância. Rick fica em pé para seguir o som.

"John, você pode levantar? Você pode se mexer?"

"Acho que sim", a voz responde.

Enquanto Rick caminha na direção da voz, fica aliviado ao ver John lutar para ficar em pé a cerca de 9 m de distância e caminhar um pouco curvado na sua direção.

"Estou sentindo muita dor nos quadris". John estremece quando se aproxima.

Rick entra em ação. O choque é uma preocupação. John precisa ser estabilizado e aquecido. Primeiro pega as mochilas e faz John sentar. Então nivela um espaço no chão da fenda e monta a barraca. John entra nela e dentro do saco de dormir. Diz que sente muita dor. Seus quadris estão rígidos. Rick o deixa o mais confortável possível.

O bolso com o único fogareiro foi arrancado da mochila de John na queda e Rick não consegue encontrá-lo na fenda. Pior ainda: as duas machadinhas desapareceram. Mesmo com elas, escalar 30 m de gelo quase vertical para chegar à superfície, seria muito arriscado; sem elas, é quase impossível. Eles têm comida desidratada para alguns dias, um pouco de água e todos os outros equipamentos para temperaturas frias.

Registraram um plano de viagem; portanto, os seus amigos da Guarda Florestal saberão que caminho seguiram. Mas hoje é quinta-feira e não serão esperados no trabalho até sábado de manhã.

Vinda de cima, a água pinga na fenda. Rick coloca duas panelas sob alguns fios de água, esperando aumentar o seu escasso estoque de água potável.

Não há muito mais a fazer a não ser esperar. John pega um baralho e eles jogam partida após partida de gin rummy dentro da barraca, enquanto o dia passa. O jantar consiste de alimento desidratado e congelado ingerido diretamente do saco. É barulhento, precisa ser muito mastigado, não tem muito sabor – mas pelo menos têm alguma coisa para comer.

Sem nenhuma saída, os dois dormem até o sol estar alto o suficiente, na sexta-feira de manhã, para começar a derreter o gelo novamente. John está indo bem a não ser pela dor nos quadris que dificultam o sono. Rick se mantém ocupado, usando a barraca como um sistema coletor de água. Ele dobra a barraca para que as gotas rolem para dentro de uma das panelas.

Ele está inquieto, incapaz de apenas esperar o resgate. Podem passar quatro ou cinco dias antes de serem encontrados. Deve haver alguma coisa que possa fazer.

Em uma segunda busca pelo chão da fenda, não encontra nenhuma das machadinhas. Visando a criatividade, pega uma segunda panela e uma colher de metal. Ele caminha de um lado para o outro pelo chão irregular da fenda, verificando o ângulo das paredes e a distância até a superfície. Escolhendo um trecho que não é muito vertical, escava a parede com a panela para formar um degrau.

Usando o cabo da colher como um punhal, perfura o gelo, e então finca a ponta dos grampões no degrau e dá impulso, segurando-se no cabo da colher. Ele cava outro degrau, finca o cabo da colher acima da cabeça, crava os grampões no segundo degrau e sobe um pouco mais. A técnica é primitiva, mas parece funcionar.

Durante a hora seguinte, Rick cava, perfura e finca, em sua lenta subida na direção da superfície.

A 26 m do fundo, as paredes da fenda passam de quase verticais para uma saliência traiçoeira. Seria tolo tentar avançar sem ferramentas e cordas adequadas, quando não impossível. Rick escava um pequeno nicho onde pode ficar agachado e olhar para fora, para uma das extremidades da fenda.

Nenhum grupo de alpinistas está visível na estreita faixa que pode ver. Gritar parece inútil, mas pede ajuda algumas vezes. Ninguém responde.

Algumas horas passam enquanto fica sentado no nicho, esperando passar um grupo de alpinistas. Ninguém aparece.

Ele desce novamente, a colher enterrada na neve para sustentar a parte superior do seu corpo. A panela está na outra mão, enquanto se equilibra cuidadosamente na parede de gelo, cravando firme os grampões a cada passo.

Durante todo o dia jogam gin rummy. John joga paciência ou lê um livro, enquanto Rick faz outras escaladas até o nicho. Fazem um lanche. O suprimento de água ainda é escasso, uma gota de cada vez.

Resolvem queimar o enchimento de borracha que protege as mochilas na esperança de fazer uma nuvem de fumaça negra. Mas a fumaça se espalha no caminho para o topo e dispersa rapidamente na leve brisa sobre a superfície.

Se eles colocarem uma mensagem em uma sacola cheia e a amarrarem na corda, talvez Rick possa atirá-la para a superfície lá no nicho. Qualquer alpinista passando por ali com certeza verá a sacola vermelha sobre a neve.

Rick agacha no pequeno nicho no alto da parede da fenda, balançando a corda para frente e para trás. Ele tenta de todos os ângulos. Não há espaço para uma boa arremessada. A saliência desvia a sacola a cada tentativa.

Um outro plano é elaborado naquela noite: se ninguém aparecer no sábado, no domingo Rick começará a escavar um túnel, com a colher e a panela, a partir do nicho, atravessando a saliência até a superfície. Pode levar um ou dois dias, dependendo da dureza da neve.

Alguém virá olhar, eles reafirmam para si mesmos. É apenas uma questão de tempo. Mais uma vez, o jantar é comida desidratada e congelada, diretamente do saco.

Quando John e Rick não aparecem para trabalhar no sábado de manhã, a notícia se espalha pela equipe do parque. Dois dos seus homens estão atrasados para voltar de uma escalada na montanha. Os empregados do parque, que estavam praticando alpinismo na mesma área, ao mesmo tempo, são chamados e interrogados.

Ninguém os viu no topo, nem descendo para Camp Muir. Ninguém viu nada até o telefone tocar no posto da Guarda Florestal de Longmire e Dick atender. O coordenador de buscas, Bob, quer saber se Dick e seu parceiro Pat viram alguma coisa quando subiram o caminho de Fuhrer Finger até o topo na quinta-feira e na sexta-feira.

"Vocês viram Rick ou John lá em cima?"

"Eu não vi."

"Bem, eles estavam escalando essa rota e não voltaram."

O coração de Dick dá um salto. Uma repentina e terrível sensação toma conta dele.

"Eu sei onde eles estão", responde.

No início da manhã de sexta-feira, Dick e Pat deixaram o acampamento a 12 mil pés em Fuhrer Finger e começaram a íngreme subida para o topo. À medida que a inclinação diminuía, próximo do topo da Nisqually Glacier, eles estavam respirando pesadamente o ar escasso, com as tiras das pesadas mochilas pesando nos ombros. Eles deram a volta pela extremidade oeste de uma enorme fenda. Por acaso, Dick olhou para trás.

A algumas centenas de metros, bem na borda da fenda, uma machadinha se destacava na neve. Ele apontou para ela, chamando Pat.

"Olhe, há uma machadinha lá."

Parecia que ela estava lá há anos. Dick já escalou muitas vezes o Rainier. Já vira muitas coisas na montanha – pedaços de corda, grampões perdidos. Não achou que fosse alguma coisa importante apenas uma coisa esquecida.

O tempo estava perfeito: claro, morno, pouco vento. Eles estavam progredindo bem em um dos seus dias de folga, sem pensar em trabalho ou outra coisa qualquer.

Ele e Pat caminharam ao lado dessa fenda com uma machadinha cravada na neve, bem ao lado da borda e nunca imaginaram que poderia haver alguém em dificuldades. O pensamento de que ele pode ter deixado um colega para morrer o deixa arrasado.

Só às 16h30 um helicóptero foi localizado. Um Hughes 500, contratado pelo Serviço Florestal de Packwood, chega em Paradise para começar a transportar os guardas florestais para Point Success. É um grupo que se reúne. O resgate de corpos na montanha é muito comum. Quando se trata de um estranho, é uma coisa. Outra é quando esses homens conhecem as vítimas, tornando a missão particularmente difícil.

O piloto precisa verificar como a aeronave carregada se comportará em altitude elevada; portanto, o coordenador da busca é o primeiro a ser levado. No topo coberto de neve, enquanto o helicóptero circula procurando pousar, Bob se inclina e olha para baixo e examina a superfície da montanha. Por um milésimo de segundo pode ver o fundo de uma fenda. A cena faz seu corpo tremer.

Lá no fundo de uma fenda pode ver uma barraca. Rick está em pé perto dela usando a sua jaqueta vermelha.

Então o helicóptero passa e a cena desaparece.

Rapidamente, Bob percebe o que aconteceu. Ambos sobreviveram à queda. John está ferido. Rick está bem.

Após 56 horas da queda, Rick e John são içados para fora da fenda, obra de sete guardas florestais alpinistas e de um equipamento com cordas. A equipe de resgate resgata os dois homens e todo o equipamento para perto da zona de pouso. Agora a noite caiu. Afinal de contas, Rick e John acabam acampando no topo do Mount Rainier, embora não como imaginaram anteriormente. Aquela noite, um grupo cansado, porém exultante, se reúne em barracas no topo.

Pela manhã, o grupo é retirado de helicóptero da montanha. John é levado para o Good Samaritan Hospital, em Puyallup, e recebe o diagnóstico de fratura na pélvis.

Rick sai ileso do acidente. Seus superiores o convencem a ir para casa e tirar alguns dias de folga.

Quando Rick chega à casa dos pais, eles perguntam como vai indo o seu trabalho de verão na montanha. A conversa é mais ou menos assim:

"É bom ter você em casa. Como vai?"

"Oh, bem."

"Você está gostando do seu emprego de guarda florestal?"

"Sim, gosto dele."

"Nada de interessante acontecendo lá no parque?"

"Não muita coisa na verdade. Apenas trabalho de guarda florestal, vocês sabem, turistas e coisas assim, a não ser que, bem, nos dois últimos dias eu estava no fundo de uma fenda."

No dia seguinte, um artigo é publicado no jornal, detalhando o acidente. Os pais de Rick recebem mais informações do que gostariam.

Após alguns dias no hospital, John volta para o parque para se recuperar.

Uma semana depois, Rick sente a necessidade de afastar qualquer inquietação deixada pelo acidente. Ele se junta a outro grupo de empregados do parque e termina a subida até o topo pela rota Kautz, bem a oeste de Fuhrer Finger.

Ele sonha em caçar coelhos para fazer sapatos para os seus pés congelados. Chinelos de coelhinhos seriam tão quentes...

20. Descida Fácil para Iniciantes

Em uma quinta-feira gelada de janeiro, a escola em Pullman, Washington, está fechada por causa da neve. Com o dia de folga e a neve fresca nas montanhas, Andy, Jamiel e Elliot aproveitam a oportunidade para dirigir três horas sobre estradas geladas e passar uma tarde esquiando na Silver Mountain, em Bitterroot Range of Northern, Idaho.

Após algumas descidas de aquecimento, os rapazes ficam juntos no ponto alto da área de esquis no topo do Kellog Peak. As nuvens estão baixas e pesadas. Flocos de neve macios enchem o ar. A 90 m em todas as direções, as árvores tornam-se sombras fantasmagóricas ocultadas pela neblina.

Andy, que já fizera diversas manobras espetaculares na neve profunda, esquiando apenas pela segunda vez em sua vida, está decidindo se o esporte realmente deve ser descrito como divertido. Por outro lado, Jamiel e Elliot estão prontos para descer de esqui uma encosta íngreme de saliências arredondadas cobertas de neve – uma corrida de obstáculos. Para Andy isso soa como uma viagem certa para o pronto-socorro. Ele precisa da pista para iniciantes.

"Apenas siga os sinais ladeira abaixo", um dos amigos lhe diz. "Nós o encontraremos lá em baixo".

Logo abaixo do topo, Andy avista o primeiro sinal: "Descida Fácil para Iniciantes", está escrito, e uma flecha aponta para baixo. Entrando na pista, ele crava curvas cuidadosamente na neve profunda, buscando o caminho por uma paisagem oculta pela neve caindo e pelas nuvens.

Enquanto se concentra na técnica, suas habilidades melhoram e começa a fazer diversas curvas. Pela primeira vez nesse dia, esquiar se torna divertido, enquanto ele desce por uma encosta longa, íngreme, de neve intacta.

Jamiel e Elliot passam o resto da tarde esperando Andy. Sempre que completam uma descida, esperam vê-lo na fila do teleférico ou dentro da cabana na metade da montanha. Quando estão subindo pelo teleférico, examinam as encostas. Com todo o terreno de Silver Mountain, é fácil se separar; principalmente se Andy estiver descendo as pistas para iniciantes ou esquiando em um trecho diferente na área.

Quando o teleférico encerra as atividades às 16h30, Jamiel e Elliot esperam que Andy apareça lá embaixo. Eles procuram na cabana, verificam no estacionamento.

Ele deve estar em algum lugar, pensam, enquanto a preocupação começa a aumentar. Procuram em todo lugar, mas não há sinal do amigo. Então, informam o seu desaparecimento na área para esquis.

Uma longa noite de buscas realizada pela patrulha de esquis em duas montanhas não apresenta resultados.

Às 6h da manhã de sexta-feira, dezenas de voluntários se reúnem em Silver Mountain. Após interrogar Jamiel e Elliot e avaliar a experiência de Andy, a equipe de busca acha que ele saiu de uma pista própria para esquiar e caiu em um dos profundos abismos de neve que se formaram sob as árvores em toda a área. Ele pode estar ferido e incapaz de se mexer ou preso em um desses buracos sob as árvores. Resolvem concentrar as buscas no terreno dentro da área de esquis.

Na noite anterior, a temperatura caiu. A neve continua caindo. A previsão do tempo informa que uma tempestade de inverno pode chegar a qualquer momento.

A Patrulha Aérea Civil tentará fazer um vôo hoje, mas o tempo impede que os helicópteros decolem. Se quiserem encontrar Andy a tempo, precisarão de homens percorrendo o solo.

Dean, um patrulheiro voluntário e morador local, é convocado para trabalhar com um dos treinadores de cães. Dean passa muito tempo livre, esquiando e caçando nessas montanhas. Conhece a área melhor do que a maioria.

Começando pelo topo do Kellogg Peak, próximo do local onde Andy foi visto pela última vez, Dean e o treinador o circulam. Sua rota serpenteia por bosques de árvores, com o cão à frente. Atenção especial é dedicada aos buracos sob as árvores, mas sem sorte. Logo abaixo do topo, no limite sul da área de esquis, o cão fica agitado, farejando na neve.

O cão é chamado, mas volta para o mesmo lugar, buscando alguma coisa.

Dean e o treinador olham a encosta. A neve foi soprada pelo vento e não há rastros visíveis. O treinador acha que, de qualquer modo, as condições não são favoráveis para o cão encontrar alguma coisa. Provavelmente é apenas um coelho ou outro animal qualquer.

O cão é chamado de volta uma segunda vez. Nas próximas horas, Dean e o treinador examinam os limites sul e leste da área de esquis, não encontrando nada.

Por volta das 10h30 voltam à sede da equipe de buscas.

Dean não consegue esquecer a atitude do cão. Uma travessia pelo terreno fora dos limites da área de esquis, paralelo ao limite sul, é a única coisa que o deixaria tranqüilo. Qualquer rastro ficará óbvio na neve profunda, intacta, abaixo do topo varrido pelo vento. Com voluntários procurando dentro dos limites por toda a montanha, Dean se junta a um deles, chamado Gary, e voltam para o topo do Kellogg Peak.

Os esquis de Dean são ideais para esquiar nas áreas fora dos limites, com presilhas que deixam os calcanhares livres, no estilo cross-country, mas que prendem o calcanhar para o estilo downhill. Gary tem equipamentos para downhill, com calcanhares sempre presos, mas pode manter o ritmo enquanto eles esquiam para o sul ao longo de uma cordilheira que sai do topo do Kellogg Peak e para fora dos limites da área de esquis. Em determinado ponto, cerca de metade do caminho para baixo, começam a travessia leste-oeste. Sem vento, as inclinações são profundas, a corrida suave.

Na metade do caminho para o lado sul da montanha, os dois homens encontram um sulco profundo na neve fresca. É difícil saber o que fez aquilo. Um alce pode ter descido a encosta, sulcando a trilha. Eles sobem e descem durante alguns minutos, buscando um sinal claro na neve sulcada. Finalmente, lá está: uma pegada de bota voltada para a base da montanha.

Tentam se comunicar pelo rádio para pedir ajuda, mas não conseguem: ou a bateria acabou ou o sinal está muito fraco para alcançar o outro lado da montanha. Eles discutem o que fazer.

Demoraria muito voltar para pedir ajuda e o garoto pode estar em algum lugar próximo. Com as temperaturas geladas, precisa ser encontrado o mais rapidamente possível. Ainda há muita luz e eles podem encontrá-lo antes do anoitecer.

Tomam então uma decisão. Seguem as pegadas da bota até a bacia, pela mata fechada e pela neve profunda. Os rastros vão para cima, até uma estrada secundária abandonada e depois de volta ao barranco. Encontram diversos lugares por onde o garoto passou indo até o córrego. Em um bosque de árvores, acham uma cama feita de galhos. Parece que passou a noite aqui. Eles gritam o seu nome repetidamente, as vozes abafadas pela paisagem coberta de neve e pelo silêncio da bacia remota.

Da cama feita com galhos, a trilha leva à direção da corrente. Eles seguem até as pegadas pararem onde as paredes do barranco ficam muito íngremes. As pegadas estão em diversos lugares, aqui e ali. Com a luz diminuindo, não conseguem decifrar para onde o garoto foi.

Dean está com o seu equipamento de sobrevivência e preparado para passar a noite ali. Se o esquiador perdido fez essas marcas hoje, deve estar perto e provavelmente vivo. Se os dois permanecerem na área e acenderem uma fogueira, a luz poderia chamar a atenção do garoto.

Gary está exausto após caminhar durante o dia todo com botas e esquis. Está ensopado de suor, cansado e congelando rapidamente nas temperaturas geladas. Gary não pode passar a noite ali e Dean é o único que sabe o caminho de volta.

Relutantemente, Dean vai à frente. Os dois sobem um pouco e encontram o caminho. Antes de partir, sentam no alto da encosta durante algum tempo, gritando, chamando, esperando ouvir uma resposta. Não há nenhum som, a não ser o silêncio que os perseguiu o dia inteiro.

Com a noite caindo rapidamente, voltam e começam a longa caminhada. As próximas horas são passadas lutando com inclinações profundas e densa floresta, num frio de congelar.

Quando chegam a uma estrada e voltam para a área de esqui, já são 20 horas. Ambos estão exaustos, ensopados e gelados.

Na área de esquis, os repórteres da televisão cercam Dean e Gary. Eles não fazem nenhum comentário. Após encontrar os rastros, mas não Andy, eles concordam em falar apenas com o coordenador das buscas e deixá-lo decidir quais informações serão liberadas. Não querem aumentar as esperanças da família de Andy e mais tarde ver as coisas darem errado.

As equipes estão abatidas. A noite caiu e um frio implacável parece chegar com a escuridão. Uma tempestade de neve está atingindo o resto do Pacific Northwest, impedindo o vôo dos helicópteros em toda a região. Ela ainda não chegou até Silver Mountain, mas ameaça chegar a qualquer momento. A vida das equipes de busca corre risco. Há poucas esperanças de encontrar vivo o esquiador perdido.

Dean e Gary entram na sede das equipes de busca no momento em que o coordenador e o encarregado da área de esqui estão anunciando que a busca está sendo suspensa por causa da noite e da tempestade que se aproxima.

Shawn tem acompanhado a história do esquiador perdido em Silver Mountain desde que voltou do trabalho na quinta-feira e assistiu aos noticiários. Hoje, sexta-feira à noite, liga a televisão e descobre que o esquiador ainda está perdido e que as equipes de busca estão encerrando as atividades por terra.

A descrição das roupas do garoto o atinge: uma mistura de lã e algodão, jaqueta de náilon e calças para esquiar. Bom para uma tarde esquiando, mas morte certa para alguns dias sobrevivendo em temperaturas abaixo de zero. O garoto está lá fora em algum lugar. Com uma tempestade de inverno se aproximando, o seu tempo está se esgotando.

Shawn começa a telefonar e é encaminhado para o coordenador das buscas em Silver Mountain. Ele se apresenta como voluntário para procurar essa noite. Só precisa de um pouco de tempo para chamar alguns dos seus amigos, instrutores de aulas de sobrevivência, e obter permissão do seu comandante na base da Força Aérea de Fairchild. Depois, irá se dirigir uma hora e meia para o leste, saindo de Spokane, Washington, para se juntar às buscas.

Dean continua acordado nessa noite em sua casa, deitado na cama. Todo o seu equipamento está secando. Ele não consegue esquecer o garoto perdido.

Estava terrivelmente úmido e gelado durante o dia que passou chapinhando em neve profunda, naquele córrego solitário, tentando seguir aquelas pegadas. Ele devia estar tão perto.

Uma noite fora naquelas condições seria desumano. Uma segunda noite, com temperaturas a 9 °C ou 10 °C abaixo de zero... bem, ele mal consegue imaginar como deve ser.

Horas antes do amanhecer, Shawn e seus três amigos, Sean, Todd e Colin, estacionam na base da Silver Mountain. Durante a viagem, conversaram sobre a sua estratégia. Provavelmente estão procurando um corpo. Ninguém, inclusive a mídia reunida na área de esquis, pode ter acesso às comunicações por rádio. Para lidar com a situação com alguma discrição, eles combinaram um código que lhes permitirá informar a sede das equipes de busca e resgate sobre quando, onde e em que condições encontraram "o pacote". Os pais do garoto merecem ser poupados.

Antes do amanhecer, enquanto pegam o equipamento no estacionamento, uma mulher se aproxima e bate no ombro de Shawn.

"Desculpe-me, vocês são os rapazes da Força Aérea?"

Shawn olha para ela: "Sim, senhora, somos nós".

Ela o olha diretamente nos olhos e implora: "Por favor, por favor, encontrem o meu filho".

Surpreso, procurando as palavras certas, ele olha para ela: "Eu vou encontrar o seu filho".

Enquanto ela vai embora, Shawn decide ficar na montanha até que, de uma ou de outra maneira, encontre aquele garoto.

Na cabana, no meio da montanha, as apresentações são rápidas e amigáveis. Os líderes das buscas fazem um breve resumo, informando sobre as áreas verificadas. Eles falam sobre as pegadas encontradas nas costas da montanha. Shawn quer se concentrar nessa área.

Dean também chegou cedo e está lá para levar o grupo até o regato.

O céu está começando a clarear quando eles pegam o teleférico para o topo do Kellogg Peak.

Chegando lá, os cinco homens se separam em duas equipes. Cada equipe irá ziguezaguear pelas montanhas onde está a área onde foram encontradas as pegadas. Eles falarão entre si enquanto se dirigem para a bacia.

Depois de meia hora, Shawn avista uma trilha na neve. Ela deve ser fresca. A neve caindo e o vento não preencheram os sulcos. Enquanto ele se abaixa para verificar se o rastro foi feito por um ser humano ou por um animal, o rádio dá sinal de vida.

Dean levou a outra equipe para a base da encosta. Têm uma trilha definida ao longo da correnteza.

Shawn e Sean se apressam para se juntar à outra equipe. A trilha ao lado do córrego mostra uma série clara de pegadas do pé direito de uma bota. Mas, à esquerda, há uma série estranha do que parece ser pequenos buracos na neve, sem pegadas de bota. Eles se separam onde o rastro aparece aqui e ali, gritando uns para os outros enquanto procuram.

Logo depois um deles hesita: "Ei, vocês estão ouvindo isso?"

Eles param e escutam, muito fraco e a distância, um pedido de socorro.

Na quinta-feira à tarde, Andy cravou sua descida do alto da montanha até a corrida acabar em um bosque de árvores. Parecia estranho encontrar um bosque no meio de uma pista de esqui. Ele parou um instante, olhando ao redor. Uma floresta virgem se estendia até onde a vista alcançava. Percebe que não encontrou nenhum outro esquiador durante muito tempo. Uma sensação desagradável aperta o seu estômago, enquanto tenta reconhecer qualquer coisa naquela paisagem.

Para onde estava indo? E como ia chegar lá? Nesse ponto, a melhor estratégia parece ser voltar pelo mesmo caminho. Não haverá nenhuma subida de volta com esses esquis para downhill. Deixá-los é drástico, mas agora eles não servem para Andy e tudo o que deseja nesse momento é voltar para algum lugar familiar.

Ele solta as presilhas das botas e começa a seguir as suas marcas de volta para cima, tentando subir uma encosta que parece quase vertical. Sem o apoio dos esquis, afunda até o pescoço na neve, algumas vezes cobrindo a sua cabeça. Subir através dos profundos montes de neve é mais ou menos como nadar e se afogar contra uma maré forte.

Ele vê um barranco próximo com uma inclinação mais suave para o topo. Usando os bastões do esqui para se equilibrar, desce até lá.

No barranco, uma superfície de gelo cobre tudo. Suas botas plásticas estão fora de controle como se fossem patins de rodas sobre a superfície escorregadia. O pânico começa a aumentar. Ele está preso, não há saída, e agora que parou de esquiar, o frio congelante está penetrando em suas roupas.

Lutando para permanecer calmo, lembra de uma lição aprendida quando era escoteiro. Deve haver um riacho no fundo da bacia. Ele o seguirá até a estrada mais próxima.

Uma ou duas horas se passam, enquanto Andy avança devagar, lutando contra a neve profunda e o emaranhado de moitas. Com a luz do dia diminuindo, escolhe um bosque para se abrigar e sacode os galhos das árvores para tirar a neve acumulada neles.

Sente-se agradecido por ter lembrado de colocar a faca no bolso essa manhã. Ele pega a faca e usa a lâmina para cortar galhos dos pinheiros próximos. Os galhos são arrumados como uma cama, proporcionando um isolamento da neve. Andy se acomoda sob as árvores e coloca mais galhos sobre o corpo, como um cobertor.

Enquanto anoitece na quinta-feira, a temperatura cai. Suas roupas ficam rígidas enquanto congelam. Tremendo na escuridão total, cercado por uma floresta ampla, vazia, perde toda a esperança. Não há nenhuma dúvida. Ele vai morrer.

Procurando nos bolsos, encontra um pedaço de papel e um lápis e rabisca uma mensagem:

"Quem quer que me encontre, eu sou um homem. Meu nome é Andrew Zeller. Para meus pais, Jeff e Eileen Zeller, que moram em Pullman, Washington: eu amo vocês. E sinto muito por todos os problemas que causei. Sinto muito mesmo. Vocês são os melhores pais do mundo. Digam ao meu irmão menor Jake que eu também o amo. Andy."

O frio começa a nublar o seu raciocínio. Talvez ele devesse acabar com tudo agora, antes que o gelo encha lentamente as suas veias.

Em algum lugar, no fundo da sua mente, no meio dos pensamentos sinistros, surge uma semente de esperança. Como um interruptor acendendo a luz, toma a decisão de lutar.

Eu não vou desejar morrer, não serei a causa da minha morte.

Andy levanta o corpo gelado, cansado. Na escola ele participou de musicais – representando, cantando, dançando –, assim, começa a sapatear, um artista num anfiteatro da floresta gelada no silêncio invernal das Bitterroot Mountains. Ele repete mais uma vez e outra, até seu corpo aquecer com o exercício. Os pensamentos sobre a morte desaparecem. Finalmente, Andy volta para a sua cama de galhos sob as árvores, dessa vez com a vontade de viver. Enquanto as horas longas, geladas, escuras, passam, pensa na diferença que faria ter uma fogueira. Essa deveria ter sido uma coisa simples, a não ser por ter perdido o seu isqueiro na neve, depois da primeira descida pela montanha. Ele usou o seu último fósforo para acender um cigarro no teleférico de volta ao topo.

Seu maço de cigarros está no bolso sem nenhuma chama para acendê-los. Ele tira o maço do bolso e olha o camelo no rótulo, o deserto ao fundo, palmeiras, pirâmides, o sol causticante. *Cara, me dê um pouco do calor desse deserto agora.*

Seus pensamentos mudam novamente. *E se ninguém tiver percebido que eu desapareci? E se Jamiel e Elliot pensarem que encontrei alguma garota e fui embora com ela e não há motivo para dizer nada a ninguém?*

De vez em quando o som de um avião é abafado pelas árvores. Sempre que isso acontece, ele acorda de um cochilo, acreditando que é um avião à sua procura. Mas, a cada vez, descobre que é apenas outro avião a jato passando lá em cima, voando para leste, vindo de Spokane.

Imagina os passageiros sentados no calor da cabine, comendo, bebendo, relaxando, ignorando totalmente o fato de que ele, Andy Zeller, está ao relento, em temperaturas abaixo de zero, sem nenhum alimento, sem cobertor, sem receber um travesseiro do comissário de bordo. A raiva o ajuda a se aquecer.

Na sexta-feira de manhã, quando a luz começa a aparecer entre as rajadas de vento, Andy sacode alguns centímetros de neve do seu cobertor improvisado.

Depois da experiência de ontem, qualquer plano para sair dali andando parece inútil. A melhor estratégia é sair do fundo dessa enseada coberta de árvores e vegetação. Se alguém estiver procurando por ele, é melhor sair ao ar livre onde possa ser visto.

Lembra de uma clareira na encosta acima. Talvez possa subir até lá e fazer um X na neve. Saindo de sob as árvores, afunda até o pescoço na neve.

Andy perdeu um dos bastões, quando levou um tombo descendo a encosta ontem. Ele desapareceu na neve e não pode ser encontrado. Com o outro bastão, começa a cavar degraus para cima da encosta. Afunda o bastão, balançando-o de um lado para o outro, e depois, com as mãos, tira um bloco de neve do caminho, crava a ponta das botas na neve um pouco mais acima e repete o processo.

Ele passa horas fazendo isso. Enquanto trabalha, luta continuamente contra pensamentos de pânico.

Esse é o caminho certo?

Será que estou gastando energia que posso precisar depois?

Será que o meu suor vai congelar e me matar quando eu parar?

Finalmente, o terreno fica nivelado e o avanço ficou mais fácil. A neve só chega até os seus joelhos toda vez que ele levanta a perna a cada passada.

Chegando à borda da clareira, ele afunda até as axilas. Lutando para sair dali, as fivelas da bota do seu pé esquerdo prendem em alguma coisa. Quando puxa a perna para fora do buraco, a bota fica lá embaixo. O seu pé, coberto apenas por uma meia de lã úmida, fica exposto ao ar gelado.

Desesperado, cava na neve e puxa a bota para fora. Engatinhando até a borda da clareira, se apóia em uma árvore para se equilibrar, lutando desesperadamente para colocar o pé congelado dentro da bota.

De repente, um pequeno avião voa diretamente acima, tão baixo que consegue ler os números pintados nas asas através dos galhos pendentes.

O avião rapidamente desaparece nas nuvens e na neve caindo.

Ele pára, espantado, incrédulo, se esforçando para escutar, esperando ouvi-lo voltar, enquanto o som desaparece deixando um silêncio doloroso.

Pelo menos sei que as pessoas estão procurando, pensa para se consolar. *Se eles estão no ar, devem estar no chão também.*

A bota está coberta de gelo. Suas mãos estão entorpecidas e inúteis, o pé exposto, muito inchado e dolorido para ser calçado. Ele abandona a bota sob as árvores e engatinha até a clareira, esperando que o avião passe novamente. Está exausto pela luta para manter o corpo aquecido e afastar a hipotermia.

É aqui que vai ficar. Uma cama de galhos não o aquecerá o suficiente aqui ao relento. Outra lembrança vaga do tempo dos escoteiros lhe dá a idéia de escavar na neve. Incapaz de ficar em pé, devido à forte dor no pé exposto, cava deitado. Ele se esforça para tirar a neve do caminho.

Finalmente, cava abaixo do nível da superfície. Então, Andy começa a tirar rochas congeladas, tentando aprofundar o abrigo. O resultado final é uma espécie de cova rasa na neve – rude, mas a melhor que conseguiu fazer.

Ele tenta cuidar do pé exposto. Com uma faca, corta a metade de baixo da sua camiseta de algodão e a bainha do casaco para fazer uma camada de isolamento. Tirando a meia, Andy envolve o pé com a camada de isolamento e depois com o retalho da camiseta.

Antes de partir na quinta-feira pela manhã, ele pegou um par de luvas cirúrgicas de uma caixa deixada sobre a mesa pela mãe, que é enfermeira. Achou que poderiam manter as suas mãos secas se as luvas de esqui molhassem. Agora coloca uma das luvas de borracha sobre o pé enfaixado e a meia de lã meio congelada em cima para terminar o trabalho.

Tudo o que pode fazer é sentar em seu abrigo e esperar. Exausto, adormece e acorda, repetidamente.

Quando a luz do dia começa a diminuir, no seu segundo dia na floresta, a visão da sua cova na neve se torna sublime: sombras longas, árvores congeladas, neve caindo. No vale, os picos da montanha brilham com o reflexo do sol.

Andy sabe que com a noite as temperaturas vão cair novamente. Ele não tem muita esperança de salvar seu pé, mas não vai desistir das mãos. Ele tira as luvas congeladas, senta em cima delas e coloca as mãos sob as axilas.

De qualquer modo, não era o corredor mais rápido, ele pensa, enquanto se enrosca no pequeno abrigo.

O sono é pesado quando passa a noite de sexta-feira. Andy entra e sai do estado de alerta, discutindo longamente com todos os deuses que lembra, implorando por ajuda.

Em determinado momento, pensando na fome, sente uma estranha simpatia pelo grupo Donner do século XIX. Agora pode compreender o desespero de um comboio de pioneiros, presos pela neve do inverno nas Sierras, e porque eles podem ter comido carne humana para sobreviver.

Durante algum tempo sonha em caçar coelhos para fazer sapatos para os seus pés congelados. Chinelos de coelhinhos seriam tão quentes.

Quando o céu clareia na manhã de sábado, Andy desperta da sua noite de divagações semiconscientes. Ele faz os movimentos para levantar, mas o corpo não responde. Seus braços estão moles, difíceis de movimentar. Seu corpo está exausto pelo esforço para permanecer vivo. A única extremidade que ainda reage parece ser a sua cabeça.

Com enorme dificuldade sai do abrigo e rola até sentar-se na borda da cova. A neve diminuiu um pouco. Ele aprecia a vista outra vez. *A vida é boa. Nesse momento é uma alegria apenas estar vivo.*

A exaustão e a falta de sono devem estar deixando-o confuso. Ele vê cores estranhas, ouve assobios, estalos e canções diferentes vindos de todo lugar e de lugar nenhum.

Escuta as canções e sons, apreciando o estranho coro até que em algum lugar no fundo da sua mente começa a surgir um padrão. Lentamente, saindo da névoa da sua mente, percebe que alguém está chamando perto dali.

Shawn examina a encosta com os binóculos, enquanto os outros quatro homens escutam atentamente, tentando descobrir a fonte do chamado. Algumas centenas de metros para cima e a apenas 90 m da sua rota para baixo, Shawn focaliza uma figura sentada na neve, gritando por socorro.

Dean é o primeiro a alcançá-lo. Enquanto o resto do grupo luta para chegar até a pequena cova na neve, Andy conta que ouviu as suas vozes, mas pensou que fossem anjos.

Os pais de Andy estavam esperando em um hotel próximo da base da área de esquis desde o início da sexta-feira. Sua mãe, incapaz de dormir, passou a noite caminhando pelas ruas em volta da base da área de esquis, rezando para que o seu filho fosse encontrado. Seu pai nunca se sentiu tão impotente. Nenhum deles quer acreditar que Andy está morto, mas não lhes deram muita esperança.

No sábado pela manhã, seu pai não consegue mais ficar sentado. Ele não pode fazer muita coisa para ajudar o filho. Depois da suspensão das buscas na noite anterior, tem medo de que cancelem as buscas para sempre. Precisa conversar com os supervisores da equipe de busca e resgate.

Ele pega a gôndola para subir até a metade da montanha onde se encontra a sede das equipes de busca e resgate. Quando encontra os encarregados, implora: "Por favor, continuem procurando o meu filho".

Eles garantem que estão fazendo o melhor que podem.

Com o coração pesado, ele volta para esperar lá embaixo.

Alguns minutos depois da súplica veemente do sr. Zeller, as transmissões começam a ser trocadas e uma mensagem chega pelo rádio. O "pacote" foi localizado e está em boas condições. Os gritos de comemoração invadem a sede. Alguém corre para encontrar o pai de Andy, mas ele já pegou a gôndola para descer.

A descida da montanha é a mais longa da sua vida para o pai de Andy. Olhando pela janela, vê muita neve. A visibilidade é pouca e está muito frio. O seu filho ficou lá fora durante duas noites.

Aproximando-se da base da área de esquis, vê pessoas correndo de um lado para o outro. Alguma coisa aconteceu. As portas abrem e ele ouve a notícia de que o seu filho foi encontrado vivo.

Na bacia atrás do Kellogg Peak, os cinco homens avaliam as condições de Andy. Ele está imóvel, mas relativamente lúcido. Gelado, porém consciente. O pé, sem a bota, parece muito congelado. Eles terão de carregá-lo.

Tiram as suas roupas congeladas e duras como estanho, puxando as camadas e depois vestindo-o rapidamente com roupas secas. O pé congelado ficará como está: melhor mantê-lo no gelo até chegarem ao hospital.

Andy recebe alimento e uma xícara de café fumegante. Na segunda xícara, enquanto o líquido quente começa a aquecê-lo de dentro para fora, Andy começa a tremer incontrolavelmente. O café está derramando da caneca. É um bom sinal. O seu corpo está lutando contra a hipotermia avançada, tremendo para se aquecer. Agora o sangue está circulando novamente nas extremidades.

Os homens enrolam Andy em um poncho de lã e o colocam em um saco de dormir. Depois é novamente enrolado em um poncho emborrachado.

Subir a montanha com Andy está fora de cogitação, impossível com a inclinação íngreme e a neve profunda. Seguirão a rota que Dean percorreu ontem e puxarão Andy montanha abaixo até a estrada mais próxima.

Com uma pessoa abrindo caminho à frente e as outras quatro segurando as pontas do poncho, eles mandam Andy cantar enquanto começam a arrastá-lo pela floresta. Não há tempo para o "pacote" relaxar e deixar a hipotermia voltar.

Horas depois, ensopados de suor, os cinco homens ainda estão caminhando na neve até a cintura, às vezes até o peito, nas profundezas da floresta. Eles estão na metade do caminho e Andy não tem mais canções. Enquanto os homens se amontoam, exaustos, em volta de uma pequena fogueira, lhe pedem para contar todas as piadas que conhece.

Andy pensa por um instante.

"Eu só me lembro de uma piada. Como você faz um palhaço parar de sorrir?" Eles se olham e respondem: "Nós não sabemos".

"Você bate com um machado na cara dele."

Cansados, famintos e desidratados naquela região gelada, acham que essa é a coisa mais engraçada que já ouviram. Eles continuam arrastando Andy, rindo da piada pelo resto da tarde.

Seis horas e mais ou menos cinco quilômetros do local da evacuação, chegam a uma estrada e encontram dois moto-esquis esperando. Andy é colocado no primeiro moto-esqui e transportado para uma ambulância, quando a luz do dia começa a desaparecer.

No hospital em Kellogg, Idaho, Andy é rapidamente medicado. Suas pernas, abaixo dos joelhos, principalmente o pé sem a bota, estão muito enregeladas.

O médico do pronto-socorro coloca a mão de Andy na banheira de descongelamento para que ele possa sentir a temperatura da água.

"Quero que você saiba que essa água está morna, porque quando eu colocar o seu pé nela, vai parecer que ela está fervendo."

Quando um dos pés é colocado na água, mesmo com a morfina, a dor é insuportável. Ele se esforça para não desmaiar, enquanto seus pés são lentamente descongelados.

A formação da mãe de Andy na área médica não dá espaço para mais nada, a não ser para a realidade. Sabe que quando uma extremidade congela, não há tratamento. O membro amputará a si mesmo enquanto morre, ou se delimita, como disse pelo telefone o cirurgião-ortopedista do hospital em Pullman, onde ela trabalha. Pode levar seis meses. "Congelado em janeiro, amputado em junho", diz o ditado.

No dia seguinte, domingo, não há nada mais que a equipe do hospital possa fazer. Andy vai para casa na manhã de segunda-feira.

Domingo à tarde, um senhor entra no quarto de Andy e se apresenta como o dr. Cramer. Ele estudou medicina hiperbárica em Houston, a utilização de oxigênio sob alta pressão no tratamento de determinadas condições, inclusive congelamento. Em outubro, foi transferido para Kellogg porque queria esquiar. O hospital, com vinte leitos, estava ansioso por tê-lo em sua equipe, tanto que concordaram com a sua solicitação de duas câmaras hiperbáricas para poder continuar a sua pesquisa. Ele acha que pode ajudar a salvar as pernas de Andy.

Durante os próximos dez dias Andy passa pelo tratamento duas vezes por dia na atmosfera saturada de oxigênio das únicas câmaras hiperbáricas existentes entre Salt Lake City e Seattle.

Olhando pela janela da câmara, a mãe de Andy pode ver a carne cinzenta morta das suas pernas ficarem rosadas a cada tratamento, o sangue oxigenado reparando a carne danificada.

Após dez dias, não há outras melhoras visíveis. Andy é mandado para casa para continuar em regime de terapia com água para estimular a circulação do sangue nas pernas.

Seis semanas depois, o pai de Andy está se preparando para ir trabalhar quando o irmão de doze anos de Andy, Jake, entra gritando no banheiro.

"Papai, papai, o pé de Andy, o pé de Andy."

Temendo o pior, a família se reúne ao seu lado. A carne escurecida, morta, que era um dos dedões do pé de Andy, se soltou. Por baixo da massa feia, há um dedão novo, inteiro, maravilhosamente rosado e vivo.

Com o passar do tempo, os dedões de Andy reaparecem e ele finalmente recupera os movimentos dos pés. Contudo, as suas pernas sempre serão sensíveis ao frio.

"Cheguei a um ponto onde gosto da dor", diz agora. "Porque posso acordar todas as manhãs, sair da cama e lembrar: *Oh, sim, eu preciso viver hoje*".

"A cada passo eu me lembro de nunca desistir."

Leia também:

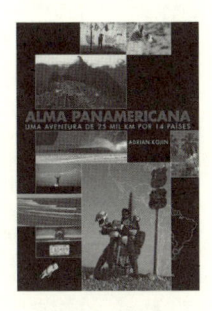

Alma Panamericana
Uma aventura de 25 mil km por 14 países
Adrian Kojin
ISBN 85-7555-039-X

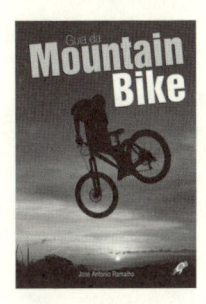

Guia da Mountain Bike
José Antonio Ramalho
ISBN 978-85-7555-122-6

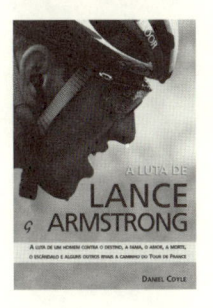

A Luta de Lance Armstrong
A luta de um homem contra o destino, a fama, o amor, a morte, o escândalo e alguns outros rivais a caminho do Tour de France
Daniel Coyle
ISBN 85-7555-081-0

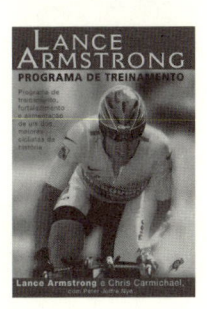

Lance Armstrong
Programa de treinamento
Lance Armstrong e Chris Carmichael
ISBN 85-7555-075-6

Eddie Would Go
A história de Eddie Aikau, herói havaiano
Stuart Holmes Coleman
ISBN 85-7555-022-5

Occy, o Ano do Touro
Mark Occhilupo e Sarge
ISBN 85-7555-082-9

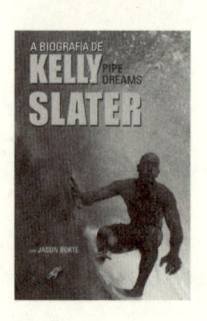

A biografia de Kelly Slater – Pipe Dreams
Jason Borte
ISBN 85-7555-029-2

Everest – Escalando a Face Norte
Matt Dickinson
ISBN 978-85-7555-153-0

No prelo